高高国际　出品

论语

唐翼明 诠解

作家出版社

图书在版编目（CIP）数据

论语 / 唐翼明诠解. -- 北京：作家出版社，2018.6（2019.5重印）
ISBN 978-7-5212-0054-6

Ⅰ. ①论… Ⅱ. ①唐… Ⅲ. ①儒家 ②《论语》— 注释
Ⅳ. ①B222.22

中国版本图书馆CIP数据核字（2018）第124506号

论语

诠　　解：唐翼明
责任编辑：宋辰辰
装帧设计：高高国际
出版发行：作家出版社有限公司
社　　址：北京农展馆南里10号　　　邮　　编：100125
电话传真：86-10-65067186（发行中心及邮购部）
　　　　　86-10-65004079（总编室）
E-mail:zuojia@zuojia.net.cn
http://www.zuojiachubanshe.com
印　　刷：北京楠萍印刷有限公司
成品尺寸：165 × 235
字　　数：380千
印　　张：29.5
版　　次：2018年7月第1版
印　　次：2019年5月第3次印刷
ISBN 978-7-5212-0054-6
定　　价：78.00元

前　言

两年前我的《论语新诠》出版后，收到读者反馈，有人希望我用同样的方式做一个《论语》的全书解读，于是便有了现在这本《论语》。

《论语新诠》只选取了《论语》全书的百分之六十，约300段，按内容重新编排，分为23章。现在《论语》则是全书解读，考虑到完整性和习惯性，便不再按内容重新分类。

《论语》除在《论语新诠》的基础上补足另外百分之四十外，同时对原选的百分之六十也做了若干修正，增加了部分新的内容，改正了几处错误。所以即使二书相同的段落，解读也可能不尽相同，如果读者碰到两者有扞格之处，请以《论语》为准。

《论语》跟《论语新诠》一样，对于每段的解读仍然分为三个部分：解释、大意、导读。只是第一部分《论语新诠》作“释词”，现在换成“解释”。下面分别说说。

【解释】这一部分是对字、词、句的疏解，需要时也做一些背景交代。为了帮助一般读者真正读懂《论语》，我不用传统注家只对重点字词单独解释的方式，而改采逐句串讲的办法，尽可能让解释清楚明白而又好读，但避免繁琐炫博的考证，以免增加读者的负担。同时考虑到今天大部分读者都缺乏古文基础，所以会连带讲一点文言语法。这样大家在读《论语》的同时，也就提高了自己的古文修养。

【大意】这一部分的目的是用流畅的白话文把本段的意思传达出来，

使读者在读完解释之后对全段有一个完整的印象。不说“译文”，而用“大意”，是因为我更注重意义的传达，而不追求严格的直译。这里有个分寸问题，不注意白话文的语法，一味硬译，不仅会减少读者阅读的兴趣，而且也不利于甚至损坏读者对原文的理解。但是如果控制不好，做过了头，也容易造成偏离原意、“增字解经”的现象。两者都要避免。

阅读本书的读者请先把“解释”部分确实读懂，再来看“大意”，而不要图方便，直接跳到“大意”。

【导读】这一部分的目的在于引导读者更全面、更深一层理解本段的内涵，所以注重本段跟孔子整体思想的关联，以及它跟其他中外文化思潮的比较。尤其注重经典和现代的对接，希望借此彰显孔子思想的现实意义。

在撰写本书的过程中，我参考了许多前辈和时人的著作，得益不少，其中朱熹《论语章句集注》、钱穆《论语新解》、杨伯峻《论语译注》、李泽厚《论语今读》、黄怀信《论语汇校集释》以及杨逢彬《论语新注新译》，所资尤多，除随文标明外，并总此申谢。

唐翼明

二〇一八年三月十四日

目录

学而篇第一

子曰："学而时习之，不亦说乎？有朋自远方来，不亦乐乎？人不知而不愠，不亦君子乎？" 1·1[1]

解释 "学而时习之"句，"时"字一般会解作"时常"，它准确的意思是"适当的时候""一定的时候""需要的时候"。

"不亦说乎"中的"说"要读成"悦"，意思也同"悦"，古代"说"和"悦"是相通的，或者说"说"是"悦"的通假字。"通假"是讲古文时常常要用到的一个术语，它的意思是两个字本非一字，但却可以互相借用，例如早上的"早"，可以用跳蚤的"蚤"来表示。不过通假常常是单方向的，不是双方向的，例如"早起"可以写作"蚤起"，但"跳蚤"却不能写作"跳早"。

另外，"亦"的意思是"也"，"不亦"就是"不也"，"不亦……乎？"在古文中是一个常见的句式，大致意思是"不也……吗？"但不一定全要翻成"不也……吗？""乎"在古文中是一个常见的虚词，表示疑问，但"乎"字表达的疑问一般不强烈，不一定期望对方的回答。

"有朋自远方来"句，"朋"就是朋友，但严格说来，"朋"和"友"略有区别，"同门曰朋"，"同志曰友"，这里的"朋"也许隐含着同一个

---

1 "1.1"表示《论语》第一篇第一条。在每一条后均有此类标号，方便读者识记。——编者注

老师的弟子之意，在春秋战国时代，意味着同一个学派的人，所以杨伯峻《论语译注》主张译作“志同道合之人”。其实“朋”和“友”这样严加区分在当时就已经没有多大必要，这只要看本篇第四条曾子的话“与朋友交而不信乎”，已经“朋”“友”连称就知道了。

“人不知而不愠”句，“知”一般都解作“知道”，这没有什么不对，但是不完整，这里的“知”含有“理解”“懂得”“欣赏”“赏识”的意思，所以不完全等于今天的“知”，其实这种用法一直保留在今天还使用的若干词语中，例如“知心”“知交”“相知”“知己”“知音”“知遇”“旧雨新知”，这些词语中的“知”都含有“赏识”的意思，不单纯只是“知道”而已。“愠”的意思是“懊恼”“不快”，“人不知而不愠”就是“别人不理解我，不欣赏我，我也不觉得懊恼，也没有什么不快”。

大意　孔子说：“一个人不断地学习新的东西，并且在需要的时候加以温习，这不是一件很愉快的事吗？有志同道合的朋友从远方来，不也是一件很快乐的事吗？别人不了解不懂得自己，自己也不懊恼，这样的人不就是个君子吗？”

导读　这是《论语》开篇的一段话，并不深奥，但千万不要轻易看过。这里提出了在精神层面上对人生至关重要的三件事情，一是学习，二是交友，三是自处，这三件事情处理好了，人生就会快乐。

先说学习。

什么是人一辈子自少至老都可以做，都应该做，做起来都会带给人快乐的事情呢？仔细想想，就只有一件，这就是学习。没有人不需要学习，也没有什么时候不需要学习，俗语说“活到老，学到老”，千真万确。尤其是今天，一个人不学习，根本无法在社会上立足，而且要不断地学，因为新生事物层出不穷，一放松学习就会“out”，就会被时代抛弃了。

比如电脑、手机、网银、网购，许多老年人就不懂，因为十几二十年前这些东西还没有问世呢。如果你不学，很快你就会感到很多事情没法办，跟社会尤其是跟年轻人脱了节，你立刻就觉得自己真正老了。但如果你一直在学习，与时俱进，就会活得轻松愉快。而且学习是一件可以终身行之、随时行之、时时有得，也就时时有新鲜感、有成就感、有满足感的事情，吃喝玩乐终有厌倦的时候，没有一件事可以像学习一样带给你终身的持续不断的快乐。许多人，从学校毕业以后就忘记了学习，或者在打拼事业的时候疏忽了学习，结果到中年以后，知识结构、思维习惯仍然停留在青年时期，慢慢变得固执、僵化，退休后甚至会觉得生活空虚无聊，好像在等死。所以从小养成“学而时习之”的习惯至为重要，如果你希望你的人生始终快乐，那就千万不要忽略这件事情。

孔子最看重学习，对学习的重要性反复强调，《论语》中“学”字几乎是除了虚词和个别常用名词以外出现最频繁的词之一[1]。孔子说自己并非生而知之者，他的知识是靠不断的学习累积起来的，他描述自己是“学而不厌，诲人不倦”，他称赞别人是“敏而好学，不耻下问”。由于孔子的影响，好学成为中华民族文化传统中最突出的特点，这一点在全世界可能只有犹太民族能够同我们相比。但令人感叹的是，这一传统在今日的中国似乎并没有得到很好的发扬，现代中国人的学习热忱在全世界显得并不突出，这不能不引起我们的忧虑与警惕。

再说朋友。

儒家讲人和人的关系，有所谓五伦，即君臣、父子、兄弟、夫妇、朋友[2]，现代社会的人际关系大约也还是这五种，只是君臣关系似乎已经不存在，但今天的上下级的关系，老板跟雇员的关系，领导跟群众的关

1 据杨伯峻《论语译注》，“学”字一共出现了 64 次。

2 五伦之说原出于《礼记·中庸》：“天下之达道五，曰：君臣也，父子也，夫妇也，昆弟也，朋友之交也。五者，天下之达道也。”又《孟子·滕文公章句上》，“圣人有忧之，使契为司徒，教以人伦——父子有亲，君臣有义，夫妇有别，长幼有叙，朋友有信。”

系，大体上也还是古代君臣关系的一种演化。朋友是五伦之一，从某种角度看，甚至是最重要的一伦。与什么人交朋友是可以完全凭自我的意志和好恶挑选的，而且也可以凭自我的意志和好恶随时调整与终止这种关系，而其他几伦则不然。跟什么人交朋友，交情深浅，往来疏密，或断或续，皆可操之在我。气味相投，则倾盖若故，常常比疏远的父子兄弟关系更为密切。而且朋友的结识往往是发生在为一个理想或一桩事业的奋斗之中，因而不仅志趣相合，也常常利害相关，挫折时相勉励，困窘中相扶持，成功时则痛饮黄龙。而万一发现所交非人，可以立即断交，不必办任何手续。人生之成功常常得益于几个或一群好友，人生之快乐也常常来自一两个知己或一群好友。特别是少年时代和青年时代交的朋友，古人所谓“总角之交”“布衣之交”，大家都尚未发迹，所交在意气，与功利无关，更值得珍惜。古代交通不发达，如果有好朋友从远方来，那真是人生之至乐，所以孔子说“有朋自远方来，不亦乐乎？”今天朋友相见比古代容易得多，但有情投意合的朋友来访来谈总是值得高兴的事，陶渊明说：“闻多素心人，乐与数晨夕。……奇文共欣赏，疑义相与析。”这种境界就是在今天也不是人人都有、时时都有的。

再说自处。

人生在世，如何安顿自己，才会心平气和、心安理得，并不是件容易的事。许多人一辈子总是感叹怀才不遇，怨天尤人，别人不理解自己，国家不重用自己，“学成文武艺”，却老是卖不出去，或是卖的价格不合乎自己的理想。又喜欢跟别人攀比，站在这山觉得那山高，干一行怨一行，别人运气都好，自己总是倒霉，于是一生郁郁以终。不能否认这里面有社会不公平的因素，有人为歧视的因素，因此需要抗争，需要社会改革。但社会改革非一朝一夕可成，河清难俟，人寿几何？如何调整自己的心态，也是活得快乐的重要因素。以孔子那样的大才，一生风尘仆仆，奔走列国，却始终不能实现自己的理想，还受到种种责难、攻击，

"累累若丧家之狗"[1]。可是孔子并不沮丧，并不哀叹，还是跟他的学生们过得愉快而充实。因为他知道"天命"的限定，知道一个人的命运并不是自己可以完全操控的。人生正如一辆马车，这辆马车有两根缰绳，一根捏在自己的手里，另一根捏在上帝的手里，上帝手里的那根比你手里的那根更为强劲有力，我们能做的只是好好捏紧自己手里的那根缰绳，以配合上帝，不要拗着来，不要违天。如果我们尽力了，就可以心平气和、心安理得了。至于人家理解不理解，社会赏识不赏识，不必多所考虑。这就叫顺天知命，这就是个君子，反之则不是。《论语》全书最后一段载孔子说："不知命，无以为君子也。"（20·3）也是这个意思。

这里三句话都以"不亦……乎"收尾，我们可以推想这应该是孔子和弟子们在一起谈论，弟子们有些感慨，或者觉得衣食艰难，人生不易；或者觉得郁郁寡欢，快乐难得；或者觉得有志难申，怀才不遇。孔子便讲了这一番话，以开导弟子、宽慰弟子。人生在世，难道只有锦衣玉食、高官厚禄、名扬四海才是快乐吗？其实那样的快乐往往是虚荣的、短暂的、不可靠的，而孔子说的这些看似平常，却是实在的、长久的、发自内心的，也是一般人都可以追求，都可以得到的。

这样的对话贯穿《论语》全篇，《论语》就是一部后人记录孔子和弟子言论的书。"论"字应读 lún（仑），是编纂的意思，把孔子和弟子的言论（即"语"）编纂成书，所以叫《论语》。"论"不是讨论、议论的意思，不读 lùn。

《论语》的体裁是对话体。其实无论中西，人类早期的许多经典也都是用对话体写成的，古希腊的一些名著，例如柏拉图的《理想国》也是对话体。正因为是对话体，所以《论语》显得平易近人，亲切有味，没有艰涩玄奥之感。这只要拿它跟《老子》比一下就很清楚了。《老子》开篇说："道可道，非常道；名可名，非常名。"光这一句话就可以让

1 见《史记·孔子世家》。

学者们争论两千多年，还没有一个大家都同意的结论。

《老子》跟《论语》各有各的伟大之处，不必以此非彼，但有一点我们可以肯定：不是平易的就一定比艰涩的浅。“学而时习之，不亦乐乎”的分量并不比“道可道，非常道”轻，不懂得“道可道，非常道”，顶多不是一个哲学家，而不懂得“学而时习之，不亦乐乎”，可就连一个普通人都做不好了。这正如人参熊掌虽然珍贵，却不可以天天吃，人们赖以生存的还是五谷杂粮，不管看起来五谷杂粮如何普通。

有子曰：“其为人也孝弟，而好犯上者，鲜矣；不好犯上而好作乱者，未之有也。君子务本，本立而道生。孝弟也者，其为仁之本与！” 1·2

解释 有子即有若，孔子弟子，比孔子小四十二岁（一说三十三岁），据说长得很像孔子，德行学问都好，很得孔门后学的尊敬，为孔门十二哲[1]之一，清乾隆间增封配享孔庙。

“其为人也孝弟”句，“其为人也”中的“其”是文言文中常见的虚词，基本用法有代词和语气词两种，这里是代词。“其”作代词的时候一般是物主代词（有时是指示代词），而不是人称代词，译成白话文时，可译作“他的”而不是“他”，用英语来比较，“其”相当于his，而不是he，很多人分不清楚这个区别，把许多白话文中“他”的地方也写成“其”，这种错误的用法现在出现的频率很高，充斥报刊书籍，特别值得我们注意。“其”意为“他的”，这个“他”指前面已经提到的

---

1 十二哲为：闵子骞、冉伯牛、仲弓、宰我、子贡、冉有、子路、子游、子夏、朱熹、子张、有若。前九人加上颜渊为“四科十子”，见（11·3），颜渊因为封为“复圣”高于十二哲，故不在内。后三人则是历代陆续加封的。

某个人，语法上叫“前行词”，如果没有前行词，“其”就成了泛指，这个时候可以译作“一个人的”，如此句就是。这里的“为人”我们今天还用，无须解释。这里的“也”是文言文当中的一个常用虚词，一般放在句尾，表示肯定的判断，例如“孔子，鲁人也”，就是说“孔子是鲁国人”。“也”字有时也放在句中，通常表示语气在这里要停顿一下，翻译成白话文的时候可以不译。“其为人也孝弟”就是说“一个人的为人，孝而且弟”。“孝”指孝顺父母，“弟”读 tì（替），是“悌”的通假字，是动词而非名词，意思是敬爱兄长，引申为敬爱比自己年长的同辈。“弟”和“孝”是同族概念，“弟”的概念是从“孝”引申出来的，懂得对父母要孝，自然就懂得了对兄长要悌。

“而好犯上者，鲜矣”句，“犯上”的意思是冒犯在上的人，“好”字都要读 hào（浩），是喜好的意思，“鲜”读 xiǎn（显），意思是少，“矣”是语气词，通常表示陈述已然的事实。

“不好犯上而好作乱者，未之有也”句，“作乱”就是造反，“未之有”的意思是“未有之”，在文言文中，动词之前如果有否定词，而宾语又是代词，那么宾语就要提到动词的前面，称为宾语前置，这里“未”是否定词，“有”是动词，“之”是代词，指前面所说的人、物、事或情况，作“有”的宾语，所以“未有之”就要说成“未之有”，才符合文言文的语法。

“君子务本，本立而道生”句，“务”，动词，努力之意；“本”，树根。君子做事情要致力于根本，根本树立了，其他的东西，例如做事的方法、途径等等（即“道”），自然就有了。

“孝弟也者，其为仁之本与”句，“为仁”连读，是行仁的意思。“也者”是两个虚词连用，“也”表示语气的停顿，“者”表示这是一个判断句。前面说过，“其”有代词和语气词两种基本用法，这里的“其”就是语气词，有“大概”“也许”“应该”之类的意思。“与”

在这里要读 yú（于），是句尾语气词，跟句首的“其”配合，一起表示推断的语气。这里把“行仁”之事比作一棵树，“孝弟”就是它的根，就是“行仁”的根本和基础。这个句子如果是肯定的判断，就可以说成：“孝弟者，为仁之本也。”但作者想要用一种比较柔和的语气来表示自己的意见，所以不把它说得太肯定，结果就变成：“孝弟也者，其为仁之本与！”

大意 有子说：“一个人的为人，孝顺父母，敬爱兄长，却喜欢冒犯上级，这样的人是很少的；而不喜欢冒犯上级，却喜欢造反的，这种人是没有的。君子做事情，要致力于基础，基础确立了，办法、途径等等就会跟着产生。孝顺父母、敬爱兄长，应该是实行仁爱的基础吧。”

导读 《论语》是记载孔子与孔门弟子之间的言论与对话的书，中心人物是孔子，中心思想是孔子的学说，除了孔子自己的言论以外，还有不少出自弟子之口，如果不是孔子和弟子或弟子之间的对话，则大多是复述孔子的言论，或印证孔子的思想，或解释孔子的意思，基本上没有什么跟孔子思想大相径庭的内容。例如有子这段话，主要内容是“孝”与“弟”，落脚点在“为仁”，指出“孝”与“弟”是“为仁”的基础，这虽是有子讲的话，却同时也是孔子的观点，孔子一定在什么时候讲过类似的话，有子则在另一个场合加以复述，或者是申述，所以我们即使把它当成孔子的话，也没有什么原则性的错误。我们读《论语》要记住这一点，以后还有许多类似的情形，我就不再一一点明。

“孝”是儒家提倡的重要观念，也是中华民族的传统美德。由“孝”又引申出“悌”的观念。一个家庭要和美，上慈下孝是基本的伦理。上不慈下不孝这个家庭就乱了。但是“慈”容易，“孝”不容易，世上慈父慈母多，孝子孝女少。因为“慈”是本能，“孝”却不是。天下父母很少有不疼子女的。不要说人，连动物都是一样。这只能说是造物主赋予一切生物的本能，是物种绵延的必需。作为万物之灵的人，这种本能自然更加强烈。但是造物主却没有赋予生物疼爱父母的本能，因为这对物种的绵延没有影响。

在本能这一点上，人和动物其实没有区别，有区别的是，人除了本能以外，还有理性。人构筑了社会并且生活在社会中，懂得只有社会好，个人才能好。家庭是社会的细胞，要建设好的社会，必须先建设和美的家庭，要有和美的家庭就必须上慈下孝。人除了本能和理性之外，还有灵性，懂得敬畏，懂得感恩，一个人的生命来自父母，成长过程也离不开父母的养育，所以，生而为人，应该敬畏父母、感激父母，也就是孝顺父母。

但是本能的力量很强大，而理性和灵性却不是人人强大，这就需要提倡、需要教育。孔子及其弟子深深懂得这个道理，所以特别提倡“孝”，而且强调孝是“为仁”的基础，一个人如果连父母都不爱，他还有可能爱别人吗？一个人在家里的言行和在社会上的表现一定有逻辑的关联，在某种程度上说，一个人的社会行为就是家庭行为的延伸。“孝”“弟”基本上是家庭行为，“为仁”则更多地是社会行为。在家能够做到“孝弟”的人，在社会上才能爱其他的人，才能推己及人，与人为善，也就是“为仁”。

应当指出，“孝”其实是一种普世价值，是一种放之四海而皆准的道德原则。但不是所有的文化对这一点都有深刻的体认，而中华民族的古圣先贤对孝道的阐述和提倡为世界各民族所不及，这是中华民族对世界文化的贡献，而绝不是中华文化落后的原因。“五四”以来出现许多非孝的言论，其中有合理的部分，但大多失之于偏激。

最后，还要说一下“本”。“本”的本义是树根，树是从本上长起来的，所以“本”有基础的意思。自魏王弼注《老子》提出“以无为本，以有为末”来阐述宇宙架构以来，“本”（连同“有”“无”“末”一起）

就开始变成哲学术语，与本义有区别了。有人读有子这一段话提出一个疑问：“儒家学说应该以仁为本，有子却说以孝为本，是不是错了？”这就犯了以后起义来解读本义的错误，因为在孔子那个时代，“本”还不是一个哲学术语，“以仁为本”“以孝为本”都是后人分析儒家学说时提出的概念，拿来质疑有子是不适当的。

子曰：“巧言令色，鲜矣仁！” 1·3

解释 “巧言”，漂亮的言辞、巧妙的言辞，在这里是贬义，相当于今天所讲的“花言巧语”，“令色”是好看的容颜、得人欢喜的脸色，“令”是好的意思，“色”指脸色。“令”作“好”讲，至今还保留在若干文学词语中，例如：“令名”“令闻”“令终”，此外，作敬语用的“令尊”“令堂”“令兄”“令弟”中的“令”字也是从这个意思引申出来的。但“令色”在这里也是贬义，含有伪装、讨好的意思。

“鲜矣仁”是个倒装句，“仁”是主语，本来应该放在前面，现在放在后面，有强调和加强语气的意思

大意 孔子说：“一个人如果在言辞上过分花巧、谦卑，在脸色上、表情上过分和悦、讨好，就很少真有仁爱之心。”

导读 “仁”是一种发自内心地真诚地对他人的情感及这种情感的自然表现，而不是一种故意做作的抱有其他目的和意图的伪善的表现。一个人如果在言辞上过分花哨、谦卑，在脸色上表情上过分和悦、讨好，往往带有虚伪的成分，往往掩盖着内心的另外的企图，那么这样的人就不是真正具有仁爱之心的人。孔子这话也是一种经验的总结，可供我们

作为观察人物的一种参考。我们在社会上不难看到这种人，他们在有权有势的人面前表现得特别谦卑乖巧，点头哈腰，唯唯诺诺，提包打伞，唯恐不周。对这样的人我们得提防一点，如果自己身居高位，对这种人尤其要多一分警惕。

曾子曰："吾日三省吾身——为人谋而不忠乎？与朋友交而不信乎？传不习乎？" 1·4

解释 曾子，姓曾，名参，字子舆，孔子弟子，鲁国南武城（今济宁市嘉祥县）人，少孔子四十六岁。

《论语》记载孔子弟子的话一般不称某子，比如子路（姓仲，名由，字子路）、子贡（姓端木，名赐，字子贡），不叫仲子、端木子，只有四个人例外，一个是曾参，《论语》中提到曾参的地方几乎全部称曾子，共有十七次；一个是有若，《论语》中提到有若六次，其中有四次称有子；此外冉求提到十七次，有三次称冉子；闵损提到四次，其中有一次称闵子[1]。所以有的学者推测，《论语》的编辑者主要是曾参和有若的学生，称曾子、有子是这些学生表示对老师的尊敬。

曾参是孔子学说的重要传承者，除了他的弟子编辑《论语》之外，《十三经》中的《孝经》据说也是孔子讲述而由他整理的[2]，《四书》中的《大学》亦传为曾子所著。在孔门弟子中，后世得到"圣"的称谓而配享孔子庙的，只有颜回与曾参，颜回称"复圣"，曾参称"宗圣"[3]。曾子传其学于子思（即孔子之孙孔伋），子思的弟子再传给孟子，是为

1 以上统计据杨伯峻《论语译注》所附的《论语词典》。

2 见司马迁《史记·仲尼弟子列传》："孔子以为（曾参）能通孝道，故授之业，作《孝经》。"

3 加上"述圣"孔伋（字子思，孔子之孙）、"亚圣"孟轲（即孟子），合称"四配"。

"思孟学派"，号称孔门嫡传。

"吾日三省吾身"句，"日"，一天，每天。"三省"，三次反省，数词"三"（还有"九"）在古文中并不一定表示"三"的本义，它常常表示"多"的意思，所以"三次"其实是"多次"之意。《论语》中"三思而后行""三人行必有我师"都是这种用法。"省"读 xǐng（醒）。

"为人谋而不忠"句，"谋"是思谋，出主意，往往还兼有"办事"之意。"忠"即尽心竭力，这是"忠"的本义，"为人"的"人"是泛指而非特指，显然不一定只指君王，现在也还说"受人之托，忠人之事"。

这里我想着重说说"忠"这个概念。"忠"是《论语》中提到次数较多的一个概念，也是一个重要概念，但是它的位阶并不是很高，既不在孔子提到的"三达德"（仁、知、勇）之内，也不在后来儒家所说的"五常"（仁、义、礼、智、信）之内。尤其重要的是，孔子及其弟子所说的"忠"与后世讲的"忠君"的"忠"大不一样。孔子及其弟子所说的"忠"就是尽心竭力，并没有固定的对象，对君王固然要如此，对朋友也要如此，对父母就更不要说了。对父母还要加上特别的恭顺，所以叫"孝"，"孝"的程度比"忠"更重，而不是相反。而后世讲的"忠"常常缩小在"忠君"这个范围内，而且把它提到"孝"的前面，这完全不是孔子和原始儒家的本意。日本文化源于中国，但是特别强调"忠"，把对天皇的"忠"看得高于一切，就是后世"忠"这个概念畸形发展的典型。

"与朋友交而不信"句，"信"是诚信、守信用。

"信"也是一个重要概念，是儒家"五常"之一。信是个会意字，从人从言，为人传言即是信。今天大家常说的书信、信使、信息都还保留了这个意思，这是信的基本义，也是原始义。为人传言必须信实，否则便失去了传言的意义，于是信就引申出诚实、可靠的意思。今天讲信用、诚信、守信就都是这层意思，这是信的引申义。《说文解字》

“信”“诚”互训，“信”“诚”二字都从“言”，都跟说话有关。因为说话才有这话可靠不可靠的问题，才有所言与所指（用符号学的术语来说，就是“能指”和“所指”）是不是一回事的问题，所言跟所指一致才是信，才是诚，否则便不信不诚了。

“传不习乎”句，“传”就是传授，这里指老师传授的知识、学业，“习”是温习、复习。

大意 曾子说：“我每天都多次反省自己：替人家出主意、办事情没有尽心竭力吗？和朋友交往没有诚实守信吗？老师传授给我的知识没有好好温习吗？”

导读 曾子的“三省”生动地反映了他自己严于律己的精神和不断进德修业的过程。“省”，是省察、思考，“省”的对象是“吾身”，那么这个“省”就成了反省、反思。人存在着，同时反思自己的存在，这是人之所以成为人而区别于万物的本质所在，也是人能够不断地提升自己而不至于沉沦的根本原因。这种反思、反省随时随地存在着，所以曾子说“吾日三省吾身”，每天都要多次地反省自己。他提出了反省的主要内容是三个方面：一是“忠”，一是“信”，一是“习”。直到今天，这仍然是一个想要进德修业的人最需要注重的三个方面。今天“忠”的主要表现是敬业、尽责，“信”的主要表现是诚实、守信，“习”的主要表现是不断学习、与时俱进。一个人能够在这三个方面经常反省，严格要求自己，就是一个受人尊敬的人，一个可以信赖的人，一个不断进步的人。

子曰：“道千乘之国，敬事而信，节用而爱人，使民以时。” 1·5

解释 “道千乘之国”句，“道”在这里是名词作动词用，治理的意思；“千乘之国”，就是有一千辆兵车的国家，一辆兵车叫作“一乘”，“乘”在这里是量词不是动词，读 shèng（剩）。

“敬”是敬畏，由敬畏而产生的慎重、严肃、认真，比现在的尊敬一词含义要广泛丰富得多，是儒家学说（尤其是后来的宋明理学）中一个很重要的概念。“敬事而信”，就是慎重认真地处理政事，而且恪守信用。

“节用而爱人”，节省开支，爱护人民。

“使民以时”句，“使民”，役使老百姓，“以时”，按照一定的时间，在古文中，“时”单独使用的时候，基本意思都是一定的时间，合适的时间，前面讲“学而时习之”的时候讲过。

顺便说说“人”和“民”的区别。这两个字的基本意思相同，有时可以互用，但一般情形下，“人”指个体，“民”指群体，“民”在现代白话中略等于“人民”或“老百姓”。“人民”一词在《论语》中还没有出现，但有“民人”（11 · 25），跟“人民”的意思差不多。“左倾”思潮泛滥时，有的学者（如杨荣国）把“人”“民”二字强加区分，说“人”指贵族，“民”指奴隶，不可取。

大意 孔子说：“治理一个有千辆兵车的大国，要慎重严肃地处理政事，恪守信用，要节省开支，爱护人民，让老百姓服役要选择适当的时候（比如农闲）。”

导读 这是两千多年前孔子对从政者的劝告，现在仍然没有过时。今天许多当官的，缺乏敬畏之心，处理政事主观草率，政策朝令夕改，不讲信用。有的懒惰松懈，居官不作为。有的用公款吃喝旅游，甚至公然中饱私囊，直到卖官鬻爵，无所不为。这些人该不该好好想想孔子的教导？

子曰：“弟子入则孝，出则弟，谨而信，汎爱众，而亲仁。行有余力，则以学文。” 1·6

解释 “弟子”，在这里泛指年轻人，“入”，入门，在家里，“出”，出门，在外面。第二个“弟”同“悌”，尊敬、顺从长者。“谨”，恭敬，守规矩。

“汎爱众，而亲仁”，博爱大众而特别亲近仁人。“汎”，同“泛”，广泛。

“行有余力”句，“行”，实行，实践；“余”，剩余，多余。

“则以学文”句，“文”，在当时指典籍，与后世专指文学不同。

大意 孔子说：“年轻人在家里要孝顺父母，出外要尊敬长上，言行谦恭而讲诚信，博爱众人而特别亲近仁者。做到了以上这些，还有多余的精力，就拿来学习古代传下来的典籍。”

导读 “汎爱众”就是博爱，“博爱”一词也见于《孝经》。孔子提倡的“仁”其实也就是“博爱”，唐朝的韩愈在《原道》中就说过：“博爱之谓仁。”现在许多人数典忘祖，以为“博爱”是西方传过来的观念，好像中国人完全没有博爱的精神，这是很奇怪的。

子夏曰：“贤贤易色，事父母，能竭其力；事君，能致其身，与朋友交，言而有信。虽曰未学，吾必谓之学矣。” 1·7

解释 子夏，姓卜名商，字子夏，孔子弟子，鲁国人，少孔子四十四岁。

“贤贤易色”句，前面一个“贤”旧读 xiàn（现），形容词作动词用，意动用法，意为“以……为贤”，“贤贤”就是以贤者为贤，也即敬爱贤者；“易”，是变易的易，即改、换；“色”，美色，“贤贤易色”就是用敬爱贤者之心换掉好色之心，这里的意思是（对待妻子[1]）把贤德看得比美色更重要。

“竭”，竭尽。“致”，奉送、贡献。“身”，指生命。“虽”，即使。“未学”，没有学习，这里指没有正式上过学拜过师。“必”，一定。

大意 子夏说：“一个人对待妻子能把贤德看得比美色更重要，侍奉父母能尽心竭力，侍奉君王必要时能献出生命，与朋友交往能信守承诺，那么即使他没有正式上过学拜过师，我也一定认为他学习过。”

导读 子夏这段话涉及到五伦中的四伦，主旨跟孔子前面那段话一致，即强调“行”比“学”更重要。孔子很重视学，但孔门的“学”首要是学做人。当然也学别的，例如“文”（典籍），但那是在“行有余力”之后。

这一点很值得今人仔细思考。现代社会科技发达，知识膨胀，分门别类，越来越细，许多人觉得一辈子学知识都学不完，哪有时间学做人？今天的“学”，真正成了古人说的“末学”，学校、社会、家长同心协力把青年培养成只懂赚钱的“职业人”，等到钱赚够了，才会有点“余力”来想想做人的问题，可惜这个时候无论对社会还是对自己，都已经晚了。

子曰：“君子不重则不威，学则不固。主忠信。无友不如己者。过则勿惮改。” 1·8

1 子夏的话字面上虽然没有对待妻子的话，但从下文中“事父母”“事君”“与朋友交”明显可以看出第一句话讲的是与妻妾的关系。

解释 “君子不重则不威，学则不固”句，“重”是庄重严肃、不轻慢的意思，这里主要指内心态度，而不是指外貌；“威”，威仪、权威。“固”有两解，一是稳固、坚固，二是固陋、顽固。如做第一解，“学则不固”就是接着上句讲，即：如果“君子不重”，“学”也不会“固”。如做第二解，“学则不固”就是独立的，不接着上句讲，意思是说君子“学”了，就不会“固”了。我取第一解。

“主忠信”句，“主”是名词作动词用，意动用法，“主忠信”就是以忠信为主宰。

“无友不如己者”句，“无”通“毋”“勿”，是“不要”的意思，不是“有无”的“无”，“友”是名词作动词用，交朋友之意。

“过则勿惮改”句，“过”在这里是动词，就是犯了过错的意思，“惮”，读 dàn（但），害怕。

大意 孔子说：“君子如果不严肃正派，就不会有权威，学问也不会扎实。一个君子要用忠信主宰自己的言行，不交不如自己的朋友，有了过错就不要害怕改正。”

导读 “不重则不威”，重点是内心，不是外表，当然外表也不能轻佻。但是有些人错误理解孔子的话，只在外表做文章，处处装出一副俨乎其然的样子，却不从内心下功夫，结果君子没有做成，只做成了一个伪君子。

“主忠信”，讲的是为人处世的态度，一个人做人做事不忘记忠、信二字，才是一个真君子。这里讲的“忠”，并非狭隘的忠君，或忠于某一个人、某一个团体，而是做事尽心竭力，忠诚不贰，也就是曾子反省自己的“为人谋而不忠乎”的“忠”。这里的“信”，是诚信，是曾子“与朋友交而不信乎”的“信”。

“无友不如己者”，是讲交朋友要交好朋友，不要胡乱交朋友，尤其不要交一群不如自己的人，以当这群人的首领为荣。理解“无友不如己者”，要从精神上去把握，不要死抠字面，否则就交不到朋友了。

曾子曰：“慎终，追远，民德归厚矣。” 1·9

解释 “终”，人死曰终，这里指丧事，尤指父母的丧事。“远”，这里指已经死去很久远的祖先。“归”，回归，趋向。

大意 曾子说：“慎重地处理丧事，追怀、祭祀死去的祖先，哪怕已经很久远了，这样，老百姓的德行就会趋向朴实、厚重。”

导读 这主要是对执政者的告诫，居上位的人如果能够慎重地处理丧事，追祭久远的祖先，则民风自然会趋向淳朴、敦厚。所以清明节的风俗是不可以视为迷信而废弃的。

子禽问于子贡曰：“夫子至于是邦也，必闻其政，求之与？抑与之与？”子贡曰：“夫子温、良、恭、俭、让以得之。夫子之求之也，其诸异乎人之求之与？” 1·10

解释 子禽姓陈，字子亢（gāng 刚），一字子禽，孔子弟子，或疑为子贡的学生[1]，少孔子四十岁。子贡，孔子弟子，姓端木[2]，名赐，字

1 见朱熹《论语集注》。

2 《史记·仲尼弟子列传》作“端沐”，《孔子家语》作“端木”。

子贡，卫人，少孔子三十一岁。子贡是孔子弟子中口才最好的。

“闻”，意为“与闻”，在这里比听闻的意思略广，不排除参与、出谋划策的意思。“抑”，或然语气词，相当于白话文中的或者、还是。

“夫子之求之也”句，第一个“之”无义，只是起到把独立句变成词组的语法作用。“之”的这种用法在文言文中常见，而在白话文中却没有相应的格式，所以值得特别留心。“之”的这种用法偶尔在白话文中还可以见到，那是文言用法的残留，例如：“我非常期待大作之早日问世”“老周之不想去北方，是可以理解的”，这里的“之”其实是可以删去的。第二个“之”是代词，与前面几个“之”相同，代指“其政”，是“求”的宾语；“也”，语气助词，表句中停顿。

下句，“其诸”，相当于“其”，表示推测的语气，“诸”无义。“异乎”，异于，古文中“乎”常通“于”。“人之求之”，与“夫子之求之”结构相同。

大意 子禽问子贡说：“老师每到一个国家，一定会与闻那个国家的政务，是老师主动要求的呢？还是国君请他去过问的呢？”子贡说：“老师用他温和、善良、恭敬、俭朴、谦让的态度而得到的。他要求的方式跟别人要求的方式大概是不一样的吧。”

导读 孔子是有心用世的人，并不是象牙塔里的学者，他的理想是“修己以安百姓”（14·42），所以要周游列国，且每到一个国家，都会努力参与那个国家的政务。从目的来看，跟其他想从政的人并无区别，区别在于手段。孔子不是靠吹吹拍拍、走后门、拉关系以达到跻身政坛的目的，他用的是正派的、光明正大的手段，具体地讲就是温、良、恭、俭、让的态度，而且合则留，不合则去。

子贡这段话启示我们，君子跟小人的区别往往并不在于目的，而在于手段。温、良、恭、俭、让，是一个君子表现在言行上应有的态度，可以作为一个想做君子的人自我修养的要求，同时也可以作为我们观人的一个角度。

子曰："父在，观其志；父没，观其行。三年无改于父之道，可谓孝矣。" 1·11

解释 "没"，音、义同"殁"，去世。"三年"，多年。

大意 孔子说："做儿子的，父亲在世的时候，要看他的意向；父亲过世以后，要看他的行为。如果他在父亲过世后多年还没有背离父亲的处世之道，这样就可以叫'孝'了。"

导读 为什么是"父在，观其志；父没，观其行"？这是因为父亲在世的时候，儿子要听父亲的，父亲过世以后儿子才能自行其是。讲到这段话背后的意思，分歧就多了，主要集中在"三年无改于父之道"[1]，为什么要"三年"？是不是什么都不能改？明明知道不好的也不能改吗？关于这个问题我以为李泽厚在《论语今读》中的解释最中肯綮，照录于下，供读者参考：

所谓"不改"，是承续父业，不轻易改动，这是氏族传统的要求。即使改作，也得慢慢来，所以要"三年"即多年之后才动。某些注释把它归结为心理的"不安"，虽然贯穿了孔子归"礼"（外在传统的习惯法规）于"仁"（内心情感）的精神，但从历史真实看，并非如此。保持本氏族的生存经验的重要性，才是"三年无改于父之道"这一传统的真

1 "三年"其实是多年、长期的意思，"三""九"在文言中常常是泛言其多，不一定实指三和九。

正原因，这才是关键所在。后人多不注意，常纯从道德讲、情感讲，便讲不通。既然它只是远古氏族遗迹，在后世不必也不可能遵行，便很清楚。后世“丁忧”居丧三年是其最后的残存，原始意义不明久矣。

有子曰：“礼之用，和为贵。先王之道，斯为美。小大由之，有所不行。知和而和，不以礼节之，亦不可行也。” 1·12

解释 “礼之用，和为贵”句，“贵”，贵重、重要。

“先王之道，斯为美”句，“斯”是代词，意为“此”，这里指“礼”。“先王”即以前的王，王指天子，儒家说的“先王”一般用来指称可为后来榜样的尧、舜、禹、汤、周文王、周武王等贤明的天子。儒家在政治上主张“法先王”，就是效法这些贤明的天子。近代学者批评儒家有复古倾向，也就是从这方面来说的。

“有所不行”句，“所不行”是所字结构，古文中常见。“所”字结构一般是由“所”字加动词（包括动词的否定形式）构成，相当于一个名词，泛指该动词所指代的宾语，例如“所见”就是“看到的东西（人、物、事等等）”，“所闻”就是“听到的东西（人、物、事等等）”。“所不行”意为不行的地方或不行的时候，也就是行不通的地方、行不通的时候。

“知和而和”，知和之可贵，因而追求和。

“以礼节之”的“节”意为约束。

大意 有子说：“礼的作用以达到和谐为最重要，先王们治理天下以此为美。但无论大事小事都要追求和谐，也可能会有行不通的地方。如果我们只是因为知道和谐的可贵而一味追求和谐，而不用礼来加以约束，也是不可行的。”

导读 这几句话是反复强调礼的重要性，在社会运作中，“礼”是任何时候都不可废的，无论大事小事都要依礼而行，即便遇到麻烦，也不能以废礼为代价来追求和谐，因为制礼的目的就是为了和谐，废了礼就没有和谐可言，即使得到短暂的表面的和谐，最终还是会乱掉。

“礼”是儒家学说中一个很重要的概念。“礼者，理也”（见《玉篇》），理就是层次，像玉的纹理、木的年轮、水的波纹。礼的本质是区分尊卑上下，把社会里的人分成一个一个的层次，也就是等级，或说伦理。“礼”的前身是原始巫术，它包括名号、服饰、规矩、礼仪等等，是一整套制度，以此区分尊卑，建立秩序，调节情感，规范言行。

在孔子学说中，“礼”的重要性仅次于“仁”。

人和人在作为一个“人”上，也就是“人格”上是平等的。没有一个人可以把别人当“非人”（畜生、奴隶、手段、工具）来对待，但是如果把这种人格上的相同理解为一切都一样，这显然既非事实，也不合理。正如同人和人之相同是真理一样，人和人之相异也是真理。人和人之相异是显然而普遍存在的，这其实不必多加说明。例如男人跟女人不一样，男女平等是人格上的平等，不可能一切平等，男人不能取代女人生孩子。家庭的成员平等，讲的也是人格平等，父母不能倒过来当儿女，儿女也不可能倒过来把父母养大。军队里士兵不能指挥元帅。公司里工人不能给董事长派工作。“人天生就不平等”跟“人天生是平等的”同样正确，只是说的是不同的方面而已。

如何处理人相同的一面，或说是平等的一面，孔子认为这里的原则是“仁”，即把人当人看待，视人若己，推己及人。但同样，人和人既然存在相异的一面，即不平等的一面，那么如何合理地正确地处理这不平等的一面，也是非常重要的，孔子认为，这里的原则是“礼”。

“礼”的基本概念就是区别尊卑上下，使人群有等级，有伦理。有了伦理才有秩序，没有秩序就是混乱的，就不会和谐。例如搭公车，如果没有秩序，没有谁先谁后的伦理，就会一堆人往一个车门里挤，搞得一团乱。一群人围坐用餐，谁坐什么地方，谁先动筷子，也得有个讲究。更不要说学校上课、工厂上班、军队打仗、国家管理这种大事，如果完全不讲尊卑上下、先后秩序，也就是不讲规矩，不讲“伦理”，不讲“礼”，那便是一群乌合之众，一切都没有办法进行。讲“礼”，就是正视人和人的差异，正视人和人之间的不平等，让这种差异和不平等在一种合理的秩序中得到完满的处理，而不至于引起争斗，甚至相互残杀，这样对整个社会，以及社会中的每一个成员都是有利的。

有子曰：“信近于义，言可复也。恭近于礼，远耻辱也。因不失其亲，亦可宗也。” 1 · 13

解释 “远”旧读 yuàn（院），使动用法，“使……远离”之意。“因”，依凭。“失”，错过。“宗”，归向，引申为推崇。

大意 有子说：“诺言要接近道义，所说的话才可以践行；恭敬的态度要合乎礼仪，才可以远离耻辱；依靠的人要亲近可靠，这种做法才值得推崇。”

导读 这段话强调信不违义，恭不违礼，因不失亲，这合乎孔子重义、重礼、重亲的一贯态度。

子曰:“君子食无求饱，居无求安，敏于事而慎于言，就有道而正焉，可谓好学也已。” 1·14

解释 “食无求饱，居无求安”句，两个“无”字义同“毋”，意为不、不要，不是“有无”的“无”。

“敏于事而慎于言”句，“敏”是勤勉，“慎”是谨慎。

“就有道而正焉”句，“就”意为接近，“有道”是有道德的人，省略了“者”字，“正”是形容词作及物动词用，是使动用法，“使…端正”之意。“焉”在这里同“之”，作“正”的宾语。“之”一般是第三人称代词，但在有些语境下“之”也可以指代自己，或指代对方，这里就是指代自己。

大意 孔子说:“一个君子不追求吃得好，住得舒服，而要做事勤勉，言语谨慎，向有德的人求教以匡正自己，这样的人就可以称得上好学了。”

导读 什么叫“好学”？并不是一天到晚读书，手不释卷，就叫好学，而是一辈子不断地完善自己，而且不强调任何客观条件，努力去学习做一个在“人”的意义上更完美的人，这才叫作“好学”。

人的生存离不开物质，但是物质上的追求是没有止境的，如果不自觉地加以限制，就可能一辈子都没有满足的时候，那么精神上的追求就无暇顾及了。而一个缺乏精神追求的人生，无论如何都是不值得羡慕的。东汉有个大学者，《老子指归》的作者严君平，家境清寒，靠算命为生。他每天只要得到一百个钱就收摊回家，闭门读书研究他喜欢的《老子》，终于成就了他的学问、他的人生，他还教了一个了不起的学生扬雄。如果他追求的是食饱居安，那就得整天算命，哪里还有时间研究《老子》呢？可是世上懂得严君平的人很少，大家都把他看成个怪人。今天时代不同了，至少在中国，食饱居安已经不成问题，可是人们仍然忙于追求、忙于攀比更高级的食、更高级的居。事实上，你如果不给自己的欲望划定边界，你就永远不会有满足的时候，你就永远没有时间读书，永远没有时间照顾你的灵魂。

子贡曰："贫而无谄，富而无骄，何如？"子曰："可也；未若贫而乐，富而好礼者也。"子贡曰："《诗》云：'如切如磋，如琢如磨'，其斯之谓与？"子曰："赐也，始可与言《诗》已矣，告诸往而知来者。" 1·15

解释 "如切如磋，如琢如磨"是《诗经·卫风·淇奥》中的句子，是说君子的修养过程，就像玉工雕琢器皿一样，要经过切割、锉平、雕琢、打磨等一系列的程序，才能由粗糙变成精美。

这里要注意，"诗"是特指《诗经》，不是泛指诗歌。先秦文献中凡单独用"诗"字的地方，常常特指《诗经》，当时就叫"诗"，或者"诗三百"，"经"是后人为了表示尊敬而加上去的。古人不用标点符号，现在使用的标点符号系统是最近一百多年从西方引进的，所以如果我们读的是未经今人标点过的古本，碰到这样的地方就要特别小心。

"其斯之谓与"，就是"其谓斯与"，"斯"，代词，意为此、这，指代孔子说话的意思。"斯"是动词"谓"的宾语，本应放在"谓"的后边，放在前面是为了表示强调，语法上通常称此为"宾语前置"。宾语前置时，通常会在宾语和动词之间加一个"之"字，这个"之"没有意思，只有舒缓语气的作用。"其"是推测语气词，跟句尾的"与"配合起来，相当于白话文中的"大概……吧"，"与"，读 yú（于）。

"告诸往而知来者"句，"诸"一般是"之于"或"之乎"的合音，但有时候只等于“之”，在这里就是。“往”，过去的事、已知的事；“来者”，未来的事、可能发生的事。

“赐也”，这是孔子称呼子贡，子贡姓端木，名赐，字子贡。古人一般有名有字，“名以正体，字以表德。”[1]名是用来端正规范的，上辈称呼下辈，或自己谦称，才可以呼名。字是用来表彰德行的，带有敬意，所以下辈对长辈，平辈对平辈，都应该称字。这里孔子是老师，子贡是学生，所以孔子叫他的名。

大意 子贡说：“贫穷而不谄媚，富裕而不骄傲，这样如何？”孔子说：“可以，但不如贫穷而快乐，富裕而好礼。”子贡说：“《诗》里面讲‘如切如磋，如琢如磨’，大概就是老师说这话的意思吧？”孔子说：“赐呀，现在可以开始跟你谈《诗》了，告诉你本来的意思，你就能把它推广应用到别的地方了。”

导读 这段话很亲切地再现了孔子和弟子之间的互动，以及对人生道理的追求。子贡是孔门弟子中最聪明也最富有的人，而且他的财富是靠自己经商得来的。他说“贫而无谄，富而无骄”，正是对自己的要求，重点尤其在后一句，自己已经富裕了，要警惕产生骄矜傲慢的情绪。而孔子的话显然是鼓励子贡再进一步，做到“不骄”还不够，还要“好礼”，推动社会文明。聪明的子贡马上就联想到《诗》里讲玉工治玉的句子，理解到老师正是在雕琢自己，使自己更美好。孔子觉得子贡引《诗》很贴切，不禁高兴地夸奖他，说读《诗》就是要这样读：“告诸往而知来者。”

孔子教学生读《诗》，说“《诗》可以兴，可以观，可以群，可以怨”（17·9），“告诸往而知来者”正是“兴”（联想）的效果。读《诗》

1 见《颜氏家训·风操》。

重“兴”，既是一种联想美感，也是一种类比思维。这是孔子诗教的重要内容，也成为中国传统文化中常见的思维方式。

子曰：“不患人之不己知，患不知人也。” 1·16

解释 “不患人之不己知”句，“患”，担心、担忧；“人之不己知”，即人不知己，作“患”的宾语。“之”字无义，只是把句子化为词组，“人不知己”是一个完整的句子，加上“之”以后，就变成词组了。完整的句子不好作动词“患”的宾语，变成词组之后就可以作“患”的宾语了。“己”是代词，作“知”的宾语，因前面有否定词“不”，按古文的语法这时宾语就要提前，放在否定词和动词之间。下面的“患不知人”中，“知”的宾语“人”是名词而非代词，就不需提前。“知”，理解、欣赏，前面已经讲过。

大意 孔子说：“不要担忧别人不理解、不欣赏自己，倒要担心自己不理解、不欣赏别人。”

导读 老是担心别人不理解、不欣赏自己，却很少想想自己理解不理解别人，懂不懂得欣赏别人，这是一般人常犯的毛病。孔子的话值得我们每一个人警惕和深思。

为政篇第二

子曰："为政以德，譬如北辰居其所而众星共之。" 2·1

解释 "为政以德"，就是以德为政，"为政"就是搞政治，在这里指治国。"北辰"就是北极星，"居其所"，在它的位置上，"共"，通"拱"，环绕的意思。北极星靠近地球自转轴北端所指向的位置，北半球的人们看北极星，觉得它几乎是不动的，而其他的星球都在环绕它运动。

大意 孔子说："以德行来治国，治理者就好像北极星，处在自己的位置上，其他的星球都围绕它转。"

导读 孔子一向强调以德治国，一个国家的治理者（尤其是处于顶端的君王），重要的是有德，而不是多么能干。统治者有德，大家就会围绕他齐心合力，而不需要他亲自去处理各种繁杂的具体的政事，"其身正，不令而行"（13·6）、"夫（舜）何为哉，恭己正南面而已矣"（15·5）都是这个意思。

子曰："《诗》三百，一言以蔽之，曰：'思无邪'。" 2·2

解释 “《诗》三百”指的就是《诗经》，是中国第一部诗歌总集。古代传下来的诗歌经孔子整理、删减后，剩下三百零五首，就是今天我们所说的《诗经》，先秦文献中通常都只叫《诗》，有时也叫“《诗》三百”。

“一言以蔽之”句，就是“以一言蔽之”，“一言”本来是介词“以”的宾语，为了强调而前置。“一言”有时指一句话，有时指一个字，这里指一句话。“蔽”，遮蔽，在这里有概括的意思。

大意 孔子说：“《诗》三百首，可以用一句话来概括：‘思虑纯正。’”

导读 “思无邪”是《诗经》中的一句诗，出自《诗经·鲁颂·駉》。《駉》这首诗是写牧马人把马养得很好，借此赞颂鲁僖公把国家治理得很好。《駉》一共有四节，最后一节是：“駉駉牡马，在坰之野。薄言駉者，有骃有騢，有驔有鱼，以车祛祛。思无邪，思马斯徂。”大意是说，原野上跑着各色各样肥壮强健的马匹，马匹为什么养得这么好呢？是因为牧马人专心一意，没有邪念（例如利用养马赚钱之类）。孔子就借用其中“思无邪”一句，来形容《诗经》三百篇都是思虑纯正的好诗，引导人们陶冶良好的情操，而没有阴暗邪曲的念头。先秦时代人们特别喜欢引用《诗经》里面的现成句子，来表达某种思想和情感，引用的时候不一定跟原来的意思完全一致，这就是所谓“断章取义”。“断章取义”是古人引《诗》常见的手法，当时并无贬义。

子曰：“道之以政，齐之以刑，民免而无耻；道之以德，齐之以礼，有耻且格。” 2·3

解释 “道”，通“导”（正体作“導”），引导、领导；“政”，政令、政策；“齐”，整顿、管理；“免”，在古文中“免”字单用而不带宾语的时候，通常都指避开某种坏事，例如死亡、灾难之类，在这里的意思是免于刑罚、不犯罪；“格”，正、改正，这里的意思是自律。

大意 孔子说：“对老百姓如果用政令来领导，用刑罚来整顿，他们可以不犯罪，但没有羞耻心。如果用道德来引导，用礼制来整顿，他们才会有羞耻心，而且懂得自律。”

导读 孔子不看重刑罚，而提倡礼教，这是儒家不同于法家的地方，但是后世统治者从来都是儒、法并用，外儒内法，于是就有了“礼法”一词。

子曰：“吾十有五而志于学，三十而立，四十而不惑，五十而知天命，六十而耳顺，七十而从心所欲，不逾矩。” 2·4

解释 “十有五”就是十五，“有”也作“又”，这是古文中对数字的一种表示法，例如二十四就可以说成“二十有四”或“二十又四”。“立”，独立，不依傍他人或他物。“不惑”，不疑惑，没有困惑。“耳顺”，朱熹的解释是“声入心通，无所违逆”，就是什么话都能听，而且一听就懂，就明白其中的意涵。“从心所欲，不逾矩”，随心所欲而不逾越规矩。

这里需要重点讲讲“天命”。“天命”孔子有时候也简单地把它叫作“命”，在《论语》中，“命”除了明确地指生命（例如“短命”）以外，基本上和“天命”是一个意思。这个“天命”，或说“命”，到底是什么意思呢？至少可以做两种解释：一种是前定的、定好的、难以改变的，这就是平常说的“宿命”（“宿”指前世），各种文化里都有相信宿命的，“算命”就是算的这种“命”，无论你是用什么办法算的，中国人的麻衣相法也好，西方的塔罗牌也好，其前提都是有一个前世已定的命在那里，而且是有可能算出来的；另外一种就是把“命”看成是主客观各种复杂因缘交织而成的一种生命机遇，这种机遇非主观可以掌控，然而它并不是既定的，因而也就算不出来。细读《论语》中孔子谈到“命”或“天命”的地方，我觉得孔子的意思主要偏重于后者，但有时也含有前者的成分。

大意 孔子说：“我十五岁立志要探索人生的真谛，三十岁有了自己的独立思想，四十岁内心不再有困惑，五十岁懂得了天命是什么，六十岁听到什么都能理解了，七十岁就随心所欲，说什么做什么都不会逾越规矩了。”

导读 这一段是孔子自述毕生修养的过程以及不同年龄所达到的不同境界。千古名言，中国读书人人人会背。文字并不生僻，但含意丰富深远，很难有大家都认可的“达诂”。

这里谈谈我的看法。

“志于学”的“学”，还是孔子一贯讲的学道的学，“志于学”就是立志探索人生真谛，切勿理解为发蒙读书。“三十而立”，也不是三十岁才立业，穿衣吃饭不愁，而是说探索人生真谛已经基本有获，有了自己独立的看法和认识，也就有了独立的人格，可以立于社会，立于天地之间了。到四十岁的时候，这种探索又进了一步，不仅有了独立的思想和人格，而且这种思想和人格已经成熟了，不会再有内心的困惑，也不会受到外物的扰动了。到了五十岁，则懂得了“天命”。天命就是必然性与偶然性所共同造成的、人自己不可控的一种形势和力量。“知天命”也就是懂得了自身的可能性和局限性，明白做得了什么和做不了什么。

到了六十岁呢，就可以做到“耳顺”了，“耳顺”，按朱熹的解释是“声入心通，无所违逆”，就是什么话都能听，而且一听就懂，就明白其中的意涵，换句话说，到六十岁时，孔子自觉对人生的认识已经达到一个更高的境界，对人性有了更透彻的理解。到七十岁时，则自觉真正到了化境，这个时候已经可以顺着自己的心意，想说什么就说什么，想做什么就做什么，而所有这些言行自然而然地就在规矩之中，礼制之中，大道之中，也就是“从心所欲，不逾矩”了。

孟懿子问孝。子曰：“无违。”樊迟御，子告之曰：“孟孙问孝于我，我对曰，无违。”樊迟曰：“何谓也？”子曰：“生，事之以礼；死，葬之以礼，祭之以礼。” 2·5

解释 孟懿子，姓仲孙，名何忌，鲁国大夫，“懿”是他的谥号[1]。

樊迟，姓樊，名须，字子迟，孔子弟子，鲁人，少孔子三十六岁（一说小四十六岁）。

“问孝”就是问有关孝的问题，不一定要理解为问什么是孝，也可能是问怎样才是孝、如何行孝等等，《论语》中常见的“问仁”“问政”等同此。

“无违”就是不违背。“御”，驾车。“事之以礼”的“之”指父母，下文“葬之以礼”“祭之以礼”的“之”同此。

大意 孟懿子向孔子请教有关孝的问题，孔子回答说：“不要违背。”樊迟给孔子驾车，孔子告诉他：“刚才孟孙向我问孝的问题，我告诉他，不违背。”樊迟说：“老师说不违背是什么意思？”孔子说：“当父母在世

1 谥号是古代帝王或大臣死了以后由朝廷追封的称号，大多是为了表示尊崇和纪念之意。

的时候，按礼的规定来侍奉他们；他们去世的时候，按礼的规定来埋葬他们，按礼的规定来祭祀他们。”

导读 这里“无违”是勿违礼，即不违背礼的规定。孔子怕孟懿子不明白，便讲给樊迟听，一方面教育樊迟，一方面也有让樊迟转告孟懿子的意思[1]。孔子是周代礼制文化的继承者，非常推崇周代的礼制文化，在侍奉父母的问题上，孔子认为按周礼办了就是孝，否则就是不孝。我们注意，孔子说这话的对象是孟懿子，是主持鲁国国政的大臣，是人民的表率，这样的人是否尊崇和维持礼制，在孔子看来尤其重要。要知道在孔子那个时代，礼制是规范一切言行的，就跟今天的宪法一样。

孟武伯问孝。子曰：“父母唯其疾之忧。” 2·6

解释 孟武伯，名彘，谥武，是孟懿子的儿子。

“唯其疾之忧”就是“唯忧其疾”，宾语“其疾”为了强调而前置，“之”就是宾语提前的标志，无义，仅有舒缓语气的作用。“其”，他的，在这里是儿子的。

大意 孟武伯问孔子关于“孝”的问题。孔子说：“父母亲只要担心他的健康（生不生病）就好了。”

导读 孟武伯问的是孝的问题，孔子为什么回答父母亲只要担心儿子的健康就好了？意思是说，一个好的儿子，应该不要让父母亲操心，但只有一点例外，就是生不生病的问题，因为生不生病的问题不是自己

1 按《孔子家语》记载，樊迟曾“仕于季氏”，应该跟孟懿子相熟。

能掌握的，尤其在卫生常识和医药都不发达的古代。如果一个儿子只让父母亲担心这个问题，别的一切都不要父母亲操心，这就是孝子了。估计孟武伯问这个问题的时候，他的父亲孟懿子尚在[1]，孟武伯尚未承袭父亲职位成为鲁国的大臣，所以孔子的回答就跟回答他的父亲孟懿子不同。孔子告诉孟武伯，你只要管好你自己，自己不要有不检点的行为，不犯错误，不让你父母担心，这就是孝了。

子游问孝。子曰："今之孝者，是谓能养。至于犬马，皆能有养；不敬，何以别乎？" 2·7

解释 子游，姓言，名偃，字子游，孔子弟子，吴人，少孔子四十五岁。"能养"，能奉养（父母），"有养"，（犬马）得到饲养。"养"，旧读去声 yàng（样）。"敬"，指敬爱父母。

大意 子游向孔子请教孝的问题。孔子说："现在说的那些孝子，是说他们能奉养父母。可是就连狗和马也能得到我们的饲养啊，如果人不知道爱敬父母，那么奉养父母跟饲养家畜有什么区别呢？"

导读 孔子在这段话里指出了爱敬才是孝的本质要素，"养"只是在物质上的满足，是外在的，爱敬才是发自内心的对父母的感情。这一点对所有为人子女的人都是一个重要的警醒。尤其是今天，许多人以为给父母足够的金钱，把父母养起来，使他们衣食无忧，就觉得自己是个大孝子了。这当然比那些弃父母于不顾的人要好，但是却不知道自己并没有真正懂得孝的本质。而且这前提是自己富足，倘若自己并不富足，

1 孟懿子卒于公元前 481 年，孟武伯于此年继位，孔子卒于两年后，即公元前 479 年。

甚至经济窘困，还能不能做孝子呢？其实天下父母期盼儿女的首先是精神上的尊敬和关爱，至于物质，各人尽自己的能力就好。前人有副对联，上联是“百行孝为先，论心不论迹，论迹天下无孝子”，说得很好。“迹”和“心”的问题，就是孔子说的“养”和“敬”的问题。一切真正的道德都必须以内心的情感为依据，离开真情实感，只在表面做功夫，那就免不了堕入虚伪与作秀。

子夏问孝。子曰：“色难。有事，弟子服其劳；有酒食，先生馔，曾是以为孝乎？” 2·8

解释 “色”，这里指脸色、容色。“服其劳”，“服”是担当，“其”是他的，他指长辈、先生。“馔”，吃。“曾是以为孝乎”按白话次序应该作“曾以是为孝乎”，“是”是介词“以”的宾语，因强调而前置。“曾”读 céng（层），表示强调的语气词，略等于白话文里的“难道”。

大意 子夏向孔子请教“孝”的问题。孔子说：“容色最难（意思是对长辈要和颜悦色，做到这一点很不容易）。有事情年轻人就帮长者做，有酒食就让长者先用，难道以为这样就是孝吗？”

导读 狭义的“孝”就是孝敬父母，广义的“孝”可以指年轻人（“弟子”）对长者（“先生”），这一段讲的是广义。无论是狭义的“孝”还是广义的“孝”，本质和灵魂都是内心的真情实感，这种真情实感会自然地表现在脸色上，杨伯峻《论语译注》引《礼记·祭义篇》说：“孝子之有深爱者必有和气，有和气者必有愉色，有愉色者必有婉容。”外在的作为（“养”“服劳”“先生馔”）不是不要，但不是首要的，更不是根本的。

强调以内心情感为外在言行的根本，是孔子的一贯教导，孔子在谈到礼乐的时候说过："人而不仁，如礼何？人而不仁，如乐何？"（3·3）孔子十分重视礼乐，但是还是不断地提醒我们，内心的"仁"才是一切的依据，没有这个依据，哪怕像礼乐这样庄严的仪式，也都变得没有意义了。

子曰："吾与回言终日，不违如愚。退而省其私，亦足以发。回也不愚。" 2·9

解释 回，指颜回，姓颜，名回，字子渊，亦称颜渊，孔子弟子，鲁国人，比孔子小三十岁。

"不违"即"顺"，在这里是没有反对意见，也不提什么问题的意思。

"退而省其私"句，"退"指他们师生结束谈话，各自回到自己的地方。"省"读 xǐng（醒），省察，"省"的主语是孔子，"省"的对象是"其私"，即他（颜回）的言行，这个言行不是在公开场合的，所以叫"私"。

"亦足以发"的"发"是发挥、实践，在这里指颜回把孔子说的道理在自己的言行中加以实践，动作的主体是颜回，但却是孔子"省"察出来的，经过这样的省察，孔子得出结论"回也不愚"。

大意 孔子说："我跟颜回说一整天话，他一句反对的意见都没有，也没有提出任何疑问，好像傻乎乎的。但我观察他私下的言行，却也能够实践我说的道理。颜回啊，其实不笨哪！"

导读 颜回是孔子最得意的门生，最能领会孔子的思想，且也最能实践孔子的学说，连非常聪明的子贡都说自己远远赶不上颜回："赐也何敢望回！回也闻一以知十，赐也闻一以知二。"（5·9）孔子跟颜回谈话，颜回之所以"不违如愚"，不是因为没有思考，也不是因为尊敬老师有话也不说，当然更不是因为愚笨，而是因为老师一说他就明白。颜回跟孔子是心有灵犀，想法一致，老师说的道理，他认为正当如此，毫无疑问，没什么可质疑的。这样的学生才是真正的英才，可惜天不假年，四十出头就夭折了[1]。

子曰："视其所以，观其所由，察其所安，人焉廋哉？人焉廋哉？" 2·10

解释 "所以"，朱熹解"以"为"为"，那么"所以"就是所作所为[2]；杨伯峻解"以"为"与"，那么"所以"就是所结交的人[3]。两者都通，这里从朱熹。"所由"，"由"可以解为由来、经历，那么"所由"就是所经历的过程；也可以引申为所采取的手段。"所安"，"安"是安于、乐于，李泽厚解释为心理寄托[4]。

"所以""所由""所安"，都是"所"字结构（参看1·12），在这里作宾语。

"人焉廋哉"句，"廋"，藏，动词，读sōu（搜）；"焉"，哪里，疑问代词，是"廋"的宾语，疑问代词作宾语要提前，"焉廋"就是廋焉，就是藏到哪里。

1 颜渊卒年或曰三十二，或曰三十一，清儒考订为四十一，近人多从此说。

2 见《论语集注》。

3 见《论语译注》。

4 见《论语今读》。

大意　孔子说："一个人，看他的所作所为，观察他采取的手段，了解他的心理寄托，这个人还能藏到哪里去呢？这个人还能藏到哪里去呢？"

导读　交友要不失误，首先要学会观人，孔子在这里教给我们一套观人的办法：第一看他做什么，做好事还是做坏事，第二看他采取什么手段来达到目的，正当不正当，光明不光明，第三看他安于什么，乐于什么，他有什么样的精神追求和寄托。看过这些以后，这个人是怎样的人自然就清楚了。

子曰："温故而知新，可以为师矣。"　2·11

解释　"温"，温习；"故"，旧，这里指过去学的东西，"温故"就是温习已有的东西。"新"，指新的东西，"知新"就是懂得新的东西。

大意　孔子说："温习旧的，懂得新的，这样就可以当老师了。"

导读　这句话可以跟《论语》开篇"学而时习之，不亦说乎"同读，不断地学习，按时温习，既不忘记旧的，又与时俱进，时时学到新的，对于自己来讲，这是一件很快乐的事情，对于别人来讲，你就有资格充当老师了。

"温故"和"知新"加起来就是"学习"一词的本义，"学"就是从不懂到懂，重在知新，"习"本义是鸟练习飞行[1]，重在温故。学习的过程就是不断地"知新"和"温故"的过程，温故也是为了知新。只有不忘旧的，才有可能在旧的基础上前进而得到新的，也只有不断知新，才

1　正体作"習"，《说文解字》："習，数飞也。"

有“故”可“温”，也才能与时俱进，不致落伍。今天许多人一出校门就把书本扔了，知识还给老师，又不再学新的，到了四五十岁、五六十岁，知识结构还停留在学生时代，结果一辈子没有什么进步。

子曰：“君子不器。” 2·12

解释 “君子不器”，“器”是器具，这里是名词作动词用，意为作器具，当器具用。

大意 孔子说：“君子不作器具。”[1]

导读 在孔子的学说里，君子就意味着一个充分成长的人，一个大写的“人”，而且主要是就道德这个角度说的。孔子认为一个人追求的目标应该是让自己的天赋得到充分的实现与发展，成为一个尽可能完美的人，而不是仅仅成为有某种专长、能够充当一种器具的人。

在科技越来越发达、分工越来越细密的现代社会，这种观念可能已经显得不太现实。今天几乎任何人都得具备某种专长，才能在社会上立足，君子也不例外。这是传统社会转型到现代社会产生的一种无可避免的现象。但是作为一种理想，“君子不器”仍然对我们有某种警醒的意义。人一生应当追求的本来就应该是全面地、充分地发展自己，而不是把自己培养成某种工具、某种部件，尤其不应当只是一种赚钱的工具，或者服从某种机器功能的一个部件，哪怕在现代社会人们不得不选择一种职业，甚至终身从事这种职业，但是在精神境界上还是应当拒绝异化成职业的奴隶，或甘心为他人所役使。

1 许多译注本把这句话译作“君子不是器具”，不妥。

子贡问君子。子曰："先行其言而后从之。" 2·13

解释 "子贡问君子"，跟"孟懿子问孝"是一种结构，"君子"是"问"的内容，不是"问"的对象。如果是"问"的对象，就要写成"子贡问于君子"。

"先行其言而后从之"句，"其言"是"行"的宾语，"其言"即"所言"，古文中"其"有时同"所"[1]。"而后从之"，"而"是连词，连接"先行其言"和"后从之"两部分。"后"是然后，副词。"从"是跟着，"之"指"行（的事）"，作"从"的宾语。全句意为：先把想说的做了，做了之后再说。

大意 子贡问君子的问题，孔子说："君子是做了再说。"

导读 子贡是孔子弟子中最会说话的人，孔子显然在告诫子贡"做"比"说"更重要，不要"说"在前面，更不要"说"了不"做"。这也是孔子"因材施教"的例子。孔子的话值得我们每个人警惕，尤其是今天只说不做的人太多，还没有做就吹得天花乱坠，到处做广告，而且夸大、不实，唯恐别人不注意。说了之后并不打算实行，且不以食言为耻。这样的人离开君子的标准太远，他们本来也没有打算做君子。

子曰："君子周而不比，小人比而不周。" 2·14

解释 "周"就是跟大家好，就是合群。"比"就是跟少数几个人好，就是结党、拉帮结派。"比"，读 bì（必）。

1 见裴学海著《古书虚字集释》。

大意　孔子说："君子合群但不结党，小人结党却不合群。"

导读　孔子在另外一个地方讲过，君子"群而不党"（15·22）跟这段话是一个意思。这里讲的"党"当然不是指现代社会的政党，而是指小圈子。孔子要说的真正意思是君子的交游不会以谋取私利为目的，所以用不着也瞧不起几个人拉帮结派去谋取不正当的利益。君子是仁者，仁者爱人，所以他自然跟大家的关系都很好，也就是"周而不比"，小人则与此恰好相反，是"比而不周"。

子曰："学而不思则罔，思而不学则殆。"　2·15

解释　"罔"，义同"惘"，迷惘、迷茫的意思，"殆"，危险。

大意　孔子说："学习而不思考，就会迷惘，思考而不学习，就会危险。"

导读　只顾学习而不思考，那么学习的内容就无法真正理解，变成自己行动的指南，那当然就会感到迷惘、迷茫了。但如果只是在那儿呆想，不去认真学习前人已经认识的东西，那要么就会变成一个空想家，要么就会变成一个自以为是的狂人，那当然就危险了。

这话对于我们仍有现实意义。今天学而不思的人比比皆是，追逐时髦理论，跟着别人瞎起哄，泥古不化，崇洋不化，广义地讲都可以叫作学而不思。思而不学的人也多的是，有些人还没读几本书，就摇来晃去，就在那里高喊创新，打倒一切，自我作古。今天中国社会包括学术界一片浮躁之气，其实就是学而不思和思而不学的人都太多了。

子曰："攻乎异端，斯害也已。" 2·16

解释 "攻"可以当攻击讲，也可以当致力、用功讲。"异端"是异端邪说，这个大体上没有异议。"斯害也已"的"斯"是副词，不是代词，"也已"是语气词连用，单用"也"也可以，用"也已"显得婉转一点。于是全句也就有了两种解释，一种是：攻击异端是有害的。第二种是：学习异端是有害的。我取第二种解释。"攻"作"致力"讲，"乎"同"于"，表示致力的方向，这很合乎文言语法；如果"攻"作"攻击"讲，"异端"应是"攻"的宾语，"乎"字就变成多余的了。[1]

大意 孔子说："如果把精力用在异端邪说上，那就是一种危害了。"

导读 孔子反对致力于异端，这跟他不语怪力乱神、不泥小道的态度其实是一致的。人生精力有限，放着堂堂正正的仁义大道不学，却致力于异端小道，的确是不值得的。

子曰："由！诲女知之乎！知之为知之，不知为不知，是知也。" 2·17

解释 由，姓仲，名由，字子路，又字季路，孔子弟子，卞人，少孔子九岁。

这段话看似简单，但历来解释也很纷纭，其中一个分歧点是最后一

1 杨伯峻曾经在《论语译注》中提出第三种解释，"攻"还是解作"攻击"，而把"斯害也已"解作"祸害就可以消灭了"，"已"解作动词，表示完结、停止之意。这个解释比较牵强，"乎"字同样没有着落。意思也不可取，李泽厚说是"斗争哲学的有趣反映"（见《论语今读》），我很赞同。

个“知”字的读音。有的主张读本音，就是“知道”的“知”；有的主张读去声，就是“智慧”的“智”。第二个分歧点是“诲女知之乎”，一般都解作“我来教你什么是知吧”，那么这个“知”到底读本音还是读去声呢？如果读本音，就是“我来教你什么是知与不知”或“我来教你什么是真正的知”；如果读去声，就是“我来教你什么是智慧”。

这两种解释都说得通，但是“诲女知之乎”中的“之”字却没有着落，这个“之”是代词，作“知”的宾语，那么它指的是什么呢？因此有的学者认为，这个“之”是衍文，应该去掉。但《论语》流传的版本都有这个“之”字，说它是衍文并没有坚强的根据。其实这句话从语法的角度不如理解为“我教你的东西你都懂了吗”，“之”指“我教你的东西”，这样这个“之”字才有着落。最后一个“知”以读去声为好。

大意 孔子说：“由，我教你的东西你都懂了吗？懂的就说懂，不懂就说不懂，这样才是真正的智慧啊。”

导读 孔子在这里告诉我们真正的智慧是就是承认主体认识的有限性，承认我们懂的其实很少，千万不可不懂装懂。

子张学干禄。子曰：“多闻阙疑，慎言其余，则寡尤；多见阙殆，慎行其余，则寡悔。言寡尤，行寡悔，禄在其中矣。” 2·18

解释 子张，姓颛（zhuān，专）孙，名师，字子张，孔子弟子，陈国人，少孔子四十八岁。

“干”，求；“禄”，官俸；“干禄”就是求职，谋差使。

“阙”，同“缺”，动词，意为放在一边让它空缺着。“寡”，少。“尤”，过错，怨尤。

“疑”和“殆”，“疑”是怀疑，不信；“殆”是危殆，不安，钱穆解释说：“疑指己心感其不甚可信着；殆指己心感其不甚可安者。”

大意 子张要学怎么谋差使。孔子说：“多听听，有疑问的就放在一边，谨慎地讲那些你所知道的，这样就会少犯错；多看看，没把握的就放在一边，谨慎地做那些你有把握的，这样就会少后悔。说话少犯错，做事少后悔，差使就在这里面了。”

导读 在社会上做事，最忌讳的就是夸夸其谈，不懂装懂，这样就很容易出错，搞得不好工作就丢了。凡事谨慎一点，多听多看，说话可信，做事可靠，这样就自然能把工作做好，得到上级和别人的信任。

哀公问曰：“何为则民服？”孔子对曰：“举直错诸枉，则民服；举枉错诸直，则民不服。” 2·19

解释 “何为”，就是为何，做什么，怎么做。“则”，连词，那么。“何为则民服”是说，怎么做老百姓才会服从。

“举直错诸枉”句，“举”，提拔。“错”通“措”，放置。“诸”，之于的合音。“直”，正直，正直的人。“枉”，不直，不正直的人，邪曲的人。“举直错诸枉”，就是提拔正直的人，把他们放在不正直的人之上。

大意 鲁哀公问孔子：“怎么做才能使老百姓服气呢？”孔子回答说：“提拔正直的人，把他们放在不正直的人之上，老百姓就服气了；

如果把不正直的人，放在正直的人之上，老百姓就不会服气了。”

导读 对于一个国君而言，用什么样的臣子，提拔什么样的人放在领导的位置上，这是治理国政最重要的事，用今天的话来讲，就是如何使用干部，提拔什么样的干部。今天的国家比孔子时代的诸侯国大得多，今天的社会也比古代复杂得多，治理起来当然也麻烦得多，但是精神和原则还是没有变，这就是要把正直的人提上来，把不正直的人贬下去，或者干脆免掉他，这样才能做到风清气正。如果一个社会，吹拍成风，告密受奖，坏人得志，好人受气，形成劣币驱逐良币的恶性循环，这就值得我们警惕了。

季康子问："使民敬忠以劝，如之何？" 子曰："临之以庄，则敬，孝慈，则忠，举善而教不能，则劝。" 2·20

解释 季康子，季孙肥，鲁哀公时的大臣，“康”是谥号。

“使民敬忠以劝”句，“敬”，严肃认真；“忠”，尽心竭力；“劝”，劝勉向善；“以”同“而”。“如之何”，怎么办。

“临之以庄，则敬”句，上对下叫作“临”，“临之以庄”就是以庄重的态度对待老百姓；“则敬”，这里的主语已经换成“民”了，补全就是“临之以庄则（民）敬”；全句意思是说，统治者以庄重的态度对待老百姓，老百姓就会严肃认真。

“孝慈，则忠”句，结构同上，即“孝慈则（民）忠”，统治者能做到“孝”和“慈”，老百姓就会尽心尽力。“举善而教不能，则劝”也是“举善而教不能，则（民）劝”，“举善”，就是提拔好人；“教不能”，就是教育能力差的人；“劝”，勉励。

大意　季康子问孔子："要使老百姓严肃认真、尽心竭力，并且互相勉励向上，该怎么办？"孔子说："你用庄重的态度对待老百姓，他们就会严肃认真了；你孝顺父母，慈爱下辈，他们就会尽心竭力了；你提拔好人，教育能力差的人，他们就会互相勉励向上了。"

导读　统治者要给老百姓做榜样，要用自身的行为来教化百姓，这是儒家政治思想的核心，所谓上行下效，风行草偃，身正令行，都是这个意思。现在一些当官的，自己弄权枉法、贪污腐化，却叫老百姓奉公守法、勤俭节约，这怎么办得到呢？打铁还需自身硬，不能只放在口头上说说。

或谓孔子曰："子奚不为政？"子曰："《书》云：'孝乎惟孝，友于兄弟，施于有政。'是亦为政，奚其为为政？"　2·21

解释　"或谓孔子曰"句，"或"，代词，相当于白话文中的"有人"；"谓……曰"是古文中常见的结构，意思是"对……说"。

"子奚不为政"句，"子"是对对方的尊称；"奚"在这里是疑问副词，意思是"为什么"。

"《书》云"的"《书》"就是古代留下的典籍《尚书》，今天我们能见到的《尚书》是经过后人编辑过的，与孔子见到的不全相同，下面所引的几句就不见于今传《尚书》。

"孝乎惟孝，友于兄弟，施于有政"句，"惟"是语气词，没什么意义。"友于"和"施于"中的"于"字是表示方向、对象的介词。"有政"就是"政"，"有"字无意义，常常加在名词的前面，叫"词头"，例如唐代可以叫作"有唐"，宋朝可以叫作"有宋"。

“是亦为政”句，“是”是代词，这、这个、这样。

“奚其为为政”句，读的时候要在两个“为”字中间停顿一下，“奚”在这里是疑问代词，意思是“什么”，本来是动词“为”（做）的宾语，顺说应该是“为奚”，古文中疑问词作宾语通常提前，“其”在这里是语气词，有加重语气的作用（对照“其何以行之哉”，2·22）。“奚其为为政”，意为“做什么（才算是）从事政治”。

大意　有人对孔子说：“您为什么不从事政治呢？”孔子回答说：“《尚书》上讲：‘孝啊，孝顺父母，友爱兄弟，把这种风气带到政治上去。’这样也是在从事政治呀，要做什么才算是从事政治呢？（难道一定要当官才算是从事政治吗？）”

导读　在儒家的理念里，从个人到家庭到社会到天下，是一以贯之的。《大学》首章说：“古之欲明明德于天下者，先治其国；欲治其国者，先齐其家；欲齐其家者，先修其身；欲修其身者，先正其心；欲正其心者，先诚其意；欲诚其意者，先致其知。致知在格物。物格而后知至，知至而后意诚，意诚而后心正，心正而后身修，身修而后家齐，家齐而后国治，国治而后天下平。自天子以至于庶人，壹是皆以修身为本。”从格物、致知、诚意、正心、修身到齐家、治国、平天下，也就是从个人到家庭到国家，由内而外，是一条“内圣外王”之路，这中间的管理理念只有阶段性的差别，核心和本质是一样的。

儒家主张把私德与公德打成一片，公德就是私德的延伸，这一点，跟西方主流文化明白区分公德与私德，甚至把公德与私德打成两截，很不一样。今天看来，把公德与私德作适当的区分，是必要的，但打成两截也是不妥当的。在现代事务日趋繁复、分工日趋细密的社会里，个人、家庭与社会的关系跟古代农耕社会有很大的不同，修身、齐家和管理社会、治理国家愈来愈不是一回事，私德与公德不分，对大部分人来说，既很难做到，也的确会造成很多流弊。但公德和私德都是人之德，其中根本的东西，例如仁（就是西方说的博爱、宽容）、信（就是西方说的诚实、信用）、义（就是西方讲的公平、正义），本来是，也应该是一以贯之的，过分强调公德与私德的差异，甚至完全打成两截，弄得不好就会造成虚伪的人和分裂的人格。

子曰："人而无信，不知其可也。大车无輗，小车无軏，其何以行之哉？" 2·22

解释　輗读 ní（泥），軏读 yuè（月），均指车杠与车衡衔接的销子，如果没有销子，车杠与车衡就会脱节，马拉车杠，联结车体的车衡却滑了出来，车子自然就拉不动了。

"不知其可"的"其"是代词，"其何以行之哉"的"其"是语气词，有加重语气的作用。"何以"就是"以何"；"行之"的"行"本来是不及物动词，在这里用作及物动词，是使动用法，"行之"就是"使之行"，之，指车。

大意　孔子说："如果一个人没有诚信，不知道他怎么能做人。好像大车、小车没有车销，怎么把车子拉着跑呢？"

导读　孔子这句话指出诚信对于人的极端重要性。"不知其可"，说得很重。诚信匮乏是今天中国社会的严重问题，而这个问题我们显然无法怪罪我们的祖先，是我们自己把孔子的话抛到脑后去了。

子张问："十世可知也？"子曰："殷因于夏礼，所损益，可知也；周因于殷礼，所损益，可知也。其或继周者，虽百世，可知也。" 2·23

解释 "十世""百世"，意为十世之后，百世之后；"因"，继承、因袭；"损"，减少；"益"，增加；"所损益"，所字结构，意为减少和增加的东西。

"其或继周者"句，"其"，代词，那个；"或"，表示推测的语气词；"其或继周者"意为那个将来或许会继承周代的朝代。

大意 子张问孔子："十世以后的事情是可以知道的吗？"孔子说："殷代的礼制是沿袭夏代的，减了什么增了什么是能够知道的；周朝的礼制是沿袭殷代的，减了什么增了什么是能够知道的。将来或许会有继承周代的朝代，那么即使百世以后，它的礼制也是可以推知的。"

导读 孔子这段话的含义是说，没有什么前无所承的礼制，礼制总是后代继承前代而有所增减，所以即使百代之后也还是会继续遵循这种规律，不可能人为斩绝，也不可能凭空创制。孔子的这种看法有历史依据，同时也因为礼制基于人性、人情，即所谓"礼缘人情"，只要人性、人情没有根本的改变，礼制也不可能变得面目全非。推广到一切传统都可作如是观。

子曰："非其鬼而祭之，谄也。见义不为，无勇也。" 2·24

解释 人死曰鬼，鬼字古代并无贬义，这里指祖先。"其"，他的，也就是祭祀人家里的，“非其鬼”意为不是自己祖先。“之”，指代前面的鬼。

大意 孔子说：“不是自己的祖先却去祭祀他，是谄媚。看见正义该做的事情却不去做，是没有勇气。”

导读 什么事情该做，什么事情不该做，这是一个人做事之前必须先想清楚的问题。做与不做，必有理由，这就牵涉到一个人做人的原则，用今天的话来讲，就是价值观。对一般人来说，一事当头，首先考虑的是个人利益，对自己有利的就做，对自己不利的就不做，古今中外皆然，今日中国尤甚。为什么不是自己的祖先却要去祭祀？是为了讨别人的喜欢，讨别人的喜欢是为了自己得利；为什么明明是正义该做的事情，却不去做？是因为对自己不利，没有勇气为了维护原则与正义而牺牲自己的利益。孔子认为一个君子就不应该这样，这样就违背了一个君子做人的原则。

八佾篇第三

孔子谓季氏："八佾舞于庭，是可忍也，孰不可忍也？" 3·1

解释 季氏，季孙氏，当时鲁国的权臣。"孔子谓季氏"，孔子说到季氏。"谓"的前后都是人名，一个是"谓"的主语，一个是"谓"的宾语，这种情形多半都是前者评论后者，如果句末再加一个"曰"，变成"孔子谓季氏曰"，那就是"孔子对季氏说"的意思了，要注意分别。

"八佾"的"佾"，读 yì（意），意为行列。"八佾"是古代乐舞的一种，分为八行，每行八人。按周代的礼制，只有天子乐舞才能使用八佾的舞队，诸侯只能用六佾（六行，每行六人），大夫四佾（四行，每行四人）。

"是可忍也，孰不可忍也"句，"是"是代词，这个。注意这个"是"和白话文中作系词用的"是"不一样的。"孰"，疑问代词，谁、什么。

大意 孔子说到季氏："用八佾的排场在自己的厅堂上唱歌跳舞，这样的事情都可以容忍，那还有什么不可容忍的呢？"

导读 用今天的话来讲，"礼"就是规矩，一个社会没有规矩就乱了秩序，政府也就不能进行有效的治理。季氏以一个大夫的身份却用了天子的礼仪，这就是大大地坏了规矩。而这样的事情居然可以发生，居然没有受到查究，说明周朝的统治已经衰微，也怪不得以维护周礼为己任的孔子生这么大的气。

三家者以《雍》彻，子曰：“‘相维辟公，天子穆穆’，奚取于三家之堂？” 3·2

解释 “《雍》”，也作《雝》，《诗经·周颂》里的篇名，因为首句是“有来雝雝”，故以《雝》名篇。《诗经》里的《颂》常常配乐演唱，《雝》就是周天子在宗庙祭祀撤除祭品时所奏的乐歌。“彻”，是撤除祭品，“以《雍》彻”，意为撤祭品的时候奏着《雍》的乐歌。

“相维辟公，天子穆穆”，是《雍》中的两句诗，“相”，助祭者；“维”，系词，相当于白话文的“是”；“辟”，君；“公”，公侯伯子男的公，贵族的最高一级，“辟公”在这里泛指诸侯国的君王。两句诗连起来描写祭祀的情景：诸侯们在那里帮忙收拾，周天子则庄严肃穆地坐在那里。

“奚取于三家之堂”句，“奚”，疑问代词，是“取”的宾语；“于”，介词，在，从；“三家”，指鲁国当时掌权的三位大夫仲孙、叔孙、季孙。全句意为：在三家的堂上（唱《雍》这首歌）取什么意思呢？

大意 鲁国的大夫仲孙、叔孙、季孙，在祭祀撤出祭品的时候，也像周天子祭祀的时候一样，奏着《雍》这首乐歌。孔子说：“《雍》里唱着：‘诸侯们帮忙收拾，周天子庄严肃穆’，仲孙、叔孙、季孙在堂上祭祀的时候也这么唱着，他们取这首诗里的什么意义呢？”

导读 这段话的精神跟前段一样，也是讥讽鲁国三位权臣不守规矩，僭越礼制，这是孔子反对而厌恶的。春秋时代是奴隶制社会向封建制社会过渡阶段，当时有严格的等级制度，凡是僭越等级的事情，尤其牵涉到政治意涵的，都会被视为有“不臣之心”，是决不允许的。现代社会虽然提倡民主平等，但是等级、礼制也不是能够完全不讲的，有人在地方政府的广场上竖立天安门广场才该有的华表，这种完全无视政治伦理的事情，当然还是不能被允许的。

子曰：“人而不仁，如礼何？人而不仁，如乐何？” 3·3

解释 “人而不仁”中的“而”字是表示转折语气的连词，相当于白话文中的“却”，“人而不仁”意思是“作为一个人（应该仁）却不仁”。

“如……何”是文言文中常见的一个语式，现代白话文只剩下“如何”这个词，而没有“如……何”这种语式。“如何”在古文中有怎么样、怎么办、为什么等含义。仔细分析一下，“如”跟“何”是可以拆开讲的，“如”的意思是“如此”“如前面所说”，“何”才真正表达疑问，这有点像英文当中的“so what?”，“如”和“何”既然可以拆开，那么在中间加入别的成分也就没有什么不可理解的了。但因为白话文中没有这种语式，所以不好翻译，大致的意思是“把……怎么样”“拿……做什么”。乐，音乐。

大意 孔子说：“一个人却不仁，拿礼做什么？一个人却不仁，拿乐做什么？”

导读 这一段讲的是，“仁”是“礼”“乐”的本质与灵魂。如果没有仁这个灵魂，礼和乐就成了一个空壳，是没有意义的。礼和乐不是简单的礼仪和音乐，而是跟礼、乐相关的一套制度。孔子非常重视礼乐，但从这句话我们可以看出，在孔子的思想中，仁的位阶远远高于礼乐，这一点值得我们特别注意。

仁和礼（包括乐）是孔子思想中最重要的两个观念，就其提及的频率来看，我们几乎可以说孔子的思想是仁礼并重的，但是孔子也屡屡强调，仁高于礼，仁是本、是质，是内在的最高的道德律令，礼是用、是文，是表现在外的对言行的约束和修饰。离开了仁这个本质，礼就会成为虚文，成为没有灵魂的外壳，甚至成为某种伪装。所以在仁与礼的问题上，孔子的思想很明确：仁礼并重，但仁本礼用，仁先礼后。而历代的统治者却常常有意歪曲孔子的意思，他们只利用儒家的礼，而忽视儒家的仁，把儒家思想变成统治民众、压迫异己的工具。

最早看出这个问题的是老子，《老子》三十八章说："故失道而后德，失德而后仁，失仁而后义，失义而后礼。夫礼者，忠信之薄而乱之首。"所以道家主张废礼。但是废礼能解决问题吗？废了礼社会就会没有秩序，就会变成无政府状态。孔子认为，问题的根子不在"礼"，而在"失"，所以他不主张废礼，而是强调不失，就是在谨守礼的同时而不失仁（包括老子说的"道""德""仁""义"）这个根本。其实孔子的主张才是真正能解决问题的，可惜后世许多批判儒家思想的人都很偏激，都不愿意冷静地全面地正视孔子的思想，不把孔子的思想和统治者对孔子思想的利用加以区分，也不把孔孟和后来的所谓儒家加以区分，而把所有这些全都混为一谈，称之为"名教"或"礼教"而贬斥之，如魏晋时代嵇康、阮籍等人对名教的批判，五四时代激进知识分子对礼教的讨伐都是。

林放问礼之本，子曰："大哉问！礼，与其奢也，宁俭；丧，与其易也，宁戚。" 3·4

解释　林放，鲁国人，或说是孔子弟子，但没有文献依据。“礼，与其奢也，宁俭”的“礼”主要指接待宾客的礼节、礼貌。“丧，与其易也，宁戚”指丧礼，“易”是平易，这里含有周到熟练的意思，就是一切行礼如仪，形式无可指责。

大意　林放向孔子请教礼的本质。孔子说:“你这个问题很重大啊！接待宾客与其讲究排场，不如节俭而有诚意；举行丧礼与其看似周到，不如内心真正悲戚。”

导读　“礼”是周文化的核心，孔子服膺周礼，对周朝后期“礼崩乐坏”的情形深怀忧虑，主张“克己复礼”，以复兴周礼为己任。但是孔子又常常指出，“礼”（包括“乐”）并非本质，“礼”只是外在的形式，背后的本质是人性、人情，离开人性、人情，“礼”就没有意义，就会流于形式。而人性、人情则要以“仁”为理想，为最高标的，所以“礼”最终要以“仁”为本，靠“仁”来规范。这样才会有正确的“礼”，合理的“礼”。前条孔子感叹“人而不仁，如礼何？人而不仁，如乐何”就是这个意思。后来魏晋学者对此多有讨论，曾经提出“礼缘人情”的命题，原因亦在此。

此条林放问到“礼”的本质，证明林放在思考这个问题，而这恰恰是当时许多人忽视的，所以得到孔子的夸奖。

子曰:“夷狄之有君，不如诸夏之亡也。”　3·5

解释　“夷狄”，古代称中原四方文化落后的少数民族为“夷狄”，而称中原各国为“诸夏”“夏”，又称“华夏”，是古代中原民族的自称。

大意　孔子说:“夷狄各国即便有国王，也赶不上中原国家的没有。”

导读　“夷狄”和“华夏”的本质区别不在民族，而在文化。认同中原农耕文化的就是“华夏”，不认同中原农耕文化而认同周边游牧文化的就是“夷狄”。中原农耕文化优于中原周边的游牧文化，所以，华夏和夷狄的区别是先进文化和落后文化的区别，是文明和野蛮的区别。夷狄就算有君，但整个文化体系是落后的、野蛮的，诸夏哪怕暂时没有君，但整个文化体系是先进的、文明的，所以，即使夷狄有君，诸夏无君，夷狄还是赶不上诸夏。以儒家为核心的中国传统思想一直强调“夷夏之辨”，主张“以夏变夷”，而反对“以夷变夏”，其本质不是种族优越论（例如近世的纳粹主义），而是对文明的追求。

季氏旅于泰山。子谓冉有曰:“女弗能救与？”对曰:“不能。”子曰:“呜呼！曾谓泰山不如林放乎？”　3·6

解释　冉有，姓冉，名求，字子有，孔子弟子，鲁人，少孔子二十九岁，曾为鲁国大臣季氏的家臣。

“旅”，在这里指祭山，动词。登名山大川以祭祀天地神祇，当时只有天子和诸侯才有资格这样做。“弗能”，不能。“救”，挽救，阻止此事的发生。“曾”，读 céng（层），加强语气的语气词，与句尾的“乎”一起表达比较强烈的疑问语气，相当于白话文的“难道”。

大意　鲁国的大臣季孙氏要去泰山上祭祀天地神祇。孔子对冉有说:“你不能阻止这件事吗？”冉有回答说:“不能。”孔子感叹说:“哎！难道泰山还比不上林放那么懂礼吗（居然会接受这样僭越礼制的事）？”

导读　这一条要跟“林放问礼之本”（3·4）同读。本篇第一条说季氏“八佾舞于庭”，可见这个季氏非常有野心，相当跋扈，以一个大夫的身份居然摆天子的排场。这种现象反映了当时周朝中央政权的衰弱、各国诸侯的强大，而诸侯国里又往往是大夫擅权，于是僭越礼制的事情时有发生，这正是孔子所憎恶的“礼崩乐坏”，是以维护周礼为己任的孔子所绝对不能赞成的。

子曰：“君子无所争。必也射乎！揖让而升，下而饮。其争也君子。”　3·7

解释　“君子无所争”句，“所争”就是“争的东西”，“无所争”就是“没有要争的东西”，也就是没什么要争的。

“必也射乎”句，“必”，一定；“也”，语气词，表句中停顿。这句话是退一步说，意思是如果一定要说有什么争的，那就是“射”（射箭）吧！

“揖让而升”句，“揖让”就是互相作揖，谦虚地让对方先射；“升”是登（台），古人比赛射箭的时候要先登上一个台子再射。“下而饮”，下了台以后喝酒。

“其争也君子”句，“其”，他们的；“也”，表示句中停顿；“君子”在这里是名词作形容词用，意为君子式的、像个君子。

大意　孔子说：“君子不争什么，如果一定要说争的话，那就是射箭吧！但是射箭的时候，君子们互相作揖、谦让着登到台上，射完以后又谦让着一起喝酒。他们这种争也是君子式的争。”

导读　孔子讲的“不争”，偏重个人修养，这个“争”是“争斗”

的“争”，“争强好胜”的“争”，是个人意气之“争”。君子对这些都没有兴趣。君子看重的是如何修养自己、提高自己、完美自己，有不足则反求诸己，而不怨天尤人，有什么好争的呢？这个“争”不是现代意义上的“争取”的“争”“抗争”的“争”，不要把孔子讲的“不争”不适当地延伸到公众领域，尤其是现代社会的公众领域。

子夏问曰：“‘巧笑倩兮，美目盼兮，素以为绚兮。’何谓也？”子曰：“绘事后素。”曰：“礼后乎？”子曰：“起予者商也！始可与言《诗》已矣。” 3·8

解释 “巧笑倩兮，美目盼兮，素以为绚兮”，前两句见于今本《诗经·卫风·硕人》，但没有第三句。“巧笑”是生动的笑，“倩”是靓丽动人，“美目”是漂亮的眼睛，“盼”是黑白分明，“素以为绚”就是以素为绚，用白丝绢（即“素”）画上（即“为”）美丽的色彩（即“绚”）。文言中有些介词，如“以”“与”等，它们的宾语有时可以提到介词的前面。这里“素”就放在“以”的前面，作“以”的宾语。

“何谓”就是“说的是什么”，古文中疑问词作动词的宾语时一般都要前置，所以不说“谓何”，而说“何谓”。“绘事”就是作画，“后素”是“后于素”，介词“于”省略了。

“起予者商也”句，“起”就是引起，“予”，我，第一人称代词，“起予”就是引起我想到更多的东西，“商”是子夏的名。

“始可与言《诗》已矣”句，“始”就是开始，“可与言”，介词“与”下省掉了一个“之”字，古文中“之”字作宾语常常省略，读时要多留心。被省略的“之”指代卜商，在这个语境中就是“你”。“已矣”两个语气词连用，相当于白话中的“了啊”。

大意 子夏问孔子："'那美人笑起来真是靓丽啊，漂亮的眼睛黑白分明，就像在白色的丝绢上画上美丽的色彩。'这诗句说的是什么意思呢？"孔子说："画画的时候先要用白绢作底，再着色。"子夏说："礼仪是发生在后面的东西吗？（是具备了本质之后才需要的东西吗？）"孔子说："商啊，你的话对我很有启发！现在可以跟你讨论《诗经》啦。"

导读 子夏当然知道这几句诗是写一个美女，他要问的实际上是诗句说明了什么道理，所以孔子回答"绘事后素"。这几句诗虽然是写美女，但我们读者却可以从中体会到"绘"与"素"的先后关系。子夏很聪明，从孔子的话里马上悟出，礼仪也是一种文饰，像作画一样，必须先具备本质。如果本质不具备，礼仪就会变成一套虚文，就像画要画在绢上，笑和盼要发生在美女的身上，没有绢到哪儿去作画？不是美女，笑和盼也就失去了魅力。孔子说《诗》，一向讲究比兴，就是要超越诗的字面意义作延伸理解，所以对子夏的话很是欣赏。前一段孔子和林放的对话说明礼不离本，这一段孔子和子夏的对话说明文后于质，谈的都是礼的本质问题，这本质就是仁。

子曰："夏礼，吾能言之，杞不足征也；殷礼，吾能言之，宋不足征也。文献不足故也，足则吾能征之矣。" 3·9

解释 "夏礼"，夏朝的礼制，"殷礼"，商朝的礼制，商的后期叫"殷"。"杞"，杞国，在今天河南杞县，是夏禹后代所封的国家。"宋"，宋国，在今天河南商丘，是商汤后代所封的国家。"征"，考证。"文献"，文与献，"文"指历史文件，"献"通"贤"，指通晓典故的耆老、贤者。

大意 孔子说:“夏朝的礼制我说得出来，光靠杞国的东西是不足以考证的；商朝的礼制我也能说得出来，光靠宋国的东西是不足以考证的。因为杞国和宋国的历史文件以及耆老贤者都不足的原因，如果充足的话，我是能够加以考证的。”

导读 这一段话可以和第二篇“子张问十世可知也”（2·23）那一段同读。

子曰:“禘自既灌而往者，吾不欲观之矣。” 3·10

解释 “禘”，禘祭，是一种大祭祀，一般只有天子才能举行。“灌”，本作“祼”（音、义同“灌”），是祭祀中的一个步骤。“而往”，以往，以下，以后。

大意 孔子说:“鲁国的禘祭，从灌以后我就不想再看了。”

导读 禘祭，只有天子才有资格举行，各诸侯国都不能举行，只有鲁国例外。因为鲁国的开国君周公对周朝有大功，所以周成王特许周公举行禘祭。周公以后的鲁国国君其实是不应该举行禘祭的，但是他们都袭用周公旧例而举行禘祭，这在孔子看来也是一种僭越的行为，所以孔子对鲁国的禘祭内心并不同意，只看个开头就不想看了。

或问禘之说。子曰:“不知也。知其说者之于天下也，其如示诸斯乎！”指其掌。 3·11

解释　“知其说者之于天下也”句，“其说”的“其”，指示代词，相当于白话文中的“这个”或者“那个”。“于天下”，对于（治理）天下。这句话如果把“之”“也”去掉，意思并没有变化，“之”字的作用是取消句子的独立性，表示下面还有话要说，“也”表句中停顿，以舒缓语气。

“其如示诸斯乎”句，“其”“乎”都是语气词，一起表示一种推测而疑问的语气，前面我们见过。“示”同“视”；“诸”，之于的合音；“斯”是代词，这，这里。“示诸斯”就是“示之于斯”，按现在人说话的逻辑应该是“于斯示之”，译成白话就是“在这里看它”。

大意　有人问孔子关于禘祭的事。孔子说：“我不懂。懂这个的人对于治理国家，大概就会像在这里看它一样清楚吧！”一边说，一边指着自己的手掌。

导读　这一段也要跟前段同读，因为孔子认为鲁国举行禘祭是一种僭越礼制的行为，所以他根本不想多说，“其如示诸斯乎”，显然是一句气话。

祭如在，祭神如神在。子曰：“吾不与祭，如不祭。”　3·12

解释　“祭如在”句，单说“祭”，一般都指祭祖先，“祭如在”是说祭祀祖先的时候，就好像祖先在那里一样。“吾不与祭”句，“与”音 yù（玉），参与。

大意　祭祖先的时候，就好像祖先在那里，祭神的时候，就好像神在那里。孔子说："如果我不参加祭祀，就等于没有祭祀。"

导读 鬼神存不存在？孔子信不信鬼神？或者说，孔子是有神论者，还是无神论者？这样的问题其实是现代人的问题，孔子那个时代基本上不会有人，包括孔子自己在内，问这样的问题。现存历史资料告诉我们，夏商两代都是信鬼神、信上帝（或称帝、天帝）的，到周朝社会思潮才逐渐向人文的方向转移，孔子在这个思潮转移中扮演了重要角色。但这种转移是渐进的，所谓"殷因于夏礼""周因于殷礼"（2·23）、"周监于二代，郁郁乎文哉"（3·14），何况孔子自己还是殷人的后裔，所以说孔子思想主要色彩是人文而非鬼神，这是没有问题的，但断然肯定孔子是个无神论者，思想中完全没有鬼神的因素，恐怕也不妥当。

孔子这一段里说的话是强调祭祀要有虔诚的态度，心里情感的真实是最重要的。两个"如"字，既没有明确肯定祖宗和鬼神的存在，也没有明确否定。你可以解释为：实际上没有，但心里要有；你也可以解释为：虽然看不见，你还是要像看得见一样。下面孔子说，我不参加祭祀就等于没有祭祀过，就更加明确地表明，祭祀重要的是发自内心的情感，如果自己不参加仅仅派人或请人代祭，这是没有意义的，因为代祭只是举办了一个形式，是给外人看的，而不是自己内心情感的需要。

王孙贾问曰："与其媚于奥，宁媚于灶，何谓也？"子曰："不然。获罪于天，无所祷也。" 3·13

解释 王孙贾，卫灵公的大臣。

"奥"是室内西南角，古代的风俗是尊者所在的位置，这里指奥神。"灶"是烧饭的地方，这里指灶神。"媚"本来是形容词，在这里作动词用，是献媚的意思。“于”是一个表示方向的介词，“媚于灶”就是向灶神献媚，也就是巴结灶神。

下面“获罪于天”的“于”还是表示方向，相当于白话文中的“从”，“获罪于天”就是从天那里招致罪愆，也就是得罪了老天。“祷”是祈祷，“无所祷”就是没有地方可祷告，换言之，即：祷告也没用。

大意 王孙贾问孔子说：“与其巴结奥神，不如巴结灶王爷，这话是什么意思？”孔子说：“这话不对。如果得罪了天，向谁祷告都没用。”

导读 这段问答应该是孔子周游列国时在卫国发生的事。孔子在卫国拜见了卫灵公的夫人南子，大概孔子最初是很想留在卫国做点事的，后来看到卫国君臣都不足与有为，才失望地离开了。

王孙贾是卫国掌实权的人，看到孔子跟卫国国君和夫人南子的接触，以为孔子是要巴结最上层，他就借“与其媚于奥，宁媚于灶”这句当时的俗语暗示孔子：你还不如来巴结我。而孔子的意思是说，我没有想巴结任何人，只是按天意行事，一个人如果不按天意行事，巴结谁都没有用。

从“无所祷也”这句话看来，好像孔子心目中的“天”是一个人格神，不然怎么祷呢？但是问题没那么简单。祷神是先民传下来的一种信仰风俗，孔子只是援引这种表达方式，这并不等于说孔子就跟先民的信仰一致。

朱熹《论语集注》在这一段后面注解说：“天即理也，其尊无对，非奥、灶之可比也。逆理则获罪于天矣，岂媚于奥、灶所能祷而免乎？言但当顺理，非特不当媚灶，亦不可媚于奥也。”朱熹在这里以“理”来释“天”，说“天即理”，或说“天即天理”，“天理”在朱熹的学说中占非常重要的地位。以理释天，在这里“天”就完全没有人格神的意味了。但这是不是孔子的原意？值得讨论。后世学者多有质疑，说“祷于天”难道可以说成“祷于理”吗？不能说这个质疑没有道理。

在我看来，孔子说的“天”“神”既有继承夏商文化中承认上帝、神明的一面，但也的确有把它向理性化、人文化的方向改造的一面。事实上这种改造是整个周朝文化的一个趋势，并不只是孔子一人的思想，这只要从“天视自我民视，天听自我民视”（见《尚书·泰誓》）就可以看出端倪了。但这种改造的过程显然是逐步的，即使在孔子那里也并没有彻底完成，所以孔子说的“天”既非夏商文化中的“上帝”“天帝”那样的人格神，也非完全理性化的“理”“天理”，而是某种介于两者之间的东西。我前面说“天意”，而不用“天理”这个词，就是想保留这种模糊的意涵。

孔子对于“命”“天命”“神”的理解与使用也有同样的情形，我在前面已经提到过，参看为政篇第 4 条的解释和本篇第 12 条的导读。

子曰：“周监于二代，郁郁乎文哉！吾从周。” 3·14

解释 “监”，上临下叫监，有考察的意思。“二代”，指夏商两朝。“周监于二代”意思是周朝的礼章制度是考察了夏商两代以后制定的，或说以夏商两代的礼章制度为基础建立的。“监于”，今天白话文还在用。

“文”，文采；“郁郁乎”，丰富多彩的样子；“乎”，语气词，无义。“从”，遵从，赞成，同意。

大意 孔子说：“周朝的礼章制度是在夏商二代的基础上建立的，真是丰富多彩呀！我赞成周朝的。”

导读 这一段可以和《为政篇》第二十三条（2·23）和本篇第九条（3·9）同读。

子入太庙，每事问。或曰："孰谓鄹人之子知礼乎？入太庙，每事问。"子闻之，曰："是礼也。" 3·15

解释 "太庙"，开国之祖叫"太祖"，祭太祖之庙叫"太庙"。鲁国的开国之祖是周公，所以这里的"太庙"就是周公庙。"鄹人之子"指孔子；"鄹人"指孔子的父亲叔梁纥，叔梁纥曾经做过鄹国的大夫，按当时的规矩可称为"鄹人"。"孰"，谁。

大意 孔子进了周公庙，碰到每一件事都发问。有人说："谁说叔梁纥的儿子懂礼呢？他进了太庙，每一件事都要问。"孔子听了这话，说："这正是礼啊。"

导读 孔子对子路说过："知之为知之，不知为不知，是知也。"（2·17）承认自己不懂是智慧，不懂就要弄懂，就要请教别人，这就是"礼"。这里的"礼"不是今天礼貌的意思，而是指当时的规章制度及其内涵，学习这些规章制度及其内涵，这本身也就是"礼"对当时一个士人的要求，只有弄懂了这些规章制度才有可能适应那个社会，所以孔子曾经教导他的儿子伯鱼说："不学礼，无以立。"（16·13）

子曰："射不主皮，为力不同科，古之道也。" 3·16

解释 “射不主皮”句，“射”指射箭，古代贵族中常见的比赛，带有娱乐和运动的性质。“皮”指射箭的靶子，通常是用兽皮做的，“不主皮”就是不以穿皮为主，即不看你是不是能够射透靶子的皮，而只看你射得准不准。“主”，名词用如动词。

“为力不同科”句，“为”音 wèi（位），意为因为；“科”，等级，“力不同科”是说射箭者力气有大有小，不在同一个等级。“古之道也”，这个“道”相当于今天所说的规矩。

大意 孔子说：“射箭不以能不能穿透靶子为主（射艺高低比的是准不准），因为射箭者力气不在同一个等级，这是古代留下来的规矩。”

导读 相传孔子孔武有力，但孔子却从不主张使用武力，他是一个尚德不尚力的人。春秋时代，各国诸侯打来打去，恰好是尚力不尚德，孔子很不以为然，所以说这个话是有言外之意的。我们每一个人，凡生活在人群中，都要记住孔子的话，尚德不尚力，要以德服人。如果反过来，尚力不尚德，老想以力服人，就必然到处树敌。不仅服不了人，最后还免不了被更有力者打败，甚至丧生。

子贡欲去告朔之饩羊，子曰：“赐也！尔爱其羊，我爱其礼。” 3·17

解释 “告朔”，“告”旧读 gù（故）；“朔”，农历初一。“饩羊”，“饩”读 xì（细），有贡献、赠予的意思，“饩羊”指祭祀的时候所宰的活羊。“告朔”是当时的一种制度，杨伯峻说：“每年秋冬之交，周天子把第二年的历书颁给诸侯。这历书包括那年有无闰月，每月初一是哪一天，因之叫“颁告朔”。诸侯接受了这一历书，藏于祖庙。每逢初一，便杀一只活羊祭于庙，然后回到朝廷听政。这祭庙叫作‘告朔’，听政叫作‘视朔’，或者‘听朔’。到了子贡的时候，每月初一，鲁君不但不亲临祖庙，而且也不听政，只是杀一只活羊‘虚应故事’罢了。所以子贡认为不必要留此形式，不如干脆连羊也不杀。”[1]

大意 子贡想要免除鲁国每年初一祭祀祖庙时宰杀的活羊，孔子说：“赐啊！你舍不得那条羊，我舍不得那个礼啊。”

导读 孔子重视礼，在他看来，即使那个礼只残存了一个形式，也比完全废除的好。

子曰：“事君尽礼，人以为谄也。” 3·18

解释 “事君”，服侍君主。“尽礼”，谨守礼仪，一切按礼的要求做。

大意 孔子说：“服侍君主谨守礼仪，别人却以为你在谄媚呢。”

导读 尽礼不是谄，过礼才是谄，很多人分不清楚这个区别，不仅在事君这件事情上，在其他事情上也一样。比方说学生尊敬老师，为老师做点事，所谓“有事弟子服其劳”，是应该的，可是常常会被其他学生认为是讨好老师。自己不懂得尊敬，还说人家是讨好，这正是孔子在这里所感叹的事情。

1 见杨伯峻《论语译注》该条。

定公问："君使臣，臣事君，如之何？"孔子对曰："君使臣以礼，臣事君以忠。" 3·19

解释 "使臣以礼"也可以说成"以礼使臣"。"以"字结构作状语，多半用来表示动作的方式、手段、途径，相当于白话文中的"用……"。白话中这种结构多半放在动词的前面，古文中则前后都可以，但以放在后面为多，如前篇见过的"生，事之以礼；死，葬之以礼，祭之以礼"（2·5）。

大意 鲁定公问孔子："国君使用臣下，臣下侍奉国君，应该怎么样？"孔子回答说："君王使用臣下要符合礼制，臣下侍奉国君要尽心竭力。"

导读 "君使臣以礼，臣事君以忠"，这是孔子心目中理想的君臣关系。孔子从来没有提倡君王可以随便对待臣下，臣下应该盲目服从君王。"君君、臣臣"也是说君要有君的样子、臣要有臣的样子，孟子更是明确提出："君之视臣如手足，则臣视君如腹心；君之视臣如犬马，则臣视君如国人；君之视臣如土芥，则臣视君如寇仇。"[1]后世说的"君要臣死，臣不得不死""臣罪当诛，天王圣明"那一套，完全不是孔孟的主张，而是掺杂了浓厚的法家思想的冒牌货。直到今天，还有一些人既不读书，也不思考，胡乱地把这些冒牌货当孔孟的思想来批判，是很奇怪的。

子曰："《关雎》，乐而不淫，哀而不伤。" 3·20

解释 "淫"的本义是雨过多，后世引申为淫乱。"伤"，过于悲哀

1 见《孟子·离娄篇下》

而伤了身体。

大意 孔子说："《关雎》这诗，快乐但不过头，悲哀也不过分。"

导读 《关雎》是《诗经》的第一篇，是一首爱情诗，基本调子是快乐，并没有悲哀的成分。一说《乐》亦有《关雎》章，里面有悲哀的调子，这里的《关雎》兼指《诗》和《乐》。我则觉得孔子是举《关雎》以代表《诗》三百，这句话等于说："《诗》三百，乐而不淫，哀而不伤。"就跟他在另外一个地方说的"《诗》三百，一言以蔽之，曰：'思无邪'"（2·2）一样。

孔子以中庸为至德，在感情上也一样，任何感情都应该加以适当的节制，而不让它过分，过分都不好。例如儒家主孝，对丧礼看得很重，有种种细致的规定，但有一条原则是"毁不灭性"（"毁"，哀毁；"灭性"，丧生），就是说，怎么悲哀也不能悲哀得死掉，如果"灭性"就视同不孝。今天有些年轻人甚至为失恋也可以自杀，这在儒家看来就是大不孝。

哀公问社于宰我，宰我对曰："夏后氏以松，殷人以柏，周人以栗，曰使民战栗。"子闻之，曰："成事不说，遂事不谏，既往不咎。" 3·21

解释 "哀公"，鲁哀公。"宰我"，姓宰，名予，字子我，鲁国人，是孔子弟子中最长于言语的人之一。

"社"，土地神，这里是指用木头做成的土地神的牌位，这种牌位过去叫"主"。"成事"，已经做了的事；"遂事"，已经做成的事；"既往"，已经过去的事。“说”，解释、批评；“谏”，谏阻、挽救；“咎”，严厉地批评、追究。

大意 鲁哀公问宰我，社主用什么木头做，宰我回答说：“夏代用松木做，商代用柏木做，周代用栗木做，是为了要使老百姓看了就战栗。”孔子听说了这话（对宰我随口乱说很不满意），便说：“已经做了的事解释也没用了，已经做成的事就挽回不了了，已经过去的事再追究也没意思了。”

导读 宰我这个人很聪明，口才也好，但不大实在，不是一个笃诚君子，孔子常常批评他，“朽木不可雕也”就是说他的（见 5 · 10）。这里说各代社主用什么木头做，看来没有确实根据，尤其说周朝社主用栗木做，是为了“使民战栗”，更是望文生义，信口胡说。这种态度是孔子最不赞成的，孔子批评他的几句话看似平和，其实很重。

子曰：“管仲之器小哉！”或曰：“管仲俭乎？”曰：“管氏有三归，官事不摄，焉得俭？”“然则管仲知礼乎？”曰：“邦君树塞门，管氏亦树塞门；邦君为两君之好，有反坫，管氏亦有反坫。管氏而知礼，孰不知礼？” 3 · 22

解释 “器”，器量。“三归”指市租，杨伯峻引郭嵩焘《养知书屋文集·释三归》云：“此盖《管子》九府轻重之法，当就《管子》书求之。《山至数篇》曰：‘则民之三有归于上矣。’三归之名，实本于此。是所谓三归者，市租之常例之归之公者也。桓公既霸，遂以赏管仲。”[1]

1 见杨伯峻《论语译注》本条注。

“摄”，兼摄、兼职。“塞门”，照壁。“邦君”即国君。“两君之好”的“好”旧读去声 hào（号）。“反坫”，“坫”读 diàn（店），“反坫”，是古代诸侯会客的大厅中的一种设备，像土墩，用来放酒杯之类的器皿。

“管氏而知礼”的“而”是转折连词，此语意为管仲不知礼，现在却说他知礼。

大意 孔子说：“管仲的器量小啊！”有人说：“管仲节俭吗？”孔子说：“管仲收市租，他手下的人都不兼职，怎么能叫节俭呢？”那人又说：“管仲知礼吗？”孔子说：“国君在大门内立照壁，管仲也立照壁；国君为了跟邻邦友好，大厅里有放酒杯的设备，管仲也有同样的设备。管仲都知礼，那谁还不知礼呢？”

导读 孔子对管仲有肯定，有批评，肯定的是他的功业，说他“相桓公，霸诸侯，一匡天下，民到于今受其赐。”（14·17），批评的是他的作风，也就是这一条里面说的不廉洁，作风跋扈，有僭越违礼行为。在孔子的学说中，“礼”的重要性仅次于“仁”，对任何人的僭越违礼行为，孔子都是反对的。

子语鲁大师乐，曰：“乐其可知也。始作，翕如也；从之，纯如也，皦如也，绎如也，以成。” 3·23

解释 “子语鲁大师乐”句，“语”读去声 yù（玉），告诉的意思；“大师”读太师，太师是乐官之长；“乐”，音乐。“太师”和“乐”在语法上都是“语”的宾语，即所谓双宾语，一个是“语”的内容，叫“直接宾语”，一个是“语”的对象，叫“间接宾语”。全句的意思是：孔子告诉鲁太师奏乐的道理。

“始作”，开始演奏。“从之”，接下去，“从”读zòng（纵）。“翕如”“纯如”“皦如”“绎如”，形容词加“如”，在古文中是一个常见的结构，表示“……的样子”“……地”。“翕”读xì（细），热烈；“纯”，单纯、纯净；“皦”，同“皎”，明亮、清晰；“绎”，绵延不绝。“以成”，乃成。

大意 孔子给鲁太师讲奏乐的道理，说：“奏乐的道理是可以知道的。开始演奏的时候，要热烈奔放；接下去呢，要纯净和谐，然后要响亮明快，最后慢慢地绵延，余响不绝。这样一首乐曲就完成了。”

导读 孔子的修养是全面的，他教学生“礼、乐、射、御、书、数”，其中就包括音乐。音乐是古代读书人必要的修养之一，后世文人讲究“琴、棋、书、画”，即滥觞于此。

仪封人请见，曰：“君子之至于斯也，吾未尝不得见也。”从者见之。出曰：“二三子何患于丧乎？天下之无道也久矣，天将以夫子为木铎。” 3·24

解释 “仪”是地名，在卫国。“封人”是官名，“仪封人”就是仪地的长官。

“请见”，“见”音、义同“现”。“请见”的意思不是请求看见，更不是请你看我，而是请允许我出现在你的面前，能够看到你，也就是现在说的“请求接见”。“请＋动词”的结构，在文言文和白话文中意思有很大的不同，白话文表示请对方做什么事，但古文中却表示请对方允许我做什么事。

"至于斯"，到这里，"斯"，此，代词。

"从者见之"的"见"也读"现"，是使动用法，"之"指代仪封人，"从者见之"就是随从孔子的弟子们使他出现在孔子的面前，也就是让孔子见了他。"吾未尝不得见也"中的"见"则读本音。

"二三子"就是"从者"，"何患于丧"，"患"是担忧，"丧"，丧失，指没有前途。

"天下之无道也久矣"句，"天下之无道"作主语，中间的"之"字没有意义，只有语法作用，使句子变成词组。"也"是表句中停顿的语气词。"久矣"是谓语。

"木铎"就是摇铃，金属做的，但中间的铃锤是木头做的，所以叫木铎。从前还没有电铃的时候，学生上课前就摇这种木铎。

大意 孔子和他的弟子们来到仪地，仪地的长官求见孔子，说："凡是有道德的人到了这里，我没有不拜见的。"学生们就让孔子见了他。仪封人出来后对学生们说："各位何须担心将来没前途呢？天下无道已经很久了，老天爷要把孔夫子当木铎，来警醒世人啊！"

导读 "天将以夫子为木铎"是对孔子极高的评价。这里的"天"是偏向于有意志的人格神的，差不多也就是上帝。但这话不是孔夫子说的，而是仪封人说的，只能说明当时的人还有这种意识，我们似不能据此认为孔子对"天"也是同样的看法。

子谓《韶》："尽美矣，又尽善也。"谓《武》："尽美矣，未尽善也。" 3·25

解释 “《韶》”和“《武》”都是乐曲的名字。“《韶》”是赞颂舜的乐曲，“《武》”是赞颂周武王的乐曲。

大意 孔子说《韶》：“美极了，又好极了。”说《武》：“美极了，但还不算最好。”

导读 《韶》是赞美舜的，《武》是赞美周武王的，舜的天子之位，是尧禅让给他的，而周武王的天子之位，却是用武力灭了商而得到的。这里透露了孔子思想深层里的一个看法，就是他认为禅让比武力夺取更好。尽管商纣无道，武王灭商是正义的，但在孔子看来还不“尽善”，因为毕竟使用了暴力。可见，孔子虽然没有像墨子那样明确提出“非战”的思想，但他本质上也是反对战争主张和平的。孟子后来发展了孔子这一思想，很明确地说“仲尼之徒无道桓、文之事者”[1]，对以暴力称霸表示了明显的厌恶态度。

子曰：“居上不宽，为礼不敬，临丧不哀，吾何以观之哉？” 3·26

解释 “居上”，居于上位，即担任领导者。“为礼”，即行礼、执掌礼仪。“临丧”，面临丧事，遇到丧事。

“何以观之”，即“以何观之”，“以”意为因、用，“何以”含有为什么、用什么方式、从什么方面等意思。“观之”，“之”是代词，指有以上表现的人。

1 见《孟子·梁惠王上》。

大意 孔子说："一个人居于高位，却不宽厚待人；执掌礼仪的时候却缺乏敬意；面对丧事的时候却不悲哀。这样的人我要怎么去看他呢？"

导读 这既是谈观人的方法，也是说一个人应有的修养。一个人处在优越的地位，最应该也最有可能宽厚待人，如果在这样的地位尚且不能宽厚待人，你就不要指望他在别的处境还能宅心仁厚。一个人在行礼（例如举行仪式之类）的时候，最应当也最容易做到恭敬，如果在这样的时候尚且心无敬意，甚至举止轻佻，你就不能指望他在做别的事的时候会认真严肃。一个人在面对丧事的时候（无论是自己居丧或吊唁亲友），最自然也最应该有悲伤的心态和言行，如果在这样的时候都不悲伤，你就不要指望他在别的时候有真实的感情。这样的人一定是一个不仁、不义、不诚的人，孔子说"何以观之"，还是婉语，其实是说这种人不可能被人看重，是不值得交往的。

里仁篇第四

子曰：“里仁为美。择不处仁，焉得知？” 4·1

解释 “里仁为美”句，“里”是邻里的里，本来是名词，在这里用作动词，就是居住的意思，“里仁”就是跟仁作邻居，跟仁住在一起。

“择不处仁，焉得知”句，“择”是择居的意思，“处仁”就是与仁相处；“焉”是疑问词，“焉得”就是“怎么能”“哪里可以”；“知”音、义同“智”。

大意 孔子说：“跟仁住在一起是美好的。如果不选择跟仁待在一起，怎么能叫作明智呢？”

导读 用今天的术语来说，孔子这句话的修辞手法是拟人化，是把“仁”比成“人”，把人的处世比作择居，我们这一辈子一定要选择跟仁住在一起，才是明智的。换言之，真正的、根本的人生智慧就是选择以仁爱作为自己一生的追求，而不是那些小知小识。

这一点对我们现代人很有警醒的作用，现在许多人分不清什么是知识，什么是智慧，把知识等同于智慧，读了一点书、有了一点知识，就自以为很聪明、很有智慧了。

英国哲学家培根说的“知识就是力量”，在科学越来越发达、分工越来越明细的现代社会看似有理，其实是一种严重的误导。人类对各种具体知识的把握，即所谓工具理性，其位阶永远低于价值理性，即人类对于真善美的判断。工具理性发达而价值理性贫弱，是现代人类的迷茫和悲哀。

子曰："不仁者不可以久处约，不可以长处乐。仁者安仁，知者利仁。" 4·2

解释 "约"是"简约"的"约"，在这里是贫穷的意思，"乐"是"安乐"的意思。"仁者安仁，知者利仁"句，"仁者"是有仁心的人，"知者"是有智慧的人，"安仁"是安于仁，在行仁中得到平安喜乐，"利仁"是利用仁，在行仁中得到利益好处。

大意 孔子说："不仁的人不能长久地处在贫穷的境地中，也不能长久地处在安乐的境地中。仁厚的人在行仁中得到平安喜乐，明智的人在行仁中得到利益好处。"

导读 总之，无论从仁厚出发，还是从明智出发，都应该选择与仁同居。

子曰："唯仁者能好人、能恶人。" 4·3

解释 "好"，音 hào（浩），喜爱；"恶"，音 wù（务），憎恶。

大意 孔子说："只有仁者才能喜欢一个人，或是憎恶一个人。"

导读 这一段的含义是说只有仁者才具备判断善恶的标准，因为他自己心中怀着仁爱，他喜欢的人必然是仁人，是真值得被喜欢的人，他厌恶的人必然是不仁的人，也就是真应该憎恶的人。反之，一个不仁的人，无论是爱人、恶人，都是从自己的私心出发，所爱之人不一定好，只是对自己有利；所恶之人不一定坏，只是对自己不利。

子曰："苟志于仁矣，无恶也。" 4·4

解释 "苟"，"如果"。"志于仁"的"志"作动词用，意为立志，"于"是介词，表示立志的方面、方向，"志于仁"就是立志行仁，立志做仁人。"无恶"的"恶"是名词，读本音，意为恶行、罪恶。

大意 孔子说："一个人如果立志行仁，那他就不会有恶行了。"

导读 一个人如果立定做仁人的志向，就自然会远离罪恶。

以上四段基本上都是在阐明一个道理，就是"里仁为美"。一个人一辈子要立志行仁，要选择跟仁在一起，才会有美好的人生。

子曰："富与贵，是人之所欲也，不以其道得之，不处也；贫与贱，是人之所恶也，不以其道得之，不去也。君子去仁，恶乎成名？君子无终食之间违仁，造次必于是，颠沛必于是。" 4·5

解释 “富与贵，是人之所欲也”句，这里的“是”仍然是代词，此，这。这个“是”还不是今天白话文中的那个系词“是”，但显然正在向系词“是”靠拢。

“富与贵”“贫与贱”：富与贫相对，富是财多，贫是财少；贵与贱相对，贵是地位高，贱是地位低。

“不以其道”中“以”是介词，相当于白话中的“用”，“其”是指示代词，意为“那个”，“其道”就是“那个道”，实际意思是该用的道，也就是正确的道。“不以其道”就是不用该用的道，不通过正确的途径。“处”和“去”的意思正好相反，“处”是留下来，“去”是离开。“所恶”的“恶”读 wù（务）。“不以其道得之，不去也”这一句里面的“得之”，可能是“去之”之误，也可以理解成“得以去之”。

“君子去仁”，就是君子离开了仁。“恶乎成名”，这里的“恶”读 wū（乌），意思是“哪里”“什么地方”；“乎”同“于”，用在句中的“乎”有时就等于“于”，“恶乎”意为“于何处”“在哪里”。“恶乎成名”就是“到什么地方去成名”“在哪里成名”。

“无终食之间违仁”句，“终食之间”就是吃完一顿饭的工夫，“无终食之间违仁”等于说什么时候都不能违反仁的原则，无论他处在什么情况，“造次”也罢，“颠沛”也罢。“造次”的意思是匆忙，“颠沛”的意思是流浪。“是”是个代词，等于“此”，在这句话中指的前面所说的“仁”，“于是”就是“在仁这里”。

大意 孔子说：“富和贵，这是人们所想要的，但如果不用正确的途径得到，一个君子就不会留在这样的富贵里；而贫和贱，这是人们所厌恶的，但如果不用正确的途径改变，一个君子是不会离开这样的贫贱的。君子离开仁的原则，还靠什么成名呢？一个君子什么时候都不会违反仁的原则，哪怕在匆匆忙忙的时候，或者是颠沛流离的时候，也都一定同仁在一起。”

导读 人生无论处在什么境地，富贵也罢，贫贱也罢，重要的是不能离开仁的原则。不离开仁，富贵是君子，贫贱也是君子，离开了仁，贫贱不是君子，富贵也不是君子。仁是最高原则，是什么时候都不能、一刻也不能离开的原则。

子曰：“我未见好仁者、恶不仁者。好仁者，无以尚之；恶不仁者，其为仁矣，不使不仁者加乎其身。有能一日用其力于仁矣乎？我未见力不足者。盖有之矣，我未之见也。” 4·6

解释 首句，“好”读 hào（浩），“恶”读 wù（务）。次句，“尚”同“上”，“无以尚之”中的“以”没有什么意义，只是用来帮助语气或填补音节，拿掉也不影响全句的意思。文言文中常有这种情况，前人多半用“语助”来称呼这样的词，现在成语中还保留了这样的用法，如“无以复加”“无以名之”。“之”是代词，指“仁”。“好仁者，无以尚之”就是“喜欢仁的人，（在他心中）没有什么比仁更高的”。

“恶不仁者，其为仁矣，不使不仁者加乎其身”句，“矣”的用法同“也”，表示句中停顿；“加乎”就是“加于”，“乎”同“于”，前节讲“恶乎”的时候讲过。

“盖有之矣”句，“盖”是表示推测的语气词，相当于白话文中的“大概”，“之”指代前面所说的“有能一日用其力于仁”而“力不足”的人；“未之见”就是“未见之”，按文言的语法，代词（如这里的“之”）作动词否定式的宾语时，要放在动词和否定词之间。

大意 孔子说："我没见过喜欢仁的人、厌恶不仁的人。喜欢仁的人，在他心中没有什么比仁更高的。厌恶不仁的人，他的行仁，表现在不让不仁的东西加在自己的身上。有谁能够哪怕一天努力行仁了呢？我没有看见有力量不够的。也许有吧，可我没见过。"

导读 "仁"其实本质上只是一种主观的精神状态，跟客观的能力和条件无关，只要你想行仁，想"用其力于仁"，怎么会有"力不足"的问题呢？孔子这句话是感叹没有人真正想行仁，所有的人都在为自己找借口：我不是不想行仁啊，可是我力量不够啊。结果很容易做的"仁"变成没人能做到，不是不能做到，是大家都不想真正做到。孔子所反复感叹的其实是人的劣根性，是人的自私。

子曰："人之过也，各于其党。观过，斯知仁矣。" 4·7

解释 "人之过也"句，"之"字无义，只有语法作用，把一个独立的句子变成词组。"过"，在这里不是名词而是动词，是犯过错的意思。"也"表句间停顿。

"各于其党"的"于"是动词，意为如。"党"在这里是类的意思。"斯知仁矣"的"仁"同"人"。杨伯峻《论语译注》云："《后汉书·吴祐传》引此文正作'人'（武英殿本却又改作'仁'，不可为据）。"

大意 孔子说："一个人犯过错，总如同他那一类人。所以我们观察一个人犯的过错，也就可以知道他是什么人了。"

导读 看一个人犯什么过错，可以判断他是哪一类人，这真是深含哲理的话，也是人生经验之谈。一个好人，一个君子，也会犯错，也会上当，孟子说“君子可欺以其方”[1]，但他不可能去做明显是小人才会做的卑鄙勾当，例如杀人越货、贪污盗窃、告密卖友之类。

子曰：“朝闻道，夕死可矣。” 4·8

解释 “朝”读 zhāo（招），早上的意思。

大意 孔子说：“早上闻道，晚上死都可以了。”

导读 在中国传统文化中，“道”可说是使用最广、出现最频繁的一个概念，也是歧义最多、内涵最复杂的一个概念，极常见却又极不易把握。小到做一件事的途径、方法、规矩，大至人生真义、社会理想，甚至万物源头、宇宙终极，都可以叫作“道”。而且各家各派都使用“道”这个概念，而表达的意思却往往同中有异、异中有同。这种情形大约只有希腊文化中的 logos[2] 略微近似。《论语》中的“道”也有大有小，含义不一，读的时候要随句分梳、细心领会。

孔子这句话里的“道”显然是大道而非小道，是关于人生乃至宇宙的终极大道理。这里的“闻道”其实并非是听说了一个什么真理，而是通过毕生的修养达到了与道为一的高度。

与道为一，其实也就是与天地万物为一，与宇宙为一。这是可能的吗？如果从形而下的角度来看，当然不可能。但是从形而上的角度去思考则并非不可能。生命体上的一个细胞就具备这个生命体的全部信息，

1 见《孟子·万章上》。

2 logos，希腊语，意为理想、理念。

取一个细胞就有可能还原整个生命体,这是现代全息科学已经证实了的。人就是宇宙的一个细胞，人与宇宙万物同构，人的一身就储存着整个宇宙的信息，人一旦完全认识了自我，也就可能认识宇宙万物，从而在某一瞬间达到一种与宇宙万物为一的精神境界。在这种时刻，主客合一，物我两忘，主体感受到的情绪是完美和狂喜，自信而自得。这时主体所经历的心理过程大概类似于马斯洛（A. H. Maslow, 1908—1970）所说的“高峰体验”（Peak Experience）。

《礼记·中庸》说:“唯天下至诚,为能尽其性；能尽其性,则能尽人之性；能尽人之性,则能尽物之性；能尽物之性,则可以赞天地之化育；可以赞天地之化育,则可以与天地参矣。”孟子说:“尽其心者，知其性也。知其性，则知天矣。”“万物皆备于我矣，反身而诚，乐莫大焉。”(《孟子·尽心上》)陆九渊说:“宇宙便是吾心，吾心即是宇宙。”这些话都是在说一个道理，即人与宇宙万物如何可以为一，怎样为一。

至于一个人达到与宇宙万物为一，亦即与道为一的精神境界后所获得的高峰体验是什么样子，我以为北宋理学家程颢《秋日偶成》诗说得最好:“闲来无事不从容，睡觉东窗日已红。万物静观皆自得，四时佳兴与人同。道通天地有形外，思入风云变态中。富贵不淫贫贱乐，男儿到此是豪雄。”

这就是孔子说的“闻道”——一个人通过毕生的修养达到了这样的精神高度,于是获得一种彻底的精神解放,一种从未有过的自信自得,一种狂喜般的高峰体验。人生至此，还有何求？故曰“夕死可矣”。

子曰:“士志于道而耻恶衣恶食者，未足与议也。” 4·9

解释 “恶衣恶食”,粗陋的衣食,“恶”读本音。“耻”,本是形容词,这里用如动词，意为“以……为耻”。形容词作动词用，表示“以……为”之意，在古文中常见，语法学家一般称之为形容词的意动用法，读古文时宜留意。

“未足与议”句，“未足”是不值得、不必，与“不足”义近。“与议”是“与之议”，“与”的宾语“之”省略了，“议”是讨论、商量、谋划，多用于大事。

大意 孔子说：“一个士有志于道却以粗衣陋食为耻，这样的人就不值得跟他讨论什么大事了。”

导读 一个人如果把人生目标定在求道，他就不能再分心去追求物质享受，要去追求物质享受——这是没有尽头的，他就实质上不可能有余力去追求他的使命。不耻恶衣恶食，也并不是叫人越穷越好，只是说不能把追求衣食精美这一类物质享受放在首位。

孔子这个观点在现代社会恐怕找不到几个认同者，尤其是今天的中国社会，大家都一股脑儿地追求物质享受，攀比金钱，攀比地位，有几个人还记得什么道不道的呢？但是我恰恰觉得孔子在这里提倡的精神正是对当今这个物欲横流、精神沦丧的社会的一记针砭、一声棒喝。一个社会如果没有一群以求道为使命的人，这个社会的前途是堪忧的。

子曰：“君子之于天下也，无适也，无莫也，义之与比。” 4·10

解释 历代学者对“适”和“莫”的解释有三种：一、“适”是“敌”的假借字，敌对的意思，读音也同“敌”；“莫”是“慕”的假借字，倾慕的意思，读音也同“慕”。二、“适”“莫”都读本音，“适”的意思是“可”；“莫”的意思是“不可”。三、“适”“莫”都读本音。“适”的意思是“厚”“亲近”；“莫”的意思是“薄”“疏远”。我认为第一种解释比较妥帖。

“义之与比”中的“比”要读bì（必），亲近、相依、站在一起的意思，就是“天涯若比邻”的“比”。“义之与比”这句话按正常的词序应该是“与义比”，就是与义相依，同义在一起，以义为依靠、为标准的意思。“义”本来是介词“与”的宾语，因强调而前置。“之”无义，只是宾语提前的标志。

大意　孔子说：“君子对于天下的事情，没有什么一定敌对的，也没有什么一定倾慕的，而是以义为衡量标准。”

导读　孔子这段话的灵魂是“义之与比”。“义”到底指什么呢？《论语》中没有解释，《礼记·中庸》云：“义者，宜也。”也就是说，“义”就是合宜，就是正当合理。孟子说过人有“四端”：“恻隐之心，仁之端也；羞恶之心，义之端也；辞让之心，礼之端也；是非之心，智之端也。”[1]可见“义”起源于人固有的“羞恶之心”，人对于不合理的事情、不正当的事情，自然会有一种厌恶的心理，不赞成，不愿意去做，今天讲的“义愤”就有这个意思；而对正当合理的事情就会赞成进而愿意去做，今天讲的“见义勇为”“义不容辞”就有这个意思。

“无适”“无莫”则是对人、对事没有成见。这正是孔子之所以成为圣人，而且是通权达变、与时俱进的圣人，也就是孟子所说的“圣之时者也”的原因所在。孔子提倡“毋意，毋必，毋固，毋我”（9·4），孟子说孔子“可以仕则仕，可以止则止，可以久则久，可以速则速”（《孟

1　见《孟子·公孙丑上》。

子·公孙丑上》)，都含有这层意思。但如果读这段话只记住了“无适无莫”，却忘记了“义之与比”，那就只会成为跟风派、墙头草。

子曰:“君子怀德，小人怀土；君子怀刑，小人怀惠。” 4·11

解释 “德”，道德、德行，“土”，土地、田宅。“刑”，法度、礼制。“惠”，恩惠。“怀”字的解释从古到今有许多种，由此导致对这段话的理解也有许多种，其中比较合理的有两种，一是把“怀”解释为“安”，二是把“怀”解释为“思”，就是“思念”“思考”“考虑”。我取第二解。

大意 君子思念的是道德，小人思念的是乡土;君子考虑的是法度，小人考虑的是恩惠。

导读 《论语》中君子有二义：有德之人、在位之人；小人也有二义：无德之人、无位之人。本段中的“君子”兼含二义，但比较倾向于后者。

子曰:“放于利而行，多怨。” 4·12

解释 “放”，音、义同“倣”(即“仿”)，依据、遵循。

大意 孔子说:“根据利益做事，会招致很多怨恨。”

导读　这里讲的“利”指私利、个人利益，一个人做事只想到自己的利益，那么一定会导致损害他人利益，这样自然会招致怨恨。“子罕言利”（9·1），盖因此也。

子曰：“能以礼让为国乎？何有？不能以礼让为国，如礼何？”　4·13

解释　“为国”，在这里是治理国家的意思，“为”是动词，不是介词。“何有”是春秋时代的常用语，多半表示“有什么困难”，黄式三《论语后案》、刘宝楠《论语正义》都说：“何有，不难之词。”

“如礼何”意为“拿礼做什么”，参看本书《八佾篇》第3条的解释。

大意　孔子说：“如果能以礼让来治理国家，那有什么困难？如果不用礼让来治理国家，（就算有礼的规定）拿礼来做什么？”

导读　孔子在这里指出，“礼”的根本精神是“礼让”，没有这种精神，光靠“礼”的条文是不能治好国家的。就好像我们今天提倡“依法治国”，但如果没有法律意识，没有守法精神，光有法律，即使明白地写着，那也不过是一纸空文。

子曰：“不患无位，患所以立。不患莫己知，求为可知也。”　4·14

解释　“无位”，没有位置（官位、职位）。“所以立”句是“所”字结构，作“患”的宾语。“以”在这里的意思是凭借，“所以立”就是凭借之而立起来的东西（能力、品德）。

“莫己知”跟上段的“不己知”结构一样，“不”是否定副词，“莫”是否定代词，“莫”的意思是“没有人”。

“求为可知”句，“求”，追求、努力做到；“为”，成为；“可知”，值得欣赏，跟“可爱”“可信”是一样的构词法，“知”是欣赏的意思，前面已经讲过。

大意 孔子说：“一个人不要担心没有位置，而要担心有没有站在这个位置上的品德和能力；不要担心没有人欣赏自己，而要努力成为一个值得欣赏的人。”

导读 孔子这话值得我们每一个人，尤其是青年人好好想想。有些人还在当学生就担心毕业后找不到工作，却不把心思花在努力读书、努力提升修养上。其实你书读好了，有能力，人品也好，这个社会自然有很多位置在等着你，有什么好发愁的呢？

一个人希望别人欣赏自己、爱自己，这是人之常情。但是如何让别人欣赏自己、爱自己呢？这着力点不在别人而在自己，你没法强迫别人欣赏自己、爱自己，埋怨也没有用，唯有反求诸己，努力把自己建设好，让自己变成一个值得欣赏的人，值得爱的人。不患莫己赏，求为可赏也；不患莫己爱，求为可爱也；不患莫己用，求为可用也。

子曰：“参乎！吾道一以贯之。”曾子曰：“唯。”子出，门人问曰：“何谓也？”曾子曰：“夫子之道，忠恕而已矣。” 4·15

解释 “一以贯之”现在已经成了成语，“一”是“以”的宾语，因强调而提前，意思是用一个东西贯穿它，“之”在这里指前面说的“吾道”。“唯”，是，是的，应答之词。

大意 孔子说：“曾参啊！我的思想学说是用一个主张贯穿起来的。”曾子说：“是。”孔子出去后，其他学生问曾子：“刚才老师讲的是什么意思？”曾子说：“老师的学说，只不过是忠恕两个字罢了。”

导读 孔子学说的核心是“仁”，“一以贯之”的“一”也只能是“仁”。现在曾参说是“忠恕”，只能说是曾参的体会，不一定完全符合孔子的本意。不过，曾参是孔子最好的弟子之一，曾参说“忠恕”，其他人也没有反对，可见“忠恕”至少离孔子的本意不远。

“仁”的内涵很丰富，不是“忠恕”两个字可以概括的，但“忠恕”的确说出了“仁”最重要的两个层面。“仁”的核心是“爱人”，“忠”是对人尽心竭力，这正是从积极面讲“爱人”，自己想要的也尽力帮助别人达到，也就是孔子说过的“己欲立而立人，己欲达而达人”（6·30）。而“恕”则是对人体恤包容，这是从消极面讲“爱人”，自己不想要的就不要强加给别人，也就是孔子讲的“己所不欲，勿施于人”（12·2）。

子曰：“君子喻于义，小人喻于利。” 4·16

解释 这里的“君子”“小人”兼含二义。君子既指有德者，也兼指有位者；小人既指无德者，也兼指平民。“喻”，意为晓，懂得、明白。

大意 孔子说：“君子明白义理，小人明白利益。”

导读 做人做事是以“义”为标准，还是以“利”为标准，是君子和小人的分界。“义利之辨”在后世儒学中发展成为一个著名的命题，《汉书·董仲舒传》云：“正其谊（通“义”）不谋其利，明其道不计其功”，做事情只要考虑合不合“义”而不要考虑有没有“利”。

董仲舒这种主张不但一般人做不到，本身也失之过偏，已经偏离了孔子的原意。孔子并没有说得这么绝对，因为“义”和“利”并不是一定对立的，这个“利”如果是众人之利，它就变成了“义”。所以真正对立的是“公义”和“私利”，如果把董仲舒的话改为“正其公义不谋私利”，则庶几乎近之。

明白公义而不计私利，这是一个有德者必然具备的品质，也是一个在位者，尤其是居高位的人，应当努力做到的，对普通老百姓则不能如此要求。中国今天的问题，就是许多在位者偏偏热衷于谋求私利，而置公义于不顾；对老百姓大讲特讲连自己都不准备实行的大道理，甚至还叫别人“毫不利己，专门利人”，自己却贪渎腐化，无所不为。如果任其发展而不拨乱反正，结果必然导致整个社会道德沦丧，国将不国。

子曰：“见贤思齐焉，见不贤而内自省也。” 4·17

解释 “见贤思齐”已经成为成语。“贤”在古文中的意思是有德或有才，“齐”是整齐、一样，“思齐”即现在说的看齐。“内自省”就是在内心自我反省。

大意 孔子说：“看见有德有才的便要想如何向他看齐，看到无德无才的便要在内心里反省自己是不是也是这样。”

导读 人存在着，同时不断地反思自己的存在，这正是人和动物的根本区别。人的反思包括各个方面，孔子这里讲的是道德层面。不断地内省，向贤者看齐，以不贤者为戒，人才能在道德上不断地提升自己。孔子在另外一个地方说“见善如不及，见不善如探汤”（16 · 11），也是同样的意思。

子曰：“事父母，几谏，见志不从，又敬不违，劳而不怨。” 4 · 18

解释 “几谏”，“几”读 jī（机），历来注者都解为“微”，“几谏”就是委婉劝谏的意思。其实“几”还有征兆的意思，例如“见几而作”，所以“几谏”还有一层意思是发现父母有可能犯错的征象而进行劝谏。

“见志不从”的“志”是指父母的意思、想法，“志者，心之所之也”；“不从”是不听从自己，也就是不接受自己的劝谏。“又敬不违”，仍然保持尊敬的态度而不违犯父母，“又”，仍然。“劳而不怨”，虽然忧虑并不怨恨，“劳”作忧虑讲，不是辛劳的劳。

大意 孔子说：“儿女事奉父母，看到父母有可能犯错的迹象，就要委婉地规谏。如果父母的意思是不接受自己的劝谏，也仍然要保持尊敬的态度，而不可有违犯的脸色，心里即使担忧，也不怨恨。”

导读 在孔子看来，父母有犯错的迹象，不谏是不孝，犯颜直谏甚至吵起来也不是一个孝子应有的态度。

子曰："父母在，不远游，游必有方。" 4·19

解释 "游必有方"的"方"，意为"常"，"有方"就是有常规、有定规，不是漫游。

大意 孔子说："父母还健在的时候，做儿女的不要远游，要游也要有定规。"

导读 今天来看这句话，不要注重字面，而要注重精神。做儿女的要心中有父母，还要体谅父母对自己的思念，不要令父母担忧。如果人在他乡，要随时跟父母保持联系，让父母知道自己的情况，有紧急事能随时赶回来。

子曰："三年无改于父之道，可谓孝矣。" 4·20

解释 大意 导读 均见《学而篇》第十一条（1·11）。

子曰："父母之年不可不知也，一则以喜，一则以惧。" 4·21

解释 "则"是一个转折连词，大约相当于白话文中的"就"。"则"在古文中还有另外一个常见的用法，是两个（或两个以上）"则"字连续出现在前后（或一列）句子中，表示对比，像这里的"一则……一则……"，就表示一方面怎样，另一方面怎样。"以"，因，因为，"以"字后面省略了宾语"之"，这个"之"指代父母的年龄。介词"以"后省略“之”在古文中很常见。

大意 孔子说：“父母亲的年龄是不可以不知道的，一方面因此而高兴，另一方面也因此而害怕。”

导读 天下所有做儿女的人，都应该好好想想孔子这句话。儿女的成长伴随的是父母的衰老，父母用自己的心血抚养儿女，也就是在用自己的生命抚养儿女，儿女长成了，父母也就老了。想到父母活到了这个年龄，当然是高兴的，但同时又想到父母的余年不多了，就免不了惧从中来。这是一个人的真实情感，如果你真能体会到父母抚养你的辛劳的话。但我不得不遗憾地说，现在有很多人似乎忙得不大想得起这些了，问他父母多少岁，生日是哪天，他可能真的答不出来。父母不在身边的时候，几个月不打一个电话，在今天是常见的事。难道我们真的忙得连打个电话的时间都没有了吗？

子曰：“古者言之不出，耻躬之不逮也。” 4·22

解释 “古者”就是古时，“者”在这里是语气助词，无义。“言之不出”就是“言不出”，“之”字无义，只起语法作用，把独立的句子变为词组。“言之不出”意为话不轻易说出来。下句“耻”是形容词作动词用，意动用法，就是“以……为耻”（参看4·9）。“躬之不逮”结构跟“言之不出”一样，整个词组作“耻”的宾语。“躬”，身，常用来指自己，如躬亲、躬自。

大意 孔子说：“古时候话不轻易讲出来，是怕自己做不到，觉得那是可耻的。”

导读 言行一致，是孔子的一贯教导。所以话不要轻易出口，首先要想想做不做得到，做不到就宁可不说。孔子还说过君子要“敏于行而慎于言”（1 · 14）、“先行其言而后从之”（2 · 13）、“君子欲讷于言而敏于行”（4·24）、“刚、毅、木、讷，近仁”（13·27）、“耻其言而过其行”（14 · 27）都是这个意思。

今天的社会，言不顾行、行不顾言的人实在太多了，政客如此，商人如此，现在连有些自称学者的人也如此了。我真心希望这些人要有点耻感才好，否则总有一天会变成无耻之徒。

子曰：“以约失之者鲜矣。” 4 · 23

解释 “以”，因，因为。“约”，约束，节制。“失”，失去，产生过失。“之”字是代词，在这里是泛指，所以没有明确的含义，也就跟语助词差不多了。下面的“者”也是代词，意为“（以约失之）的人”。“鲜”，读 xiǎn（险），少、不多。

大意 孔子说：“因为约束自己而犯过错的人是很少的。”

导读 孔子这话是强调自律、自我克制的重要。人是不能任性的，尤其是对于欲望。人的欲望是无穷无尽的，如果不是自觉地给欲望划定边界，就永远没有满足的一天，所谓“欲壑难填”。不加控制的私欲必然损害他人的利益、公众的利益，小则害人，大则祸国。所以孔子提倡要“克己复礼”，“礼”用现代话来说就是社会秩序，只有“克己”才能维护正常的社会秩序。古今都有因为不克己而作奸犯科的，却很少有因为克己而失误犯错的。现在有人公然提倡任性，高唱“就是这么任性”，好像任性是一件很光彩很自豪的事，完全是误导青年。

子曰：“君子欲讷于言而敏于行。” 4·24

解释 “讷”，读 nè，意为言语艰难。“敏”，勤勉。

大意 孔子说：“君子要说话谨慎，做事勤勉。”

导读 如果一个人说话的时候，就考虑到要实行，就考虑到这句话可能引起的后果，他怎么能够不谨慎？轻易说出的话往往实践不了，结果就成了没有诚信的人。冲动的时候轻肆直言，往往会带来不好的后果，俗语所谓“祸从口出”。古往今来因言贾祸的事层出不穷，尤其在一个言论自由还没有成为普遍共识的社会里，能不慎之乎？

子曰：“德不孤，必有邻。” 4·25

解释 “邻”，邻居，引申为亲近之人、同道之人。

大意 孔子说：“有德的人不会孤单，一定会有跟他亲近的人。”

导读 什么是“德”？对于“德”最常见也最经典的解释是“德

者，得也”。庄子说：“物得以生谓之德。”[1] 王弼说：“德者，物之所得也。”[2] “物得以生”“物之所得”，可以得之于先天，也可以得之于后天，当然也可以部分得之于先天，部分得之于后天，或者虽得之先天，也要后天扶持之、长养之。一般来说，道家偏重于先天，儒家偏重于后天。在道家那里，“德”是作为宇宙原始的“道”在万物各别中的体现，自然是在先天的。在儒家那里，“德”的含义比较复杂，一般指后天修养达到的境界，但并不排除先天赋予的成分，比如说，“天生德于予”（7·23），“得其天性谓之德”[3] “不失天性是为德”[4]。可见“德”既来之于“天性”，又要努力去获“得”并保持“不失”。

人和人靠什么聚在一起？最初靠血缘，最终靠理念。所谓“物以类聚，人以群分”，什么东西造成一个群？就是理念。我这里说的“理念”是泛指人心中想的较成系统的东西，例如对人生、社会、世界的看法。有德的人就是在这些方面持有较为成熟且有益于他人的看法，还能将这些看法付诸实践的人。这样的人自然会有人来亲近他，跟他成为一群。

子游曰：“事君数，斯辱矣；朋友数，斯疏矣。” 4·26

解释 “数”，读 shuò（硕），屡次、多次，这里有过于频繁琐碎之意。“斯”，由代词转成的连接副词，相当于白话中的“就”“这样就”。

大意 子游说：“侍奉君王如果太琐碎，就会招致侮辱；跟朋友交

1 见《庄子·天地》。
2 见《老子注》五十一章。
3 见《淮南子·齐俗》。
4 见《后汉书·朱穆传》。

往如果过于频繁，反而会造成疏远。”

导读 子游这话是经验之谈，也是很好的忠告。人的交往一定要把握一个度，过于频密琐细，以为可以增进感情，但效果常常适得其反。不要说君臣之间、朋友之间不可过于频密琐细，甚至父子、夫妻之间也同样要注意把握分寸。

公冶长篇第五

子谓公冶长："可妻也，虽在缧绁之中，非其罪也！"以其子妻之。　5·1

解释　公冶长，孔子弟子，姓公冶，字子长，齐国人。

"可妻也"和"以其子妻之"的"妻"，名词作动词用，读去声 qì（气），意思是"嫁给……为妻"。"缧绁"，读 léi xiè（雷泻），"缧绁"是捆绑罪人的绳索，引申为监狱。"子"是儿女，这里指女儿。

大意　孔子说到公冶长："可以嫁女给他，他现在虽然关在监狱之中，但不是他的罪过。"便把自己女儿嫁给了他。

导读　不是关在监狱里的人都有罪，冤假错案总是难以避免，看来古今中外皆同。

子谓南容，"邦有道不废，邦无道免于刑戮。"以其兄之子妻之。　5·2

解释　南容，孔子弟子，姓南宫，名适（kuò 括），字子容，鲁人。

《孔子家语》作“南宫韬”。

“不废”的“废”是不被国家所用，即不做官，“不废”就是被用，也即有官当。“免于刑戮”，不受到刑罚，即不坐牢，不杀头。“兄之子”，侄女。“妻之”的“之”，指南容。孔子的哥哥孟皮此时可能已死，所以孔子为侄女主婚。

大意 孔子说到南容：“这个人，在国家政治清明的时候，不会被废弃，国家政治黑暗的时候，也不至于受到刑罚。”于是就把自己的侄女嫁给了他。

导读 这里的“道”指的是社会的秩序、伦理，“有道”就是政治清明，“无道”就是政治黑暗。一个有德有才而又谨慎的人，在政治清明的时候自然有用武之地，而在政治黑暗的时候也不至于触犯刑法，这合乎孔子“用之则行，舍之则藏”（7·11）的一贯主张。

子谓子贱：“君子哉若人！鲁无君子者，斯焉取斯？” 5·3

解释 子贱，孔子弟子，姓宓（读 mì，密），名不齐，字子贱，鲁国人，少孔子三十岁[1]。

“君子哉若人”是个倒装句，“若人”，这个人。

“鲁无君子者”中的“者”字含有假设的语气，相当于白话文中的“……的话”。

“斯焉取斯”句，两个“斯”都是代词，都是“这”的意思，但所指代的内容不同，前一个“斯”指子贱，后一个“斯”指子贱的品德。

1 此据《史记·仲尼弟子列传》。《孔子家语》说少孔子四十九岁。

大意　孔子说到子贱："这个人真是个君子啊！如果说鲁国没有君子的话，他从哪里学到这样好的品德呢？"

导读　作为一个教育家，孔子强调的是后天的学习而不强调天赋，他说自己也不是"生而知之"者，只是一个"好古，敏以求之"（7·20）的人，这里称赞子贱，也重在指出子贱是从鲁国其他的贤人那里学到的良好品德。

子贡问曰："赐也何如？"子曰："女，器也。"曰："何器也？"曰："瑚琏也。"　5·4

解释　"女"通"汝"。瑚琏，读 hú lián（胡连），古代祭祀时盛粮食的器皿，是很贵重的。

大意　子贡问孔子说："老师觉得我怎么样？"孔子说："你是一个器皿。"子贡又说："什么器皿呢？"孔子说："是宗庙里盛粮食的器皿。"

导读　子贡是很聪明的人，口才尤其好。孔子说他是宗庙之器，有褒奖之意。

或曰："雍也仁而不佞。"子曰："焉用佞？御人以口给，屡憎于人。不知其仁，焉用佞？"　5·5

解释　雍，姓冉，名雍，字仲弓，孔子弟子，鲁国人。

“佞”，善言语，有口才，常用于贬义。“御人以口给”，“御”，防御，“御人”在这里有驳斥别人，为自己辩护的意思；“口给”，“给”有充足的意思，“口给”就是辩才无碍。

大意 有人说：“冉雍这个人是个仁者，不过口才差一点。”孔子说：“要那么好的口才干什么？以辩才无碍来反驳别人，常常会招人讨厌。冉雍这个人仁不仁我不知道，但是要那么好的口才干什么？”

导读 口才好本来不是坏事，如果用得好的话，但很多人的所谓好口才常常只是强嘴利舌，用来反驳别人，为自己辩护。这样的好口才除了招人憎厌，实在没有什么用处。孔子对于好口才一向都不表称赞，他宁肯自己的学生木讷一点，他认为“木、讷，近仁”（13·27）。

子使漆雕开仕，对曰：“吾斯之未能信。”子说。 5·6

解释 漆雕开，姓漆雕，名开，字子开，孔子弟子，鲁国人[1]。“仕”，出仕，做官。“斯”，这，这个，代词，这里作“信”的宾语，因强调而提前。“之”，无义，宾语提前时常用在动词和宾语之间，以舒缓语气，前面我们已经见过的“其斯之谓与”（1·15）、“父母唯其疾之忧”（2·6）、“义之与比”（4·10）都是同样的句法。“说”，同“悦”。

大意 孔子建议漆雕开出仕，漆雕开回答说：“这个我还没有自信。”孔子听了很喜欢。

1 此据《史记·仲尼弟子列传》。《孔子家语》云“漆雕开，蔡人，字子若，少孔子十一岁”。

导读 孔子喜欢诚实而谦虚的人，不喜欢夸夸其谈的人。

子曰：“道不行，乘桴浮于海，从我者其由与！”子路闻之喜。子曰：“由也好勇过我，无所取材。” 5·7

解释 “乘桴”即坐船，“桴”，读 fú（浮），是把木头或者竹子编在一起做成的小船、筏子。

“从我者其由与”句，“从”是随从、跟随；“其”是语气词；“与”是语尾助词，同“欤”，读 yú（于），跟“其”配合，一起表达推测的语气。

“闻之喜”的“之”代指前面孔子的话。“好勇过我”的“好”，读 hào（浩），喜欢。

“无所取材”有三种解释：一种解释，“材”就是木材，“无所取材”就是没有地方去取得（做小船用的）木材；另一种解释，“材”通“哉”，“无所取材”就是“无所取哉”，用白话说就是“不可取啊”；第三种解释，“材”通“裁”，“无所取材”就是没有剪裁，缺乏裁度。我赞成第一种解释。

大意 孔子说：“如果我的学说行不通，我就乘个小木船到海外去，那个时候跟着我的大概是仲由吧！”子路听了这个话很高兴。孔子说：“仲由啊，你比我还勇敢啊，可是没地方取得做船的木材啊。”

导读 这里的“道”指孔子的思想、学说，孔子此语是感叹自己的思想没地方可以实行，所以只好到海外去，但心里并不真想要离开自己的国土。而子路却把这话当真，以为孔子偏爱自己，所以心里很高兴。

于是孔子又委婉地告诉子路：我并不是真要去。孔子一生热爱自己的乡土，热爱自己的文化，热爱自己的同胞，他哪里会忍心丢下它们呢？

孟武伯问："子路仁乎？"子曰："不知也。"又问，子曰："由也，千乘之国，可使治其赋也，不知其仁也。""求也何如？"子曰："求也，千室之邑，百乘之家，可使为之宰也，不知其仁也。""赤也何如？"子曰："赤也，束带立于朝，可使与宾客言也，不知其仁也。" 5·8

解释 子路，姓仲，名由，字子路；冉求，姓冉，名求，字子有；子华，姓公西，名赤，字子华。三人皆孔子弟子。

"千乘之国"，有一千辆兵车的国家，在当时算是较大的诸侯国了。"乘"读 shèng（剩），量词。

"可使治其赋"句，"使"的后面省略了宾语"之"，下文两个"使"也一样。"赋"指兵赋，钱穆说："古者征兵员及修武备皆称赋。治赋，即治军也。"[1]

"不知其仁"，不知道他的仁，也就是不知道他仁还是不仁。

"千室之邑"的"邑"指城市，有宗庙的叫"都"，没宗庙的叫"邑"，邑有大有小，大的可到万户，小的可以小到十户，"千室之邑"算大邑了。"百乘之家"的"家"，指大夫的采邑；"百乘"，百辆兵车。"宰"，一邑（或县、城）之长，或大夫的管家，都可以叫"宰"。

"束带立于朝"句，"束带"就是穿好衣服、装束好的意思，"朝"，朝廷。

"宾客"，贵客叫"宾"，一般的客人叫"客"，后来成了一个词。

---

1 见钱穆《论语新解·公冶长篇第五》第七条注。

大意　孟武伯问孔子说："子路这个人仁吗？" 孔子说："我不知道。" 孟武伯又问了一次，孔子说："子路嘛，一个有千辆兵车的大国，可以让他去治理军队，但我不知道他仁不仁。"

孟武伯又问："冉求怎么样呢？" 孔子说："冉求嘛，一千户的大县，可以让他做县长，有一百辆兵车的大夫可以让他做管家，我也不知道他仁不仁。"

孟武伯又问："公西赤怎么样呢？" 孔子说："公西赤嘛，打扮好了站在朝廷上，可以让他接待宾客，我也不知道他仁不仁。"

导读　仁是孔子学说的核心，是五德（仁、义、礼、智、信）之首，也可以作五德的总称。仁的境界很高，很少有人做到，所以孔子从不轻易用"仁"来称许一个人。他常常说某人正直、某人聪明、某人能干，是不是仁我就不知道了。这一条就是最好的例子，孔子对自己的弟子仲由、冉求、公西赤等人都有相当的肯定，但都不认为他们已经达到了仁的境界，"不知其仁"只是委婉的说法。

子谓子贡曰："女与回也孰愈？" 对曰："赐也何敢望回？回也闻一以知十，赐也闻一以知二。" 子曰："弗如也；吾与女弗如也。"　5·9

解释　"孰"，谁。"愈"，胜，胜过。"弗如"，不如。

大意　孔子对子贡说："你跟颜回哪一个强？" 子贡回答说："我哪敢比颜回？颜回听到一件事就能推知十件事，我听到一件事只能推知两件。" 孔子说："赶不上啊，我和你都赶不上啊！"

导读 孔子对颜回的称许溢于言表，甚至说自己都赶不上，这当然是自谦，也是对子贡的激励。

宰予昼寝。子曰：“朽木不可雕也，粪土之墙不可杇也。于予与何诛？”子曰：“始吾于人也，听其言而信其行；今吾于人也，听其言而观其行。于予与改是。” 5 · 10

解释 “朽木”，腐烂的木头。“雕”，雕刻，雕琢。“粪土之墙”，用粪土造的墙，“粪土”，肮脏的泥巴。“杇”读 wū（污），粉刷。

“于予与何诛”句，“于”，对于；“予”，宰予；“与”音 yú（于），同“欤”，语气词，无义，表示句间停顿；“何诛”就是“诛何”，疑问代词作宾语要提前，“诛”的本义是杀头，这里是批评。

“改是”，改变了这种态度，“是”，这。

大意 宰予白天睡大觉。孔子说：“腐烂的木头是无法雕琢的，烂泥做的墙是不可粉刷的，对于宰予啊，还批评什么呢？”孔子又说：“从前我对于一个人，是听了他的话就相信他的行为；现在我对于一个人呢，是听了他的话还要观察他的行为。是宰予让我改变了态度。”

导读 在孔子的学生中，宰予是一个非常聪明的人，口才特别好，但是毛病不少，屡次受到孔子严厉的批评。白天睡觉，如果只是小睡，像现在流行的午睡，并没有什么不好。但宰予大概是赖在床上睡懒觉，所以孔子才说出这么严厉的话。睡觉只是表象，懒惰才是本质，而孔子毕生勤勉，最反对不进取、不自律。中华民族生生不已、自强不息的精神，正是来自以孔子为代表的先贤们的教导。

子曰："吾未见刚者。"或对曰："申枨。"子曰："枨也慾，焉得刚。" 5·11

解释 申枨，"枨"读 chéng（橙），孔子弟子，鲁国人。或说即《史记·仲尼弟子列传》中的申党。

"刚"，刚毅。"慾"，欲望，这里是多欲的意思。

大意 孔子说："我没有见到刚毅的人。"有人回答说："申枨。"孔子说："申枨这个人多欲，哪里算得上刚毅。"

导读 欲望多的人不可能做到刚毅，因为他舍不得割舍的东西太多。刚毅是坚守原则，不为外物所屈，这就需要割舍，这也舍不得，那也舍不得，如何能刚毅不屈？

成语"无欲则刚"出此，欲通慾。

子贡曰："我不欲人之加诸我也，吾亦欲无加诸人。"子曰："赐也，非尔所及也。" 5·12

解释 "我不欲人之加诸我也"句，"加"，施加，强加；"诸"是"之于"的合音，"加诸我"就是加之于我；"也"在这里用如"者"，意为"……的东西"。古文中"也""者"有时互通，如本篇第3条"鲁无君子者"（5·3），《说苑·证理篇》即引作"鲁无君子也"。

"非尔所及"，不是你能做到的，"尔"，你，"及"，达到。

大意 子贡说："我不想要别人强加给我的东西，我也希望不要强加给别人。”孔子说：“赐啊，这不是你能做到的啊！”

导读 子贡这句话的意思实际上就是“己所不欲，勿施于人”，是相当不容易达到的境界，能做到这样就可以算是仁了。而孔子从不轻易以仁许人，对子贡自然也不会例外。子贡经商，发了大财，这财富从哪里来？在子贡发财的过程中，难道没有人失去财富？孔子说子贡做不到是有道理的。我们每一个人认真想想，恐怕都会承认这并不是容易做到的。

子贡曰：“夫子之文章，可得而闻也；夫子之言性与天道，不可得而闻也。” 5·13

解释 “文章”在这里不是我们现在理解的文章，如“写文章”的文章，也不是汉末以后流行的当文学讲的文章，如曹丕所说“文章乃经国之大业”的文章，而应如朱熹在《论语集注》里面讲的：“文章，德之见乎外者，威仪、文辞皆是也。”就是一个人的德行、修养所表现于外表（神态、言行等等）的种种。

“可得而闻”，有机会听到，“得”是得到机会的意思。

“夫子之言性与天道”，“之”字无义，只是起到变句子为词组的作用；“性与天道”，“性”指人性，“天道”指有关自然、天地、宇宙的大道理。

大意 子贡说：“老师讲诗书礼乐、道德学问，我们都有机会听到；但是老师关于人性和天道的高深见解，我们却没有机会听到。”

导读 这里的“天道”很像老子所说的“常道”，是关于宇宙的结构、运行、动力、性质等等的终极大道理。后来曹魏思想家荀粲就从子贡这句话打开儒家的缺口，说“性与天道”既然孔子没讲，可见孔子据以教育学生的“六籍”（即“六经”：诗、书、易、礼、春秋、乐经）里面也没有记载，而“性与天道”是圣人思想之精微，“六籍”既然没载，那就证明“六籍”所记载的只是圣人思想中粗糙的部分而非精微的道理，所以荀粲说：“六籍乃圣人之糠秕。”由此推论，如果我们要探讨“性与天道”，那就只好自己研究，或者到“六籍”之外去找。这样就把道家引了进来，经过何晏、王弼、郭象等人的努力，最终形成融合儒道的魏晋玄学。

孔子没有对学生讲过人性与天道，这是事实，因为我们见不到这方面的记载。如何解释这个事实？是孔子没探索过“性与天道”，因而谈不了，还是有见解而没有说？显然是后者而非前者，因为如果像孔子这样的智者都谈不了“性与天道”，那还有谁能谈“性与天道”？但为什么没谈？是因为学生的水准不够，讲了也听不懂；还是老人家不愿意说，就像对“怪、力、乱、神”一样，也采取“不论”的态度；还是说“性与天道”本来就包含在日常人伦之中，无需另外再做“玄之又玄”的论说？看来这三个因素都有，最后一个因素可能是主要的。孔子学说的现实性品格决定了它不注重对“玄之又玄”的问题的探讨，这是它的优点，同时也是它的局限。后来魏晋玄学和宋明理学在本质上都是为了打破原始儒学的局限所做的一种努力，但又各自产生新的弊病与局限，这是后话了。

子路有闻，未之能行，唯恐有闻。　5·14

解释　“有闻”意为“有所闻”，“闻”在这里是动词用如名词，作“有”的宾语。“未之能行”意为“未能行之”，动词否定式的宾语如果是代词（如这里的“之”），要放在否定词和动词之间，前面已经讲过。

大意 子路听到什么道理，还没来得及实行，他生怕又听到别的道理。

导读 子路是一个质直得可爱的人，听到什么道理只要觉得是对的，就会照着去做，而且要做到，所以如果没有做到，就生怕听到别的道理。今天恐怕再也找不到这样可爱的人了。

子贡问曰：“孔文子何以谓之文也？”子曰：“敏而好学，不耻下问，是以谓之文也。” 5·15

解释 孔文子，名仲孙圉，是卫国的大夫，“文”是他的谥号。

“敏”，聪敏。“不耻下问”，不以下问为耻，“耻”是形容词作动词用，意动用法。“下问”就是向地位低于自己的人问。

“是以”即“以是”，按古文的习惯，介词的宾语是代词的时候常常提到介词的前面，“以”，因为，介词；“是”，此，代词。“是以”即白话文的因此。

大意 子贡问孔子说：“孔文子为什么谥为‘文’啊？”孔子说：“因为孔文子生前聪敏而好学，即使向比自己地位低的人请教也不以为耻，所以谥作‘文’。”

导读 “敏而好学，不耻下问”是孔子对孔文子的评价，是孔子所赞赏的品德，孔子自己也是这样做的。

子谓子产："有君子之道四焉：其行己也恭，其事上也敬，其养民也惠，其使民也义。" 5·16

解释 子产，姓公孙名侨，字子产，为春秋时期郑国的宰相，郑穆公之孙，在郑简公、郑定公时先后执政二十二年，是中国古代杰出的政治家和外交家。

"其行己也恭"句，意思是子产要求自己的言行庄重，其中"其行己也"是主语，"恭"是谓语，"其行己也"就是"子产之行己也"。注意"其"字的用法，"其"不是第三人称的人称代词，而是物主代词，它相当于人称代词后面再加一个"之"，所以"其"在这里不是"子产"，而是"子产之"，这个"之"虽然没有意义，可以不译，但在文言文中，它却具备不可缺少的语法作用，前面讲过多次，这里就不重复了。现在很多人弄不清楚这一点，总是把"其"看成人称代词，拿来做主语，报纸杂志上也常常出现这类错误。

大意 孔子评论子产说："这个人在四个方面表现出君子的德行：他要求自己谦虚庄重，他对待君王恭敬严肃，他抚养老百姓恩惠有加，他驱使老百姓公平合理。"

导读 这里的"君子"显然也兼含二义，既是在位者，又是有德者。子产所具备的四种德行，仍然可以为今天的从政者提供借鉴。

子曰："晏平仲善与人交，久而敬之。" 5·17

解释 晏平仲，即晏婴，字平仲，是齐国的大夫。晏婴与孔子同时，是当时著名的政治家，现存《晏子春秋》一书记载了他的许多言行。

"善与人交"，即善于与人交往。"敬之"前面省略了主语"人"，上一句"善与人交"已经出现了"人"，所以这个省略是可以理解的。

大意　孔子说："晏婴这个人很善于与人交往，交往得很久人们仍然敬重他。"

导读　一般人交朋友常常初识很愉快，所谓"乐莫乐兮新相知"[1]，慢慢就平淡了，甚至因为种种原因而翻脸，而分手。孔子在这里通过称赞晏婴告诉我们，朋友之间要能维持长久的友谊才可贵。俗语说："使人有乍交之欢，不若使人无久处之厌。"[2]"有乍交之欢"容易，"无久处之厌"则难。怎样才能做到"使人无久处之厌"，这就跟自己的修养有关了。

子曰："臧文仲居蔡，山节藻棁，何如其知也？"　5·18

解释　臧文仲，鲁国的大夫臧孙辰，是孔子之前的人。

"居蔡"，"蔡"是大乌龟，"居蔡"就是给大乌龟造一个居所，让它住在里面，"居"，不及物动词作及物动词用，表示"使蔡居"。一个不及物动词拿来作及物动词用，表示"使……"的意思，这种用法在文言文中很常见，现代语法学家把这种情况叫作不及物动词的使动用法，我们读古文时要多加留意。古人用龟来卜筮，故养龟以备卜筮之用。

"山节藻棁"，"节"是柱上的斗拱，"山节"就是山形的节；"棁"

1　见屈原《九歌·少司命》。

2　见《菜根谭》。

读 zhuō（桌），是梁上的短柱，“藻棁”就是画上藻草的棁。

“何如其知”的“知”同“智”。

大意 孔子说：“臧文仲给大乌龟造了一个房子住，这房子用的是山形的斗拱和画了藻草的短柱，这个人怎么这么聪明呢？”

导读 孔子的话是反话，是讽刺臧文仲太奢侈了。今天不是也有人在宠物上花大钱而不心疼吗？

子张问曰：“令尹子文三仕为令尹，无喜色，三已之，无愠色。旧令尹之政，必以告新令尹。何如？”子曰：“忠矣。”曰：“仁矣乎？”曰：“未知，焉得仁？”“崔子弑齐君，陈文子有马十乘，弃而违之。至于他邦，则曰：‘犹吾大夫崔子也。’违之。之一邦，则又曰：‘犹吾大夫崔子也。’违之。何如？”子曰：“清矣。”曰：“仁矣乎？”曰：“未知。焉得仁？” 5 · 19

解释 令尹子文，姓斗，名谷於菟，字子文，楚国的令尹即宰相。按：“斗”读 dòu（逗），繁体作“鬪”；“谷”，读 gòu（够），繁体作“穀”，通“㝅”“彀”，楚语哺乳的意思；“於菟”读 wū tú（巫图），楚语老虎的意思；传说子文是楚国大夫斗伯比的私生子，被弃于山林，是一只母老虎哺乳养大的，故名“谷於菟”。

崔子，崔杼，齐国大夫。齐君，齐庄公，名光。陈文子，齐国大夫，名须无。

“三仕”，三次出来当官。“三已之”，三次罢掉官，“已”，停止，终止。“之”指官。

“弑”，下杀上叫“弑”。“有马十乘”，有马四十匹，“乘”，量词，读 shèng（剩），一乘是四匹。

“弃而违之”的“违”是“离开”的意思；“之”指崔杼。

“之一邦”，这个“之”是动词，“去”的意思。

大意 子张问孔子说：“楚国的令尹子文三次做令尹的官，没有高兴的样子；三次被罢官，也没有不高兴的样子。每次交班的时候都会把原来的政令完全告诉接位的人。这个人怎么样？”孔子说：“是个忠于职守的人。”子张说：“可以算仁了吗？”孔子说：“不知道，这怎么就算仁呢？”

子张又问：“崔杼杀了齐国的国君，陈文子有四十匹马，都抛弃了，然后离开了崔杼。到了另外一个国家，他说：‘这里的执政者也跟崔杼差不多。’又离开了。再到另外一个国家，又说：‘这里的执政者也跟崔杼差不多。’又离开了。这个人怎么样？”孔子说：“这个人是个洁身自好的人。”子张问：“可以算仁了吗？”孔子说：“不知道。这怎么就算仁呢？”

导读 前面说过，孔子从不轻易以仁许人，这又是一个例子。因为仁是全德，仁的境界太高了，哪一方面做得好只能说那一方面好，不能就说这个人做到了仁。

季文子三思而后行。子闻之，曰：“再，斯可矣。” 5·20

解释 “季文子”，即季孙行父，是鲁国的大夫，曾长期主持鲁国国政，以清廉谨慎闻名。“三思”，反复思考，“三”言其多，不是确指。“再”，两次。

大意 季文子做事总是反复思考之后才做。孔子听到后说："想两次就可以了。"

导读 "三思而行"后世成了一个成语，源出于此。孔子在这里告诉我们，做事情多想一次是对的，但反复思考却是没有必要的。孔子这话实在非常有理，真是智者经验之谈。想得太多常常不是好事，思前顾后，犹豫不决，往往是越想越糊涂，越想越没有勇气去做，结果把本该做成的事都没有做成，甚至有因而抱憾终身者。

子曰："宁武子，邦有道则知，邦无道则愚。其知可及也，其愚不可及也。" 5·21

解释 宁武子，姓宁名俞，卫国大夫。两个"知"字都同"智"。

大意 孔子说："宁武子这个人，国家清平的时候，他就表现得有智慧；国家黑暗的时候，他就表现得愚笨。他的智慧是可以赶上的，他的愚笨却是赶不上的。"

导读 孔子在这里提出了一个令人深思的问题，那就是智慧和愚笨也是相对的。一个人应当懂得，在不应当显露智慧的地方（或时候）就不显露智慧，这也是一种智慧，甚至是一种更不容易达到的智慧。在不该显露的地方（或时候）却不知收敛，轻易显露，那就不是智慧而是愚笨。所谓聪明反被聪明误，甚至丢掉生命，这样的例子也并不少见，想想三国时代孔融、杨修、祢衡等人的故事就明白了。

子在陈，曰："归与！归与！吾党之小子狂简，斐然成章，不知所以裁之。" 5·22

解释 "陈"，地名，陈国国都在今河南淮阳县。"归与"的"与"同"欤"，读 yú（于）。"狂简"，"狂"是自大，急于进取，"简"是疏略，"狂简"就是急于进取而才学不足，所以下面讲虽然"斐然成章"却"不知所以裁之"。"斐然"是有文采的样子，"章"，一段，一匹，"裁"是剪裁，"斐然成章，不知所以裁之"是用织布作比方，织成了一匹很漂亮的布，却不知道怎么去剪裁它。

大意 孔子在陈国的时候感叹说："回去吧！还是回去吧！我那群学生们很有进取之心，但学问还不够，织成了一匹漂亮的布，却不知道怎么剪裁它。"

导读 孔子晚年周游列国，希望能实现自己的政治主张，但终于没有机会，最后只好放弃从政的想法，决心回到家乡从事教育，培养弟子来继承自己的学说。

子曰："伯夷、叔齐不念旧恶，怨是用希。" 5·23

解释 伯夷、叔齐，商末孤竹国（在今河北卢龙县一带）国君的两个儿子，父王死了，互相让位，都逃到周文王那里。周武王起兵讨伐商纣，他们反对，拦住车马劝阻。周朝建立后，他们以吃周朝的粮食为耻，饿死于首阳山（在今甘肃省渭源县）。

"不念旧恶"，不计较过去别人对自己的伤害，这话现在还用，成了成语。“怨是用希”句，“是用”就是“用是”，相当于现在的“因此”；“希”，同“稀”，稀少的意思。

大意 孔子说：“伯夷和叔齐不计较过去别人对自己的伤害，因此怨恨就少了。”

导读 不念旧恶，就是宽恕，能宽恕的地方尽量宽恕，这是孔子一贯提倡的，所以曾子说：“夫子之道，忠恕而已矣。”（4 · 15）

子曰：“孰谓微生高直？或乞醯焉，乞诸其邻而与之。” 5·24

解释 微生高，姓微生，名高，鲁国人，《庄子》《战国策》中有尾生高，或即此人。

“醯”读 xī（西），即醋，“乞醯”就是讨醋。“乞诸其邻”，向他的邻人讨醋，“诸”是“之于”的合音。

大意 孔子说：“谁说微生高这个人很直？有人向他讨醋，他没有，却向他的邻居讨了醋给那个人。”

导读 这一个具体的例子，可以说明什么才是中庸。有人讨醋，你有醋而不给，这是“不及”，你没有醋，不说没有醋而向邻居讨醋给他，这叫“过”。这两种情形，孔子都不赞成，有就给，没有就说没有，这才是真正的“直”，也才是中庸之道。

子曰："巧言、令色、足恭，左丘明耻之，丘亦耻之。匿怨而友其人，左丘明耻之，丘亦耻之。" 5·25

解释 左丘明是鲁国的太史，与孔子同时。有人说就是替《春秋》作传的那个左丘明，也有人说不是，待考。

"巧言"，花言巧语。"令色"，好的脸色，这里指故意讨好人的脸色。"足恭"，过分的恭顺，"足"，太多，过于。

"丘"，孔子自称；孔子姓孔名丘，字仲尼，古人自称的时候除了"我""吾"之类的代词外，还可以自称其名，表示谦虚，但不可自称其字。

"耻之"，即以之为耻，"耻"在这里是形容词的意动用法。

"匿怨"，把怨恨藏起来，"匿"，藏。"友其人"，跟那个人交朋友，"友"在这里是名词作动词用，"以……为友"的意思。

大意 孔子说："花言巧语，讨好卖乖，过于恭顺，左丘明认为这样可耻，我也觉得这样可耻。把心里对一个人的怨恨藏起来去跟他交朋友，左丘明认为这样可耻，我也觉得这样可耻。"

导读 坦诚相见，以心相交，不以功利为目的，这是交朋友的基本原则，如果你想结交真朋友的话。无论是巧言、令色、足恭，或者匿怨而佯装友善，显然都不是真想交朋友，而只是想利用那个人达到自己的目的。这是小人而非君子的行为。但是在官场上和商场上这种行为却屡见不鲜，甚至到了习以为常、见怪不怪的地步。而且互相比赛，不是比谁更君子，而是比谁更小人，还美其名曰"会做人"。这就是所谓"厚黑学"。厚黑学在今天中国社会尤其流行，不少人公然写书提倡之。"会做人"的人越多，真朋友就越少，社会的道德就越沦丧。每一个人都应该警惕深思。

颜渊、季路侍。子曰："盍各言尔志？"子路曰："愿车马、衣（轻）裘与朋友共，敝之而无憾。"颜渊曰："愿无伐善，无施劳。"子路曰："愿闻子之志。"子曰："老者安之，朋友信之，少者怀之。" 5·26

解释 "侍"，陪侍，通常指下辈陪侍长辈，长者坐，侍者立。"盍"，读 hé，"何不"的合音。"志"，在这里是愿望的意思，"志"字的篆文上面是"之"，下面是"心"，古人解释说："志者，心之所之也。"《说文解字》说："志，意也。"所以"志"不一定都要解释为志向，心里的想法、愿望也都可以叫"志"。

"衣（轻）裘"，"轻"是衍文[1]。"敝之"的"敝"，同"蔽"，是破旧的意思，形容词作及物动词用，使动用法；"之"指代"车马、衣裘"，作"敝"的宾语。

"伐善"的"伐"是夸耀的意思，"施劳"的"施"是表白的意思。

"安之""信之""怀之"的结构同"敝之"。

大意 颜渊和子路陪侍孔子。孔子说："你们何不各自说说自己的愿望？"子路说："我希望把自己的车马、衣裘跟朋友们共享，用坏了也不遗憾。"颜渊说："我希望不夸耀自己的优点，不表白自己的功劳。"

子路说："我想听听老师的愿望。"孔子说："我希望使老年人安好，使朋友互相信任，使少年人得到关怀。"

导读 三人的愿望反映了三人的性格，子路有侠义的精神，颜渊很谦虚，是一个有德行的人，孔子的话看似平常，实则胸怀博大，是一个充满大爱的人。孔子在另外一个地方讲到他的理想是"修己以安人""修

1 参看阮元《论语注疏校勘记》。

己以安百姓”（14·42），正与此意同。

子曰：“已矣乎！吾未见能见其过而内自讼者也。” 5·27

解释 “已矣乎”，完了啊，“已”是完结、停止的意思，“矣”和“乎”都是语气词。

“吾未见能见其过而内自讼者”句，主语是“吾”，谓语是“未见”，“能见其过而内自讼者”整个儿作宾语。“自讼”的意思是自我批评、自我责备。

大意 孔子说：“唉，完了啊！我还没有看到一个能看清自己的过失而在内心里自我责备的人。”

导读 一个人能看清自己的过失、缺点，是不容易的；能看清自己的过失、缺点，真诚面对、真诚自责，而不自我袒护、自我辩解、自我粉饰，就更不容易了。孔子曾经称赞颜回“不迁怒，不贰过”（6·3），是有这种精神的人，可惜“不幸短命死矣，今也则亡”（6·3），孔子这话可能是在颜渊死后才说的吧。

子曰：“十室之邑，必有忠信如丘者焉，不如丘之好学也。” 5·28

解释 “十室”就是十户人家，“邑”是城邑，“十室之邑”就是很小的城镇，“十室”只是言其小，不必死抠字面。“忠信如丘者”意为跟我一样忠信的人。“焉”，语尾助词，兼有代词的作用，意为于此、在那里、在其中。

大意　孔子说：“哪怕一个很小的地方，其中也一定有像我一样忠信的人，只是不像我这么好学罢了。”

导读　这里可以看出孔子对于“学”的重视，哪怕是一个本质很好、天赋很好的人，也需要不断地学习，才能成为一个完美的人。正如《诗经》说的“如切如磋，如琢如磨”，一块美玉也得经过切磋琢磨才能成为精美的器皿或饰品。

雍也篇第六

子曰："雍也可使南面。" 6·1

解释 "雍"，冉雍，孔子弟子，已见（5·5）。

"南面"不是南边，而是面向南，也就是坐北朝南。古代天子听政时皆面向南，故"南面"一词有"君临天下"之意[1]。

大意 孔子说："冉雍这个人可以让他君临天下。"

导读 孔门四科以德行为第一，孔门弟子中德行最可称道的是颜渊、闵子骞、冉伯牛和仲弓（11·3）。仲弓就是冉雍。

仲弓问子桑伯子，子曰："可也，简。"仲弓曰："居敬而行简，以临其民，不亦可乎？居简而行简，无乃大简乎？"子曰："雍之言然。" 6·2

解释 子桑伯子，鲁国人。杨伯峻说："有人以为就是《庄子》的子桑户，又有人以为就是秦穆公时的子桑（公孙枝），都未必可靠。既

1 可参看杨逢彬《论语新注新译》本条"考证"。

然称‘伯子’，很大可能就是卿大夫。仲弓说‘以临其民’，也要是卿大夫才能临民。”[1]

“简”，不烦，不烦琐，下面的“大简”，“大”音、义同“太”，“大简”就是“过于简单”。

“雍之言然”句，“雍之言”是主语，“然”是谓语。

大意 仲弓问到子桑伯子这个人，孔子说：“可以，这个人简单得好。”仲弓说：“一个人存心严肃，但施政简单，这样来管理老百姓，不也很好吗？但如果是存心就简单，施政也很简单，这恐怕就太简单了。”孔子说：“你讲得对。”

导读 施政烦琐，今天一道命令，明天一个政策，甚至朝令夕改，老百姓不堪其扰，是今天常见的弊病，从政的朋友应当想想孔子和仲弓这段对话。

哀公问：“弟子孰为好学？”孔子对曰：“有颜回者好学，不迁怒，不贰过。不幸短命死矣，今也则亡，未闻好学者也。” 6·3

解释 “弟子孰为好学”，弟子中谁是好学的。“孰”，谁，哪一个；“好”读 hào（浩），喜好的意思。

“迁怒”，把对一件事或一个人的怒气移到另一件事、另一个人身上去发泄。

“贰过”，同一种过错犯两次，犯同样的错误。“贰”同“二”。

1 见《论语译注》本条注释。

“今也则亡”，现在就没有了；“也”，语气词；“亡”，音、义同“无”。

大意 哀公问孔子：“你的学生当中谁可以称得上好学？”孔子回答说：“有个叫颜回的可以称为好学，这个人从来不迁怒于人，不犯同样的过错。可惜已经短命死了，现在就没有了，没有听说有好学的了。”

导读 这里值得我们注意的是，孔子称赞颜回好学，但好学的内容并不是手不释卷，而是“不迁怒，不贰过”，可见孔子所说的“学”是学道，学做人，这是孔子的一贯思想。

这段话也可以看出孔子对颜回的高度赞许。颜回去世后，孔子非常哀伤，《论语》当中提到多处。传说孔子有“弟子三千”，受过系统教育的有七十二（或说七十三、七十七）人，即所谓“贤人七十”。其中有专门特长的、非常优秀的有十个，分别是颜渊、闵子骞、冉伯牛、仲弓、宰我、子贡、冉有、季路、子游、子夏（11·3），即所谓“孔门十子”。而孔子最喜爱的、最欣赏的学生就是颜回（即颜渊）。颜回被认为最像圣人，所谓“庶几”（接近、差不多），所谓“具体而微”（大体具备，只是规模小一点），后世被封为“复圣”，配享孔庙，与孟子（亚圣）、曾子（宗圣）、子思（述圣）合称“四配”。

子华使于齐，冉子为其母请粟。子曰：“与之釜。”请益，曰：“与之庾。”冉子与之粟五秉。子曰：“赤之适齐也，乘肥马，衣轻裘。吾闻之也：君子周急不继富。” 6·4

解释 子华，姓公西，名赤，字子华，孔子弟子，少孔子四十二岁。冉子即冉求，孔子弟子，是当时鲁国掌权的大臣季氏的管家。这里尊称冉子，可能这一段是冉求的弟子记录的。

“粟”，小米。“釜”“庾”“秉”到底是几斗几升，前人有过许多考证，一般认为一釜是六斗四升，一庾是十六斗，一秉是十六斛（一斛为十斗）。如果是这样，冉求后来给了五秉，就是八十斛，也就是八百斗。孔子说给十六斗，而冉求给了八百斗，未免太多了，看来前人这些考证并不一定可信。

“赤之适齐也”句，“适齐”，去齐国，“适”是动词，意为去、到。“赤适齐”本来是一个完整的句子，现在在中间加一个“之”字，后面再加一个“也”字表示停顿，就变成了整个大句子中的一个分句，用来表示时间，如果用白话文说就是“当公西赤出使齐国的时候”。

“乘肥马，衣轻裘”句，“衣”音 yì（意），名词作动词用，意为穿。“裘”，皮袍，“轻裘”即轻便的好皮袍。

“君子周急不继富”句，“周”，同“赒”，周济；“继”，续，增加。

大意 公西赤（奉鲁君之命）出使齐国（因行走匆忙，没有来得及安排家里的事）。冉求想帮助公西赤替他的母亲请求一些小米，便来问孔子给多少小米合适。孔子说：“给她一釜。”冉求请求再多给一些。孔子说：“给她一庾。”结果冉求却给了她五秉小米。孔子说：“公西赤出使齐国的时候，骑的是膘肥的好马，穿的是轻便的皮袍。我听过这样的说法：君子周济处在急难中的人，而不给本来富裕的人去增添财富。”

导读 孔子告诉我们，在钱财上帮助别人的正确原则是“周急不继富”，也就是要雪中送炭，不要锦上添花。但是我们常常看到社会上多的是锦上添花，少的是雪中送炭。今天中国社会贫富差距越来越大，作为政府，尤其要注意帮助弱势群体，而不要再给权贵阶层增添财富。孔子的教导并没有过时。

原思为之宰，与之粟九百，辞。子曰：“毋，以与尔邻里乡党乎！” 6·5

解释 原思，姓原，名宪，字子思，孔子弟子，鲁国人。《孔子家语》云：“宋人，少孔子三十六岁。”

“为之宰”，这个“之”指代孔子，从后面的“子曰”可以推知。“与之粟”，这个“之”则是指原思，而主语是孔子。

“毋”，不要，别。“以与尔邻里乡党”，“以”字后面省略了宾语“之”，这个被省略的“之”则指代“粟九百”。

大意 原思做孔子的管家，孔子给他粟九百斗，原思推辞。孔子说：“别，拿去给你的邻里乡党吧！”

导读 原宪是孔子弟子当中有名的穷人，孔子可能有意识地多给他一点工资，而原宪谦让不受，孔子则婉转地说，如果你用不完，可以拿去周济你的邻里乡党。如果换成子贡，孔子大概不会这样说。这也正是前段孔子说的“周急而不继富”的原则。

子谓仲弓曰：“犁牛之子骍且角，虽欲勿用，山川其舍诸？” 6·6

解释 “犁牛之子骍且角”句，“犁牛”，又作“骊牛”，黄黑杂色的牛；“骍”，纯赤色。“角”，名词作形容词用，角长得周正的意思。

“山川其舍诸”句，“山川”在这里指山川之神；“其”，语气助词；“舍”，同“捨”，舍弃不用之意；“诸”，“之乎”的合音。

关于这段话的解释，自古至今，聚讼纷纭，主要的分歧是两点：一、“子谓仲弓曰”是“孔子对仲弓说”还是“孔子评论仲弓说”？二、“犁牛”到底是耕牛还是杂色的牛？有兴趣的朋友可以参看黄怀信主撰《论语汇校集释》本条“集释”所引古今各家之说和杨逢彬《论语新注新译》本条所附“考证”。

大意 孔子对仲弓说：“杂色牛生的小牛浑身纯赤，两角齐整，（合乎祭祀用牛的标准）即使人不想把它用作祭祀的牺牲，山川之神会不要它吗？”

导读 据《史记·仲尼弟子列传》讲，仲弓的父亲是“贱人”，孔子的话是鼓励仲弓不要自卑，即使父亲不好，只要自己努力，仍然会受到社会的尊重。

孔子从来不用出身贵贱来评价一个人，来决定这个人值不值得培养和教育，他提倡的是“有教无类”，即对任何出身的人都平等地加以教育。他的学生中有出身于极端贫困家庭的，如颜回、原宪，有出身于教养很差的家庭的，如子路，也有出身于被人瞧不起的家庭的，如这里的仲弓。

从孔子以来，“有教无类”基本上是中国传统教育所遵行的通则。想想几十年前，我们社会居然曾经流行过“血统论”“出身论”，居然在升学考试中用家庭成分来决定一个人是否可以录取，二十世纪还发生这种事，实在是不可思议的。

子曰：“回也，其心三月不违仁，其余则日月至焉而已矣。” 6·7

解释 “三月”，长久之意，“三”言其多。“不违仁”就是“不离开仁的原则”，“违”当“离开”讲，前面（5·19）已经见过。“其余”，其他的人，这里指孔子的其他学生。“日月至焉”，偶尔到这里一次；“焉”，代词，这里，那里。

大意 孔子说：“颜回呢，他的心能够长久不离开仁的原则，其余的人嘛，大概只能偶尔达到罢了。”

导读 孔子的学说就是仁学，“仁”是做人的最高标准，是人的理想境界。它本质上只是一种精神状态，所以只要你自己愿意朝这个方向做，谁也拦不住你，也没有力量足不足的问题。但它又是那样的难以做到，因为人的私欲太重，很难做到视人如己，纵使偶尔做到，也很难持久。这里说颜回“其心三月不违仁”，就已经是很高的称赞了。

季康子问：“仲由可使从政也与？”子曰：“由也果，于从政乎何有？”曰：“赐也可使从政也与？”曰：“赐也达，于从政乎何有？”曰：“求也可使从政也与？”曰：“求也艺，于从政乎何有？” 6·8

解释 “何有”，不难之词，前面已经讲过（4·13）。“果”，果敢，做事有决断。“达”，通达，通情达理。“艺”，多才多艺。

大意 季康子问孔子：“仲由可以让他从政吗？”孔子说：“仲由果敢决断，从政有什么困难？”季康子又问：“端木赐可以让他从政吗？”孔子说：“端木赐通达情理，从政有什么困难？”季康子又问：“冉求可以让他从政吗？”孔子说：“冉求多才多艺，从政有什么困难？”

导读 在承平的时候，从政其实是一件容易的事，正好像李鸿章说过的：“一个人官都不会当，还会做什么呢？”有的人做了官就自以为了不得，其实很幼稚。

季氏使闵子骞为费宰，闵子骞曰：“善为我辞焉。如有复我者，则吾必在汶上矣。” 6·9

解释 闵子骞，姓闵，名损，字子骞，孔子弟子，鲁国人，少孔子十五岁。

“费宰”，费地的长官，“费”，旧读 bì（毕），地名，即今山东费县。“复我”，再来找我。“汶上”，即汶水（即今大汶河）边，古人河边、海边多称河上、海上，如“子在川上曰”的“川上”也是河边的意思。

大意 季氏让闵子骞做费县的长官，闵子骞对来人说：“请替我婉辞吧。如果有人再来找我的话，那我一定会逃到汶水边去了。”

导读 闵子骞是孔子的优秀弟子，名列德行科四子（颜回、闵子骞、仲弓、冉伯牛）之一。他不愿做季氏的官应该是讨厌季氏的为人，季氏是鲁国的大臣，而擅权越礼，孔子多次批评过（参看 3·1、3·2、3·6 等条）。

伯牛有疾，子问之，自牖执其手，曰：“亡之，命矣夫！

斯人也而有斯疾也！斯人也而有斯疾也！” 6·10

解释 伯牛，姓冉名耕，字伯牛，是孔子的优秀弟子，也是德行科四子之一。

“子问之”的“问”，是问候的“问”，就是探视的意思。

“牖”，窗户。“亡之”，“之”没有意义，“亡”音、义同“无”，这里的意思是没救了。

“斯人也而有斯疾也”句，第一个“也”字表示句中的停顿，两个“也”字都含有感叹的意味。“斯”，代词，这，这个，这种。

大意 冉伯牛害了重病，孔子去探视他，从窗户里抓住他的手说：“没救了，唉，是命啊！这样的人竟然有这样的病啊！这样的人竟然有这样的病啊！”

导读 伯牛是很好的人，是孔子很喜欢的学生，为什么这样的重病会落到他的身上呢，孔子“是命啊”的感叹中包含无限的惋惜和无奈。好人无好命，这里的“命”与其视为宿命，还不如解释为种种复杂的因缘所交织起来的，主观无法掌控的，因而也就无法躲避的命运。

子曰：“贤哉回也！一箪食，一瓢饮，在陋巷，人不堪其忧，回也不改其乐。贤哉回也！” 6·11

解释 “一箪食”句，“箪”音 dān（单），是一种煮饭的竹器；“食”，旧读 sì（四），即食物。“不堪其忧”，能承受叫作“堪”，“不堪”就是不能承受、受不了。

大意 孔子说："颜回真是优秀啊！一盒饭，一瓢水，住在破烂的巷子里，别人会忧愁得受不了，而颜回却不改他的快乐。真是优秀啊，颜回！"

导读 孔子在这里对颜回的称赞也就是自己的追求。孔子毕生追求的是人格的完美，是一个人在精神上所能达到的最高的高度，这个高度的极点是与天为一，与道为一。一个人在这样的追求过程中得到极大的满足，心里永远是快乐的，物质上只要能够维持生命，就不影响自己对道的追求。所以颜回能够一箪食一瓢饮居陋巷而不改其乐，道理在此。汉朝有个严君平，家境清寒，靠卖卜为生，但他每天算命只要赚到一百个钱就收摊回家，下帷读书，道理也在此。每个人的生命有限，时间有限，而物质的追求是无限的，一个人穷毕生之力去追求无限的物质，便永远生活在不满足之中，永远都没有时间和精力去照顾自己饥饿的灵魂，这样的人其实不会有真正的快乐。

可惜古往今来，茫茫人海，有几人能够有颜回和严君平这样的觉悟呢？懂得这点，就能够懂得孔子为什么这么喜欢颜回，为什么给颜回这么高的评价，也就能够明白所谓"孔颜乐处"到底在哪里。

也许我们大家都做不到这样，但我们至少应该懂得，至少应该朝这个方向前进。高山仰止，景行行止，虽不能至，其心向往之！

冉求曰："非不说子之道，力不足也。"子曰："力不足者中道而废，今女画。"6·12

解释 "说"，同"悦"。"中道而废"，就是半途而废，在途中停下来。"女"，同"汝"。"画"，画地自限。

大意 冉求对孔子说："不是不喜欢您的学说，实在是我自己能力不够。"孔子说："能力不够的人会在途中停下来（因为走不动了），但现在你却是画地自限（根本不想走）。"

导读 求道，或者用今天的话讲，追求真理，是人生必修功课，尤其对一个有使命感的知识分子而言更是如此。一个人能力有大小，所以能走多远因人而异，但无论能力大小，都要有求道的决心，都要尽力而为，宁可倒在前进的路上，也不可以畏难而止步不前。冉求的话表明他是后者，而孔子向来不喜欢不努力还要为自己找借口的人，所以对冉求的批评是很严厉的。

子谓子夏曰："女为君子儒！无为小人儒！" 6·13

解释 "女"通"汝"，你。"无"通"勿"，不、不要。

大意 孔子告诫子夏说："你要做一个君子儒！不要做小人儒！"

导读 儒者也有君子、小人之分。君子跟小人是人在道德品质上一个最根本的分野，凡有人群的地方便有上、中、下，上者即君子，下者即小人，更多的则是介于君子和小人之间的中人。任何人群不会例外，即使贵为一国的领导集团也一样。

这里讲的儒者在那个时代就是读书人，相当于我们今天说的学者或知识分子。今天的学者或知识分子中有君子，也有小人，更多的是中人，人所共见，无须多说。孔子的话对我们每个人都是一记警钟。不要以为读了几句书，就可以自称君子，如果不在道德修养上严加自律，就有堕入小人儒的可能。

子游为武城宰，子曰："女得人焉耳乎？"曰："有澹台灭明者，行不由径，非公事未尝至于偃之室也。" 6·14

解释 子游，姓言，名偃，孔子弟子，吴国人。武城，地名，即今山东省武城县。澹台灭明，姓澹台，名灭明，字子羽，武城人，后来也成了孔子的弟子。澹台灭明少孔子四十九岁。

"女得人焉耳乎"句，"女"同"汝"；"焉"，代词，那里，这里；"耳乎"，两个都是语尾助词。"行不由径"，走路不抄小路，"径"是小路。

大意 言偃做武城的长官，孔子说："你在那里得到什么人才没有？"言偃说："有一个叫澹台灭明的人，走路不抄小路，不是办公事从来不到我屋里来。"

导读 一个走路不抄小路的人，那么做其他事情更不会偷懒，不会投机取巧。一个非公事不到长官屋里去的人，当然更不会送红包，开后门，拉关系。这样的人也许有点呆，但呆得可爱，绝对是一个正直的人，是一个可以信任的人。今天的中国社会，就是呆人太少，聪明人太多了。

呆人不讨俗人的喜欢，但会得到贤者的欣赏，《史记·仲尼弟子列传》说澹台灭明长得很丑，又笨，但孔子还是收了他做学生。

子曰："孟之反不伐，奔而殿，将入门，策其马曰：'非敢后也，马不进也。'" 6·15

解释 孟之反，鲁臣。

“伐”，夸耀。“奔”，跑，在军事上一般都指败逃。“殿”，殿后，掩护军队撤退。“策”，动词，用鞭子驱马。

这个故事也见《左传·哀公十一年》，“孟子反”作“孟之侧”：“(鲁)师及齐师战于郊……(鲁)右师奔，齐人从之……孟之侧后入以为殿，抽矢策其马，曰:‘马不进也。’”

大意 孔子说:“孟之反这个人不夸耀自己，败逃的时候他殿后，快要进门的时候他鞭打着自己的马，说:‘我不是敢于殿后，实在是我的马跑不动了。’”

导读 孔子欣赏谦虚的人。有的人做了一点好事就生怕人家不知道，到处去夸耀，而孟之反刚好相反，生怕人知道，所以得到孔子的夸奖。

子曰:“不有祝鮀之佞，而有宋朝之美，难乎免于今之世矣。” 6·16

解释 “祝鮀”，即史鱼，名鮀(一名䲡)，字子鱼，卫国大夫，卫灵公时任祝史，负责卫国对社稷神的祭祀，故又称祝鮀，擅外交辞令。“宋朝”，宋国的公子朝，长得很英俊。

“难乎免于今之世矣”句，“难乎”的“乎”是表感叹的语气词。古文中，“免”字下面没有宾语的时候，一般都表示避开某种坏事、灾难(参看2·3)，没有因而丧生，亦即幸免于难之意。“于今之世”，在今世，在这个世道。

大意 孔子说：“没有祝鮀的口才，却有宋朝的英俊，在今天这个世道怕是很难幸免于难的了。”

导读 宋朝因为长得英俊而惹来乱子，《左传·定公十四年》就记载卫国夫人南子要卫灵公召见宋朝，因而引起太子愤怒，想杀南子，结果造成一场内乱的事，孔子这段话就是因此而发。

子曰：“谁能出不由户？何莫由斯道也？” 6·17

解释 “户”，门。“斯道”，这个道，这条路。“何”，为什么。“莫由斯道”一起读，即“没有人走这条路”，“莫”，否定代词，意为“没有人”。

大意 孔子说：“谁能够从屋里出来而不通过门呢？为什么没有人从这条路上走呢？”

导读 孔子说“斯道”，就是我这条路，也就是仁义之路。这明明是一条光明大道，一个人要做一个大写的人，就要走这条路，但为什么世人偏偏就不走呢？孔子于此有深沉的感叹。后来孟子也有同样的感叹：“仁，人之安宅也；义，人之正路也。旷安宅而弗居，舍正路而不由，哀哉！”[1]孔孟时代已经如此，今天就更不要说了。

子曰：“质胜文则野，文胜质则史。文质彬彬，然后君子。” 6·18

1 见《孟子·离娄章句上》。

解释 “质”，资质、质地，“文”，文采、修饰，在一块木头上雕花，木头就是“质”，花就是“文”。

“野”是粗野、朴陋，“史”本义是书史，因为书史免不了粉饰、忌讳、隐恶扬善，所以“史”也有虚浮、华而不实的含义。

“文质彬彬”，前人解释为文质相半之貌，其实更确切一点说，就是文质配合得恰到好处的意思。

大意 孔子说：“质地胜过文采，就免不了显得粗野；文采胜过质地，就免不了显得华而不实。质地跟文采配合得恰到好处，才是一个君子应该有的样子。”

导读 粗野和虚华都不值得提倡，有人以粗野为豪放，有人以虚华为文雅，都是画虎类狗。今天中国社会民间多“野”人，学府多“史”人，彬彬君子太少了。虽然文明的发展基本上是沿着由“野”到“史”这一条路前进的，但走过头或走偏了就会带来祸害。世界上许多时髦理论，尤其是意识形态方面的理论，常常就是这种过头或走偏的东西。如果必不得已，要在“野”和“史”之间选择，则宁取“野”不取“史”。因为“野”近朴，“史”近伪，宁朴勿伪。

子曰：“人之生也直，罔之生也幸而免。” 6·19

解释 两个“也”都表句中停顿，“人之生”和“罔之生”是主语，“直”和“幸而免”是谓语，“罔”是不直，在这里指“不正直的人”，“幸而免”中的“而”字不是连词，而是助词，“幸而免”意为“侥幸地逃过灾难”，“免”是“幸免于难”，前面已经说过（参看 2·3，6·16）。

大意 孔子说："人靠正直活着，不正直的人，他们的活着只是幸免于难。"

导读 孔子这话有深意，人归根结底是要靠正直活着，要活得本真，那些不正直的人，弯弯曲曲不走正路的人，即使幸免于难，逃过惩罚，也是侥幸的，他们其实活得很艰难，心更累。

子曰："知之者不如好之者，好之者不如乐之者。" 6·20

解释 "好"，喜好，动词，读去声。"乐"，快乐，读本音，形容词作及物动词用，意动用法，"乐之"即以之为乐。这四个"之"字没有明确所指，可以指技艺，可以指道理，可以指学习，解释为学习较为妥当。

大意 孔子说："懂得的人不如喜好的人，喜好的人不如以此为乐的人。"

导读 "知之""好之""乐之"是学习的三种境界。"知之"是知道学习的重要；"好之"进一步，是在学习的过程中感到了学习的好处，产生了对学习的爱好；"乐之"则更进一步，乐在其中，离不开学习了。

每一个读书人大概都有这样的体会，小时候是从父母和老师那里知道读书的重要，所以才读书，这个时候读书还带几分勉强，谈不上喜欢。待到读书多了，才会逐渐感觉到求知的喜悦，慢慢爱上了读书。随着书越读越多，最后读书就成一种生活方式，以至于不可一日无此君，这个时候才会真正体会到"至乐莫如读书"。可惜只有很少的人进入了第三境界，大多数人到第一境界就止步了。

子曰："中人以上，可以语上也；中人以下，不可以语上也。" 6·21

解释 "中人"，中等智慧的人，"可以语上"句，"以"同"与"，下面省略了宾语"之"，所以"可以语上"就是"可与之语上"；"语"，动词，音 yù（遇），告诉，谈论；"上"，这里指上等知识、高深道理。

大意 孔子说："中等智慧以上的人，可以跟他谈论高深的道理，中等智慧以下的人，就不可以跟他谈论高深的道理。"

导读 孔子这里讲的中人，是指中等智慧的人，这可以从孔子说的"唯上知与下愚不移"（17·3）推论出来。孔子认为就智慧而言，人可以分成上知、下愚和中人三类。所谓"上知"，按孔子的说法是"生而知之者"，而孔子说自己"吾非生而知之者"，所以"上知"几乎没有。"下愚"则差不多等于白痴，这样的人也很少。那么世上大多数人都是一般人，都可以教育，也都需要接受教育。孔子这里讲的"中人以上"是一般人中资质偏上的，"中人以下"是一般人中资质偏下的，偏上的可以教给他高深的东西，偏下就不可以。这段话可以看作是孔子因材施教的理论基础。

樊迟问知，子曰："务民之义，敬鬼神而远之，可谓知矣。"问仁，曰："仁者先难而后获，可谓仁矣。" 6·22

解释 樊迟，名须，字子迟，孔子弟子，齐国人，少孔子三十六岁（一说少四十六岁）。

“问知”的“知”同“智”，“问知”就是问什么是智慧。

“务民之义”句，“务”的意思是努力、致力，“务民之义”按王肃、皇侃的解释是“务所以化道民之义”[1]，也就是“致力于寻求教化引导人民的办法”。

“敬鬼神而远之”中的“远”是形容词作动词用，旧读 yuàn（怨），意为疏远。“先难而后获”句，先努力后收获。

大意 樊迟问什么是智慧，孔子回答说：“致力于寻求教化引导人民的办法，既尊敬鬼神，又不迷信鬼神，这就是智慧。”樊迟又问什么是仁爱，孔子说：“仁爱的人努力在前（先为别人奉献），收获在后（然后自己才得到好处），这就是仁爱。”

导读 对鬼神采取尊敬但疏远的态度，是孔子思想中很值得我们注意的一点，孔子对鬼神既不完全否定，也不赞成迷信。不否定是因为鬼神之类的问题本来就不是人的理性可以证明或者证伪的，正如基督教之上帝，信者恒信，不信者恒不信，信者不能证明其有，不信者也不能证明其无。对待这样的问题，我们采取一种尊敬而不亲近的态度，其实是最明智的。而且这也是教化引导老百姓最恰当的办法，一方面它不反对神道设教，因而让人们有所敬畏；另一方面也不依靠鬼神，不迷信鬼神真可以解决人间的问题。。

至于“先难后获”，可能是孔子针对樊迟的缺点提出来的，但也是对许多总想不劳而获的人的一声棒喝。社会上总有那么一些人，做事不努力，老想投机取巧，不想为别人奉献，却想从别人那里得到利益，这

1 见何晏《论语集解》、皇侃《论语义疏》。

也是一种“不仁”。

子曰：“知者乐水，仁者乐山；知者动，仁者静；知者乐，仁者寿。” 6·23

解释 “知”同“智”。“乐水”“乐山”的“乐”是动词，音 yào（药），喜爱。后面“知者乐”中的“乐”是形容词，读 lè（勒），快乐。

大意 孔子说：“聪明的人喜爱水，仁爱的人喜爱山；聪明的人活泼，仁爱的人安静；聪明的人快乐，仁爱的人长寿。”

导读 这是孔子的一个观察，极有道理。它说明人性出于自然，人性可以跟自然打成一片。为什么“知者乐水，仁者乐山”？李泽厚说：“作为最高生活境界的‘仁’，其可靠、稳定、巩固、长久有如山；作为学习、谋划、思考的智慧，其灵敏、快速、流动、变迁有如水。”[1]智者洞察万物，所以快乐；仁者心理稳定，所以长寿。

子曰：“齐一变至于鲁，鲁一变至于道。” 6·24

解释 “变”，变化，在这里指进化，进步。“道”，大道，这里指孔子所憧憬的理想社会。

大意 孔子说：“齐国变一变可以到鲁国的样子，鲁国变一变就可

1 见《论语今读》。

以到理想社会了。”

导读 鲁国是周公所封的国家，鲁国统治者是周公的后代，所以鲁国的礼制比较完备，齐国则差一点。康有为说：“盖齐俗急功利，有霸政余习，纯为擄乱之治。鲁差重礼教，有先王遗风，庶近小康。拨乱世虽变，仅至小康、升平；小康、升平能变，则可进至太平大同矣。”[1]康的观点未必对，但可以帮助我们了解这一段话的意思。孔子的理想社会显然还是周文王、周武王的时代。

子曰：“觚不觚，觚哉！觚哉！” 6·25

解释 “觚”，读 gū（孤），古代的酒器。一个觚当时的容量是两升，古代的酒是淡酒，两升不多，所以觚有限制滥饮的意思，后来觚越做越大，孔子乃有此叹。

大意 孔子说：“觚不像个觚，还是觚吗？还是觚吗？”

导读 孔子的感叹显然不仅在觚，而是对当时名实不符的社会现象充满了深沉的忧虑。孔子认为要搞好政治，第一件要做的事就是“正名”。名实不符是引起社会混乱的总根，要治理社会就得先扭转名实不符的现象。关于这一点，请读者参看《子路篇》（13·3）的导读。

宰我问曰：“仁者，虽告之曰：‘井有仁焉。’其从之也？”

1 见康有为《论语注》。

子曰："何为其然也？君子可逝也，不可陷也；可欺也，不可罔也。" 6·26

解释 "虽告之曰"的"虽"意为如果、假令；"之"，指代前面的"仁者"。"井有仁焉"的"仁"不是"仁者"的"仁"，而是"人"的假借字；"焉"，语尾助词，有"于之""于此"的意思。

"其从之也"的"其"不是代词而是语气词，呼应前面的"虽"，有"那么"的意思；"也"在这里不是表示肯定，而是跟"其"配合，表示疑问。下句"何为其然也"的"也"也是跟前面的"何为"配合，表示疑问语气；"其然"，这样，那样。

"君子可逝也，不可陷也"句，"逝"，去、往；"陷"，落，这里的意思是跳下去。"逝""陷"在这里都是使动用法，意为"使之逝""使之陷"；"之"，指君子。

"可欺也，不可罔也"句，"欺"和"罔"的意思都是欺骗，但有细微的差别。朱熹《论语集注》说："欺，谓诳之以理之所有；罔，谓昧之以理之所无。"《孟子·万章上》说："君子可欺以其方，难罔以非其道。"就是说君子可顺着他的原则去骗他，但不能胡乱去愚弄他。

大意 宰我问孔子说："一个仁人，如果告诉他井里有个人在里面，那么他会跳下去救人吗？"孔子说："怎么会这样呢？一个君子，这话可以让他跑去证实，不能让他就糊里糊涂跳下去；你可以骗他，但不能愚弄他。"

导读 一个仁爱的人自然关心人、爱护人，但他并不是一个没有头脑的人，明知跳下去不仅救不了别人，还会赔上自己的命，这样的行为是没有意义的。孔子曾经在另外一个地方批评子路做事莽撞说："暴虎冯河，死而无悔者，吾不与也。必也临事而惧，好谋而成者也。”（7·11）也是同样的意思。

子曰：“君子博学于文，约之以礼，亦可以弗畔矣夫！” 6·27

解释 “君子博学于文”句，“博学”，广泛地学习；“文”，指一切典章制度，特别是见之于文字的东西，跟今天讲的“文学”“文章”不是一个意思。

“约之以礼”句，“约”，约束；“之”，代词，指“君子”，“约之以礼”就是用礼制约束自己。

“亦可以弗畔矣夫”句，“弗畔”，“弗”，不；“畔”，同“叛”。“弗畔”就是不背（道义）。“矣夫”，感叹词连用，“夫”读 fú（扶）。

大意 孔子说：“一个君子，广泛地学习各种文籍典章，并且用礼制来约束自己，也就可以做到不背离大道了。”

导读 这段话出现了两次，第二次在《颜渊篇》（12·15），除了少一个“君子”之外，其他没有变化。另外，颜渊也说过“夫子循循然善诱人，博我以文，约我以礼”。可见“博文约礼”是孔子在教育上的重要主张。

子见南子，子路不说，夫子矢之曰：“予所否者，天厌之！天厌之！” 6·28

解释 南子，卫灵公夫人。

“不说”即“不悦”。“矢”，发誓，“矢之”，为这件事发誓。

“予所否者”句，“予”，我；“否”，不，不是，不然；“所……者”，古人发誓时常用这种语式，有“如果……的话”之意。

大意 孔子见了南子，子路不高兴，孔子（向子路解释了自己的行为，然后）发誓说：“我如果不是这样的话，天会厌弃我！天会厌弃我！”

导读 南子是卫灵公的夫人，因美艳很得卫灵公的宠爱，在当时名声不大好。孔子到卫国的时候，南子主动要见孔子，孔子婉辞，南子坚持，最后孔子只好见了南子。这事引起了子路的不快，孔子跟子路解释自己的行为后，讲了这段话。

《史记·孔子世家》也有这件事的记载，比较详细，其文曰：“灵公夫人有南子者，使人谓孔子曰：‘四方之君子不辱欲与寡君为兄弟者，必见寡小君。寡小君愿见。’孔子辞谢，不得已而见之。夫人在絺帷中。孔子入门，北面稽首。夫人自帷中再拜，环佩玉声璆然。孔子曰：‘吾乡为弗见，见之礼答焉。’子路不说。孔子矢之曰：‘予所不者，天厌之！天厌之！’居卫月余，灵公与夫人同车，宦者雍渠参乘，出，使孔子为次乘，招摇市过之。孔子曰：‘吾未见好德如好色者也。’于是丑之，去卫，过曹。”

子路为什么不悦，是认为孔子不应该见这种名声不好的人，还是误会孔子也好色，孔子对子路是怎么解释的，我们从《论语》这段话看不出来，从《史记》这段记载也看得不太清楚。但从孔子批评卫灵公的话“吾未见好德如好色者也”，可见孔子并不是因为南子长得漂亮才去见南子的。南子名声不好，但她毕竟是卫国夫人，她坚持要见孔子，从礼仪上看，孔子是不能够坚决拒绝的。

子路是个直人、粗人，不论他的不悦是因为哪一个原因，但总之都是没有细心体会孔子的不得已之处。子路这个人有点像《水浒传》里的李逵，既可爱也粗鲁，弄得孔子像宋江一样，只好发誓以明心迹。

孔子发誓这个故事也说明了孔子的可爱，孔子居然会对弟子发誓，可见他并不以一个教主或者领袖自居，并不神化自己，并不搞个人崇拜，不是那种老虎屁股摸不得，一摸就要跳起来的人。孔子在另一个地方说："二三子以我为隐乎？吾无隐乎尔！吾无行而不与二三子者，是丘也。"（7·24）可见孔子对弟子的态度是民主的，在人格上是平等的，甚至连行为都是透明的。儒家不是宗教，孔子不是教主，孔子只是一个教师，中国传统上称孔子为"大成至圣先师"，应该说还是确切的。

子曰："中庸之为德也，其至矣乎，民鲜久矣。" 6·29

解释 "之"字无义，只起把句子化为词组的语法作用，"中庸为德"本来是一个句子，现在成了一个词组，在大句子中作主语。谓语部分是"其至矣乎"，"其"是表示推测的语气词，"至"是顶点的意思，是"美好之至"的至，不是到来的意思。二十四节气中的"夏至""冬至"就是这个"至"，许多人误以为是"夏天到了""冬天到了"。

"鲜"读 xiǎn（险），少，这里指缺少、缺乏。这句话又见《礼记》，只是末句多了一个"能"字，作"民鲜能久矣"。

大意 孔子说："中庸作为一种道德境界，大概是到顶了吧，人们很久都做不到这样了。"

导读 中庸是中国传统文化中一个重要的观念。其实不仅儒家提倡中庸，其他各家也有类似的论述。

“中庸”到底是什么意思？最有代表性的解释是两种，一种是把“中”解释为“中和”，“庸”通“用”，“中庸”就是“中和之为用”，这是郑玄在《礼记注》中说的。“中和”的含义见《礼记》正文：“喜怒哀乐之未发谓之中，发而皆中节谓之和。中也者，天下之大本也；和也者，天下之达道也。致中和，天地位焉，万物育焉。”另一种解释是把“中”解释为不偏不倚，“庸”的意思是平常。这是朱熹在《论语集注》中提出来的，原文是：“中者不偏不倚，无过不及之名；庸，平常也。”朱熹又引程颐的话补充说：“不偏之谓中，不易之谓庸。中者，天下之正道；庸者，天下之定理。”这两种解释没有本质的差异，宋以后多取第二种解释。用今天的话来讲，“中庸”就是适度，就是恰到好处；“中庸”就是把握正确的分寸，寻求最好的点；“中庸”就是永远走在大道的中间，既不左，也不右。

“中庸”是最高境界，这在今天的中国人听起来会觉得奇怪。许多年来，“中庸”一直被解释为折中主义、滑头主义、没有立场；或甘居中流，不求进取，而受到无数的批判，尤其在“文化大革命”中。这是一种有意的曲解，是中国近百年来社会思潮不断“左倾”的反映。其实只要我们抱着一种平实的、理性的态度，不需要借助任何玄之又玄、高而又高的理论，就很容易明白“中庸之为德也，其至矣乎”的道理。试想，如果我们大至治国理政，小至立身处世、待人接物，一切都能把握正确的分寸，做到恰到好处，从容中道，既不左，也不右，既不过，也不不及，岂非最佳？还有比这更高的境界吗？

子贡曰：“如有博施于民，而能济众，何如？可谓仁乎？”子曰：“何事于仁，必也圣乎！尧舜其犹病诸！夫仁者，己欲

立而立人，已欲达而达人。能近取譬，可谓仁之方也已。” 6·30

解释 “如有博施于民，而能济众”句，“博”的意思是广博，“施”的意思是施恩、施惠，“博施于民”就是给大多数老百姓带来好处。“济”是救济，“济众”就是帮助大家渡过难关，改善生活。

“何事于仁，必也圣乎”句，“何事于”在这里的意思等于“何止于”；“必也圣乎”中“也”“乎”都是语气词，“也”表示肯定，“乎”表示感叹。

“尧舜其犹病诸”句，“其”，也是语气词，表示推断，前面已经见过。“病”在这里是动词，由疾病的本意引申为“忧虑”“为难”“不易做到”的意思，人有病就忧虑，做事就为难，这很好理解。“诸”是“之”“乎”两个字的合音。“尧舜其犹病诸”就是“尧舜其犹病之乎”，“之”是代词，指代前面所说的“博施于民，而能济众”这样的事，作“病”的宾语。

“己欲立而立人，己欲达而达人”句，“立”是建立、树立的意思，是“建功立业”的立，“达”是发达、闻达的意思，是“富贵发达”的达。要注意两个“立”字用法不一样，前一个“立”是不及物动词，后面没有宾语，后面一个“立”字作及物动词用，是使动用法，后面有宾语“人”，意思也变了，变成“使人立”的意思。两个“达”字的用法跟“立”字一样。

“能近取譬，可谓仁之方也已”句，“近取譬”就是从身边的事情推到远方的事情，“譬”是譬喻，“取譬”就是用这个作比方，来推测别的东西。“仁之方”意思是行仁的方法、途径。“也已”中“已”同“矣”，两个虚词连用，既是判断，也是陈述，语气就比只用一个更为丰富而婉转。

大意 子贡问孔子说：“一个人如果能够广施恩惠，给大多数老百姓带来好处，这样的人可以叫作仁吗？”孔子说：“这样的人，岂止是仁人，一定是圣人啊。尧舜恐怕都还难做到这样吧！一个有仁心的人，不仅自己想要在社会上好好立足、事业发达，而且还想帮助别人也能立足、也能发达。能够从身边的事情推到远方的事情，就是行仁的方法了。”

导读 我上面说过，“仁”是一个道德概念，本质上是一种主观的精神境界，跟客观条件和行仁者的能力大小无关，因此也就是每一个人都可以做到的。子贡把仁看得很神圣，很高大，很难做到。但是子贡对仁的认识显然有偏差，他过多地从效果来看问题，其实“仁”的本质更多地体现在动机上，当然如果动机是行仁，而行仁者又是一个能力很高强的人，因而行仁的效果也非常伟大，那自然更好。所以接下去孔子说“仁”没有那么难，只要能做到“己欲立而立人，己欲达而达人”就行了。每一个人都希望做一番事业，能在社会上好好立足，最好是事业发达，声名远播，也就是“己欲立”“己欲达”。一个人这样想是应该的，但如果这个人不仅自己这样想，还希望并且帮助别人也能立足、也能发达，这就叫“立人”“达人”。这样由近及远，推己及人，就是行仁的方法。可见行仁并不是那样困难，也不一定要建立丰功伟业，只要有爱人之心，平等待人之心，视人如己之心，就可以了。

述而篇第七

子曰："述而不作，信而好古，窃比于我老彭。" 7·1

解释 "述而不作"，"述"是传述，传承既往，"作"是创作，创立新说。"信而好古"，信古而好古，"好"读 hào（浩）。

"窃比于我老彭"句，"窃"是谦辞，有不敢自信的意思，白话文中已经没有相对应的词，勉强只能译成"内心里""私下里"。"老彭"，一说指老子、彭祖，一说老彭是商代的贤大夫，因为孔子也是商人的后裔，所以称"我老彭"。也有的本子"我"字在"于"的前面，作"比我于老彭"，我觉得这个次序比较合理。[1]

大意 孔子说："我只传承阐述旧的东西，自己不创立新的，我相信而且喜好传统，我觉得自己跟老彭一样。"

导读 老彭到底指谁不重要，重要的是孔子对自己的描述："述而不作，信而好古。"孔子是前此中国文化的集大成者，儒家所谓"祖述尧舜，宪章文武"，孔子说"述"就是这个意思。但"不作"却是孔子的谦虚，实际上，孔子在"述"的同时，已经对到那时为止的中国文化

1 关于这一条的解释，有很多分歧，主要集中在"老彭"到底指谁上，有兴趣的朋友可以参考黄怀信主撰的《论语汇校集释》本条所引各家之说。

做了很大的整理与改造，主要是把迷信鬼神崇拜上帝的夏商文化改造成为重人文重理性的周文化。这个改造，始自文王、周公，到孔子手上才成为一个完整自洽的意义系统。这就是孔子的“作”。

“信而好古”其实也一样，既是孔子的自述，也是孔子的自谦。孔子并非一味复古，我们不妨说孔子是以复古为革新。以复古为革新，在中国历史上发生过好多次，都是把自己的理想假托为“古”，这样复古的结果就是创新了。所以康有为说孔子是“托古改制”，孔子大概是以复古为革新或说托古改制最早的一个人吧。

子曰：“默而识之，学而不厌，诲人不倦，何有于我哉？” 7·2

解释 “默而识之”就是默默思考，记在心里，“识”读 zhì（志），通“志”“誌”，记的意思；“学而不厌”就是不断学习，永远不满足，“厌”，正体作“厭”，通“饜”，满足之意，吃饱了就叫“饜”。“诲人不倦”，教诲别人不觉得厌倦，“诲”，教。

“何有于我哉”，“何有”为“不难之词”，前面已经见过。“何有于我哉”直译就是“对我有什么困难呢”，但我认为译成白话不如说“对我难道是困难的事吗”“我难道连这个都办不到吗”，更能得其神髓。

大意 孔子说：“默默思考记在心里，不断学习永不满足，教导别人从不厌倦，这三样我难道办不到吗？”

导读 “默而识之”是对宇宙不断地观察、探索、领悟。“学而不厌”是永不满足地追求人生的大道，这里的“学”还是学道、学为人，不只是读书、学知识。“诲人不倦”就是不断地与别人，特别是年轻人分享生命的体悟。一切读书人，尤其是教师，都应该悬此三语为终身座右铭。

子曰：“德之不修，学之不讲，闻义不能徙，不善不能改，是吾忧也。” 7·3

解释 “德之不修”就是“德不修”，“之”字只是取消句子的独立性，同时还起到补足语式、舒缓语气的作用。“学之不讲”结构相同，这个“学”的含义跟上段“博学于文”的“学”差不多。

“闻义不能徙”是说懂得了“义”（正义、正当合理），却不能践行，“徙”是迁移，从这里移到那里，言下之意就是本来不懂得“义”在哪里，现在知道了却又不能够移转过去。

大意 孔子说：“德行不修养，学问不讲练，懂得义理却不能践行，不好的行为不能改正，这些是我所忧虑的。”

导读 这段话实际上就是孔子教导弟子修行的功课，这功课就是：一进德，二修业，三践道，四改过。这功课是要天天做、毕生做的。

子之燕居，申申如也，夭夭如也。 7·4

解释 “子之燕居”的“之”，无义，只有语法作用，跟前段“德之不修，学之不讲”句式一样；“燕居”，平时闲居。

“申申如”“夭夭如”，古文中形容词后面加“如”相当于白话文中的“……的样子”，“申申”，齐整而舒畅；“夭夭”，悠闲不紧张。

大意 孔子平常闲居的时候，看上去齐整而舒畅的样子，又很悠闲自在的样子。

导读 居家贵在适意，但也不应该邋遢、脏乱。像魏晋时代“七贤”“八达”那种过分放荡、全无检束的态度，孔子肯定是不赞成的。

子曰：“甚矣吾衰也！久矣吾不复梦见周公。” 7·5

解释 两个句子都是倒装句，谓语部分“甚矣”“久矣”移到句子的前面了。

大意 孔子说：“我衰老得太厉害了！我很久没有梦见周公了。”

导读 周公是孔子的偶像，是孔子最敬服的古人，孔子说久未梦见周公，可能含有感叹体力衰退不能继续前进之意。今天还把睡觉说成“梦周公”就是从这里来的。

子曰：“志于道，据于德，依于仁，游于艺。” 7·6

解释 “志”者，心之所之，就是“吾十有五而志于学”的“志”。“道”在这里指的是大道，是人生意义、社会价值、宇宙真谛，而非指办任何具体事情的方法途径，是“朝闻道夕死可矣”的“道”，因此是人一生始终要追求的。

“据”，据守，坚持。“德”，德行。“依”，依靠、依傍，“依于仁”就是孔子说过的“君子无终食之间违仁，造次必于是，颠沛必于是”（4·5）。“游”是“游心”的“游”，也是“优游”的“游”；“艺”指“六艺”，即礼、乐、射、御、书、数，是孔子教学生的六门功课，也是当时的士应该掌握的六种技艺。

大意 孔子说：“把道作为终生追求的目标，坚守良好的品德，始终不离开仁爱，熟练地掌握六艺，并在其中游养自己的精神。”

导读 这段话可以看作是“夫子自道”。志道、据德、依仁、游艺，是孔子对自己的人生追求和生活方式的简要描述，也是每一个读书人应当追求的理想人生。除了“艺”会因时而异，或说与时俱进以外，其他都是可以适用于任何时代的。

子曰：“自行束脩以上，吾未尝无诲焉。” 7·7

解释 “束脩”历来有两解，一是解释为一束（通常是十条）干肉，“脩”即干肉，一束干肉是当时最起码的见面礼；二是解释为束带修容，“脩”是动词，同“修”，古人习惯，十五岁开始要束带修容，表示已经脱离童稚阶段。

大意 A. 孔子说：“凡能主动送一束干肉以上的，我没有不加教诲的。”（按第一解）

B. 孔子说：“凡是十五岁以上的，我没有不加教诲的。”（按第二解）

导读　这两种解释都有道理，也都有根据（参看黄怀信《论语汇校集释》）。按第一种，孔子强调的是，你要主动表示求教的诚意，我才能教你，因为一个自己不想求教的人是没法教的。按第二种，孔子强调的是他不教小孩子，只教十五岁以上的，因为十五岁以上的人，才有追求人生意义的愿望，这种对人生意义的追求才是孔门“求学”一词的真实内涵，所以孔子说自己是“吾十有五而志于学”。我认为第一解更合理，如果是第二解，凡是十五岁以上的人，孔子都加以教诲，恐怕会忙不过来。

子曰：“不愤不启，不悱不发。举一隅不以三隅反，则不复也。”　7·8

解释　“不愤不启，不悱不发”句，按朱熹的讲法，“愤”是心里反复思考想找答案而找不到的状态，“悱”是想要表达而表达不出来的状态[1]，“启”和“发”都是启迪的意思。

“举一隅不以三隅反”句，“隅”就是角落，一个房子有四个角，我告诉你这是一个角落，你还不知道另外三个也是角落，这就叫“举一隅不以三隅反”，“反”同“返”，今天还在用的成语“举一反三”就出自这里。

大意　孔子说：“一个人不到想来想去想不通的时候，我不会去点拨他；一个人不到想说又说不出来的时候，我不会告诉他怎么说；一个人如果我告诉他一个角落，他还不知道另外三个也叫角落，我就不再教了。”

1　见《论语集注》。

导读 孔子教人，重视启发，“启发”一词就是从这段话而来。“启发”跟“灌输”相反，“启发”是受教者有了思考的基础，有了求知的要求，教育者才给以指点；“灌输”是受教者没有主动要求，而教育者强行加给他，其极致就是“洗脑”。“启发”事半功倍，“灌输”事倍功半，“洗脑”则令人反感。

子食于有丧者之侧，未尝饱也。 7·9

解释 “有丧者”，正在办丧事的人。

大意 孔子在办丧事的人旁边吃饭，从来没有吃饱过。

导读 孔子是很有同情心的人，同情心就是仁的表现。

子于是日哭，则不歌。 7·10

解释 “是日”，这一天。

大意 孔子如果在这一天哭过，就不唱歌了。

导读 孔子热爱音乐，音乐是孔子教学生的“六艺”之一。从这一条记载可以看出，孔子（和他的学生们）大概是天天都要弹琴唱歌的，除非哪一天发生了很令人悲伤的事。所以后世常常用“弦歌不辍”来形容儒门气象。

同一天哭过就不唱歌，则说明孔子之为人，性情诚笃，喜怒有常。

子谓颜渊曰："用之则行，舍之则藏，惟我与尔有是夫！"子路曰："子行三军，则谁与？"子曰："暴虎冯河，死而无悔者，吾不与也。必也临事而惧，好谋而成者也。" 7·11

解释 "用之则行，舍之则藏"句，"用"，任用；"舍"，不用；"行"，实行，这里指实行自己的理想；"藏"，收藏，与"行"相对，指怀抱理想而不施行于世；"之"在这里指自己。

"惟我与尔有是夫"句，"惟"同"唯"；"是"是代词，意为这个，指上文"用之则行，舍之则藏"的品德。"夫"音 fú（扶），句尾语气词。

"子行三军"句，"行"是"行令"的行，意为统率；"三军"，即军队，周朝的制度是天子六军，诸侯三军，一军为一万二千五百人。"谁与"，即"与谁"，代词宾语前置。"暴虎"，徒手搏虎；"冯河"，空手渡河（没有任何凭借），"冯"音 píng（凭），通"凴"（即"凭"的正体）。

"临事而惧，好谋而成"句，"好"读 hào（浩），喜好，全句意为：面对要做的事心里谨慎畏惧，仔细谋划把事办成。

大意 孔子对颜渊说："用我就发挥自己的才干，不用我就把才干藏起来，能做到这样的只有我跟你吧。"子路说："如果老师有机会统率三军，那你会跟谁一起去呢？"孔子回答说："那种徒手打虎、空手渡河，死了都不后悔的人，我是不跟他共事的，我一定要跟那种碰到事情谨慎小心、仔细策划以求成功的人一起干事。"

导读 从《论语》的有关记载看来，子路是一个很勇敢的人，但是又容易冲动，缺乏谋略。孔子一方面欣赏他的勇敢，一方面又担心他有勇无谋、冲动坏事，所以常常给他泼泼冷水，让他头脑清醒一点。

子曰："富而可求也，虽执鞭之士，吾亦为之。如不可求，从吾所好。" 7·12

解释 "执鞭之士"，古代战车上驾车的武士，泛指地位很低的士。"从吾所好"，"从"，听从，顺从；"所好"，喜欢的事，"好"，读 hào。

大意 孔子说："财富如果可以求到的话，就是做驾车的武士我也干；如果不是可以求到的，那就干我自己喜欢的事吧。"

导读 孔子这话重点其实是最后一句：干我自己喜欢干的事。前面的话无非是说，财富是人人喜欢的，我也并不例外，只是这东西不是诚实劳动就可以得到的，多半要通过不太正当不太光彩的手段才能得到，而这样做我是不屑的。

今天时代变了，社会也变了，可能有很多人不赞成孔子的话，觉得财富是可以用正当的手段求到的。也许是吧。但看看今天我们社会上，那些家财万贯的人，到底有几个在发财的道路上真的是光明正大问心无愧的呢？好像还是不多。所以至少我个人是宁愿奉行孔子的话，不为发财（当然起码的温饱除外）去浪费我的精力，还是做自己喜欢做的事情要紧。

子之所慎：齐，战，疾。 7·13

解释 “齐”同“斋”，斋戒，就是祭祀前净身、静心。

大意 孔子很小心谨慎对待的事情是：斋戒、战争、疾病。

导读 这三件是古人，尤其是古代贵族，一生中可能面临的最重大的事情，自然不能不小心谨慎。在重大事情面前保持敬慎态度是一个君子的重要修养，很多人败事就败在态度轻慢上。

子在齐闻《韶》，三月不知肉味，曰：“不图为乐之至于斯也。” 7·14

解释 “不图”，不料，没想到。“为乐之至于斯”是“不图”的宾语，中间的“之”用来取消句子的独立性。“为乐”，作为音乐，“乐”读 yuè（月）。“至于斯”，到达这个地步，到这个程度。

大意 孔子在齐国听到《韶》乐，好几个月都不知道肉是什么味道，说：“想不到作为音乐，《韶》可以到达这样美妙的程度。”

导读 孔子对《韶》的赞美，还可参看《八佾篇》第 25 条。

冉有曰：“夫子为卫君乎？”子贡曰：“诺，吾将问之。”入，曰：“伯夷、叔齐何人也？”曰：“古之贤人也。”曰：“怨乎？”曰：“求仁而得仁，又何怨？”出，曰：“夫子不为也。” 7·15

解释 “为”读wèi（未），帮助，支持，赞成，站在……一边。下面“不为”的“为”同此。“怨”，怨恨，怨悔。

大意 冉有说：“老师会赞成卫君吗？”子贡说：“好，我去问问。”于是进去问孔子：“伯夷、叔齐是什么样的人？”孔子说：“是古代的贤人。”子贡说：“他们会怨悔吗？”孔子说：“他们求的是仁，也得到了仁，有什么可怨悔的呢？”子贡从里面出来，对冉有说：“老师不赞成卫君。”

导读 这里牵涉到一段故事。卫灵公死的时候，太子蒯聩因为得罪南子被灵公逐出，此时在晋国，于是一部分臣子就拥立了蒯聩的儿子辄为君，是为卫出公。但另一部分臣子则要迎蒯聩回国，辄派兵阻止。这里说的卫君就是卫出公辄。孔子称赞孝顺父亲、互相推让君位的伯夷、叔齐，自然不会赞成以子拒父的卫出公。中国历史上因争夺王位而父子成仇、兄弟相残的例子不胜枚举，显然都不是儒家教出来的。

子曰：“饭疏食饮水，曲肱而枕之，乐亦在其中矣。不义而富且贵，于我如浮云。” 7·16

解释 “饭”在这里作动词，是吃的意思，“疏食”是粗糙的食品，“疏”是粗疏的疏。“肱”读gōng（工）是手臂，“曲肱而枕之”就是把手臂弯起来当枕头睡，“曲”和“枕”都用如动词。

大意 孔子说：“吃粗糙的食品，喝点白水，弯起手臂来当枕头睡，这里面也有乐趣。做不义的事而得到财富和地位，对于我来讲，就像浮云一样（没有意义）。”

导读 孔子这段话今天仍然有供我们仔细思考的价值。快乐和幸福从哪里来？主要不是从物质生活来，而是从精神生活来。简陋的物质生活也可以有快乐，而低下的精神境界则注定与快乐无缘。现代社会物质丰富，一般的人并不缺衣少食，但很多人却感到并不快乐，原因何在？有人觉得是因为自己不够富裕，没有地位，以为一旦得到这些，就会快乐了，因而不择手段地去追求，哪怕得来的富贵明明是不正当的，也在所不计。一个人这样"富且贵"了，就真会快乐吗？可惜不是。否则就不会有富人自杀、官员跳楼了。

子曰："加我数年，五十以学《易》，可以无大过矣。" 7·17

解释 "加我"等于说"给我"。

大意 孔子说："再给我几年，到五十岁学好《周易》，这一辈子应该不会有什么大的过错了。"

导读 这段话的解释历来分歧很多，为了避免烦琐，这里就不讨论了。我以为最值得我们思考的是孔子这种活到老学到老的精神，孔子说这话的时候应该是四十多岁了，还有那样旺盛的求知欲，学习对于他显然完全是生命本身的必须，是不断完善自我的必须，这里不存在任何身外的功利目的。同时这段话也告诉我们，哪怕像孔子这样一个古今中外少见的智者，也不是天生的完美圣人，而是通过毕生不断的努力学习，才一步一步地达到"从心所欲，不逾矩"的境界的。

子所雅言，《诗》《书》；执礼皆雅言也。 7·18

解释 “雅言”等于后世说的“官话”、今天的“普通话”，不过，这里的“雅言”是名词作动词用，意为“用官话讲”。“所雅言”，所字结构，指“雅言”的内容。

本段标点一般都作：“子所雅言，《诗》《书》、执礼，皆雅言也。”这样标点有几个问题，第一，两个“雅言”重复，这么短的一句话就重复两个“雅言”是奇怪的；第二，《诗》《书》、执礼三者并列起来也很奇怪，《诗》《书》是名词，“执礼”则是动宾结构[1]。第三，“皆雅言也”的“皆”显得多余。其实这个“皆”是指执礼的整个过程都用雅言，这样后面的第二个“雅言”也就必要而不重复了。我们如果补几个词，这句话的意思就更显豁了：“子所雅言（者），《诗》《书》，（而）执礼（时，则）皆雅言也。”[2]

大意 孔子用官话讲的，是《诗》和《书》，他执掌礼仪的时候整个过程都用官话。

导读 中国各地都有自己的方言，方言和方言之间差别很大，妨碍交流，所以每一个时代都有一种以首都方言为基础所构成的官话，也就是这里说的“雅言”。孔子是山东人，学生也大多是山东人，可以想见

1 杨逢彬《论语新注新译》认为《诗》前有“诵”，《书》前有“读”，探下文“执礼”的“执”而省，这种“省”法找不到别的例。

2 俞樾《群经评议·论语平议》云：“《论语》文法简质，此章既云‘子所雅言’，又云‘皆雅言也’，于文似复，盖由经师失其读矣。此当以《诗》《书》断句，言孔子诵《诗》读《书》无不正言其音也。‘执礼’二字自为句，属下读。执礼，谓执礼事也。周官太史曰：‘凡射事，执其礼事。’《礼记·杂记》曰：‘女虽未许嫁，年二十而笄礼之，妇人执其礼。’皆‘执礼’之证也。孔子执礼之时，苟有所言，如《乡党》所记‘宾不顾矣’之类，皆正言其音，不杂以方言俗语。故曰‘执礼皆雅言也’。《诗》《书》或诵读或教授，弟子若执礼自为一事，故别言之耳。”按俞氏之说是，当从。

平时他们讲话甚至讲学，大概都是用的山东方言。这段记载说孔子诵讲《诗》《书》的时候用官话，在执掌礼仪的时候，例如祭祀之类，则从头至尾用官话。

叶公问孔子于子路，子路不对。子曰："女奚不曰，其为人也，发愤忘食，乐以忘忧，不知老之将至云尔。" 7·19

解释 叶公，叶地的长官，成语"叶公好龙"之叶公即此人。叶，旧读 shè（射），在今河南叶县南。

"其为人也"，此语常见于古文，直译是"他的为人啊"，白话文一般会说"他这个人啊"，"为人"指一个人的所作所为，"也"表示句中停顿。"云尔"，"云"即说，"尔"同"耳"，古文中常在一段引语之后结以"云""云云""云尔"，意为"这样说"，白话文可以不译。

大意 叶公向子路了解孔子，子路没回答。孔子对子路说："你为什么不说，他这个人啊，勤奋得忘了吃饭，快乐得忘了忧愁，不晓得很快就要老了。"

导读 这也是千古名句。"随心所欲，不逾矩"是孔子晚年的精神境界，"发愤忘食，乐以忘忧，不知老之将至"则是孔子晚年的自画像。一个人这样活才是真正的不枉此生，功名利禄何足道哉！

子曰："我非生而知之者，好古，敏以求之者也。" 7·20

解释 “好古”，喜欢古代的东西，主要指文化传统，“好”，读 hào（浩）。“敏以求之”，“敏”，勤勉。“以”是连接动词“求”和状语“敏”的连词，白话文在这样的地方通常用“地”。“之”，代词，指代“好古”的“古”。

大意 孔子说：“我不是一个生来就懂得的人，而是喜好古代的文化传统，并且勤勉地去追求的人。”

导读 有没有生而知之者，孔子没有否定，只是说自己不是。但既然连孔子都不是，恐怕是没有这样的人了，至少历史上没有记载过这样的人，我们自己的经验也告诉我们这样的人不存在。

子不语怪、力、乱、神。 7·21

解释 “怪”，怪异、妖异，不正常的现象。“力”，暴力、勇力、武力，不讲道德只讲力量的现象。“乱”，叛乱、悖乱，违反伦理的现象。“神”，鬼神、神灵，种种迷信现象。

大意 孔子不谈怪异、暴力、悖乱、鬼神。

导读 这句话比“敬鬼神而远之”的态度更进了一层，这表明孔子的思想基本是人文主义的，他不提倡一切非人文的东西，他关注的是此岸、是现实、是常态、是人情人理，对其他与此相悖或无关的东西，他采取的是不正面否定也不加以讨论的态度。庄子曰：“六合之外，圣人存而不论。”[1]可说是对孔子思想中肯的概括。

子曰：“三人行，必有我师焉。择其善者而从之，其不善者而改之。” 7·22

解释 “三人行”，几个人一起走，“三”在古文中常常用来表示多，不一定刚好是三。“必有我师”，一定有我的老师，这个老师不是教我的老师，而是指有可供我师法、借鉴之处的人。

大意 孔子说：“几个人一起走，其中一定有可以供我借鉴的人。我选好的学习，不好的就改掉。”

导读 孔子在别的地方说过：“见贤思齐焉，见不贤而内自省也。”（4·17）“见善如不及，见不善如探汤。”（16·11）跟这里的“择其善者而从之，其不善者而改之”显然就是一个意思。于是也就可以理解孔子说的“师”其实也包括不贤不善者，他们也为我提供了反省、改善的镜子，有如我们今天说的“反面教员”。

子曰：“天生德于予，桓魋其如予何？” 7·23

解释 桓魋，即向魋，因是宋桓公之后而称桓魋。“其如予何”句，“其”是加强语气词；“如……何”这个结构我在前面讨论过，相当于白话文“把……怎么样”；“予”，我。

1 见《庄子·齐物论》。

大意 孔子说："老天把德赋予了我，桓魋能把我怎么样呢？"

导读 孔子在宋国的时候，时任宋国司马、掌管军队的桓魋曾有不利于他的行为，此言因此而发。

这里的"德"有先天赋予的味道，而且这个"天"似乎是有意志的，合起来就有一种宗教性的神秘感。李泽厚说："这章常被后人引为孔子负有某种神秘使命或具有某种神秘'圣性'，自有上天保护，因此不怕。其实这不过一句普通壮胆的话罢了，何必如此刻板解说，把孔子神化？由某种责任感而生的历史使命感，从而设信有某种客观规律在，即此种'壮胆的话'的由来，用以自勉自励，亦孟子'虽千万人吾往矣'的大无畏气概也。"[1] 这是唯物主义者的解释，可备一说。

但是我们也不应该忘记，孔子还说过："文王既没，文不在兹乎？天之将丧斯文也，后死者不得与于斯文也；天之未丧斯文也，匡人其如予何？"（9·5），实在跟这句话同一神髓。虽然我们也同样可以用"壮胆"来解释，但我宁愿相信孔子并不那么唯物，孔子心目中的"天"还保有夏商时代残留下来的"上帝"的意味，而孔子对自己的使命也有某种近乎神秘的自我觉醒。人是复杂的，孔子虽然致力于用理性来重新诠释夏商以来的礼乐传统，但恐怕不能说孔子就完全摆脱了过去礼乐传统中的神巫意识，事实上孔子也并没有完全否定神秘的存在，只是不论而已。

子曰："二三子以我为隐乎？吾无隐乎尔！吾无行而不与二三子者，是丘也。" 7·24

1 见《论语今读》。

解释 “二三子”，指学生们，这似乎是《论语》中一种表示亲切的说法。“隐”，隐瞒。“以”，认为。“乎尔”，“乎”和“尔”都是语气词，连用在这里，义略同“耳”。

“无行而不与二三子者”，“无”，没有；“行”，做事，“行而不与二三子”修饰“者”，“行而不与二三子者”整个词组相当于一个名词，作“无”的宾语。“是丘也”的“是”为代词，作主语，不是白话文中的系词“是”。

大意 孔子对学生们说：“孩子们，你们以为我对你们有什么隐瞒吗？我没有什么隐瞒啊！我没什么事情不是跟你们一起做的，这就是我呀！”

导读 这段话最能看出孔子的伟大人格。孔子是光明磊落、真实无欺的一个人，他既不假装生来就知道、什么都知道，也从不故弄玄虚，故作神秘。所以儒家学说不是宗教，孔子不是教主。从一方面看，孔子是常人所不能及的；但从另一面看，孔子又是每一个普通人都能学习、仿效的。这就是孔子的伟大之处，也就是儒家常说的“极高明而道中庸”。

子以四教：文，行，忠，信。 7·25

解释 “文”指古代留下的典籍，不是我们今天讲的文学、文章。“行”指操行。“忠”“信”前面已经说过。

大意 孔子从四个方面来教导学生：典籍，操行，忠实，诚信。

导读 教育的内容，古今不尽相同，因为时代在进步，社会在变化，但是教育的根本精神，古今中外都是一致的，无非就是通过教育，使人的本性与潜力得到充分发挥，变成更完美的人。孔子教人“文、行、忠、信”，现在教育提倡“德、智、体、美”，都是朝向这个目的。可惜我们中国今天的教育太偏重智育，只相当于孔子四育当中的“文”，最缺的是德育，“行”“忠”“信”都不大有人提及了。

子曰：“圣人，吾不得而见之矣！得见君子者，斯可矣！”子曰：“善人，吾不得而见之矣！得见有恒者，斯可矣！亡而为有，虚而为盈，约而为泰，难乎有恒矣。” 7·26

解释 “得而见之”的“得”是得到机会的意思。“亡而为有”的“亡”，音、义皆同“无”。“约而为泰”的“约”是穷困，“泰”是安泰。“难乎”已见（6·16），“有恒”的“恒”是恒常的意思，就是有操守，不会变来变去。

大意 孔子说：“圣人我是没有机会看到了！能看到君子，就可以了！”孔子又说：“善人，我是没有机会看到了！能看到有操守的人，就不错了！没有而冒充有，空虚而冒充充实，穷困而冒充安泰，这就很难说是有操守的了。”

导读 孔子这话拿到今天来说，好像更加贴切。哀哉！

子钓而不纲，弋不射宿。 7·27

解释 “钓而不纲”的“纲”是网上的大索，这里指捕鱼的大网。“弋不射宿”的“弋”是带丝的箭，“宿”指宿鸟，就是睡在窝里的鸟。

大意 孔子钓鱼只用钓钩不用大网，射鸟不射睡在窝里的鸟。

导读 孔子钓鱼射鸟显然意不在得鱼得鸟，而是一种消遣娱乐。用大网是想把鱼无论大小一网打尽，孔子觉得这样太残忍，所以不用。睡在窝里的鸟可能正在孵卵，所以不忍射；即使没有孵卵，也有偷袭之嫌，君子不为。有爱心的人不但爱人，还会推而广之，爱及动物，今天环保主义者应当最能够认同这一段。

子曰：“盖有不知而作之者，我无是也。多闻，择其善者而从之，多见而识之，知之次也。” 7·28

解释 “盖有不知而作之者”句，“盖”，表示推测的语气词，多用在句首，相当于白话文中的大概、也许；“不知而作之”修饰“者”字，构成一个名词性词组，作“有”的宾语；“不知而作”，不懂得却妄作，这个“作”是创作、创立新义，也就是孔子说自己“述而不作”的那个“作”。

“多见而识之”句，“识”读 zhì（志），是记的意思，本句和上句互文见义，即“多见，择其善者而识之”。

“知之次也”句，“知”同“智”，全句意为：（这是）次一等的智慧。

大意 孔子说：“大概有不知就妄作的人吧，我不是这样的。多多地听，选择好的照着做，多多地看，选择好的记住它，（这样虽然赶不上生而知之的人）也算是次一等的智慧吧。”

导读 孔子认为或许有生而知之的人，不过他自己不是这样的人，他是靠不断地学习，不断地增广自己的见闻，从中加以选择，逐渐使自己变成一个智慧的人。但这个世界上却总有一些人不是这样，既非生而知之者，又不肯努力求知，却大着胆子妄自创立“新说”，这是孔子很反感的。

互乡难与言。童子见，门人惑。子曰：“与其进也，不与其退也，唯何甚？人洁己以进，与其洁也，不保其往也。” 7·29

解释 互乡，地名，传说这个地方风俗坏，好人少，很难沟通。“童子见”的“见”读 xiàn（现），意为（互乡的）童子来求见孔子，孔子见了他。“与其进”的“与”意为赞许，下面两个“与”同。“不保其往”的“保”是担保、保证的意思；“往”是过往，过去。

大意 互乡这个地方风俗坏，人不好，很难沟通。有个年轻人来求见孔子，孔子见了，孔子的学生对此不解。孔子说：“我是赞许他（来见我）有求进步的意思（所以见他），不是赞许他的退步，何必（拒之门外）做得那么过分呢？人家抱着一片洁身自好的心情来见我，我是赞许他的洁身自好，并不担保他从前做得怎么样。”

导读 此段可见孔子对人没有成见，纯然一片与人为善之心。只要一个人有向上之心，就赞许他，帮助他，而不计较他的过去。

子曰：“仁远乎哉？我欲仁，斯仁至矣。” 7·30

解释 “乎”和“哉”都是文言中放在句尾表疑问的虚词，“乎”是一般的疑问，“哉”则是反问，且带有感叹的味道。这里“仁远乎哉”也可以说成“仁远乎”，加个“哉”字语气就更强烈了，如果只说“仁远乎”，那就相当于白话的“仁远吗”，如果加上“哉”，就含有“仁难道很远吗”这样的意思了。

“斯仁至矣”句，“斯”字在文言中可以是代词，意思是“此”，但也可以是一个连接性副词，表示前后的事有某种因果关系，可以译作那么、就，相当于英文中的“then”。“斯”在这一句当中就是后一种用法。

大意 孔子说：“仁难道离我们很远吗？只要我想行仁，仁就到了。”

导读 孔子从不轻易以仁许人，这样一来就给人一个印象，觉得仁是高不可攀的，甚至是做不到的，但孔子的真正意思是，仁并不难，只是很少有人真正愿意行仁，所以达到仁的境界的人就很少了。其实仁本质上是一种主观的精神状态，跟客观具备的条件无关，甚至也跟一个人的能力大小无关，你要爱人，对人好，对人平等，视人如己，谁能阻止你吗？所以问题不是能不能，而是你想不想。

孔子的话非常平易、非常亲切，但也是一声棒喝。太多的人喜欢寻找种种理由为自己不做好事、不做好人辩护，好像自己之所以不能行仁，都是因为别人不好，社会不好，却不从自己身上找原因。一个人总想从别人那里得到好处，总希望什么事情都对自己有利，为了自己的利益而不顾别人，那当然离开仁的境界越来越远了。如果你真心实意地与人为善，为别人着想，谁能不让你这样想这样做呢？

陈司败问：“昭公知礼乎？”孔子曰：“知礼。”孔子退，

揖巫马期而进之，曰："吾闻君子不党，君子亦党乎？君取于吴，为同姓，谓之吴孟子。君而知礼，孰不知礼？"巫马期以告，子曰："丘也幸，苟有过，人必知之。" 7·31

解释 "陈司败"，"陈"，陈国；"司败"为官名，相当于他国的司寇。"昭公"，指鲁昭公。巫马期，姓巫马，名施，字子旗，孔子弟子，鲁国人，比孔子小三十岁。

"揖巫马期而进之"句，"揖"，作揖，传统礼节，就是拱手为礼。"揖巫马期"就是"向巫马期作揖"。"进之"，让他过来，"进"，是不及物动词作及物动词用，使动用法，宾语"之"指巫马期。这个句子的主语是陈司败，省略了。

"不党"的"党"是名词作动词用，意为结党、偏私。

"取于吴"的"取"同"娶"。"为同姓"，鲁国是周公之后，姓姬，吴国是太伯（参看8·1）之后，也姓姬，所以是同姓。古礼同姓不婚。

"以告"，"以"字后面省略了宾语"之"，这个"之"指代陈司败的话。

大意 陈国的司败问孔子："鲁昭公懂礼吗？"孔子回答说："懂礼。"孔子离开后，司败向巫马期作了个揖，让他过来，问他道："我听说君子不偏私，难道君子也偏私吗？鲁昭公娶了吴国的女子做夫人，而鲁国和吴国是同姓，夫人叫吴孟子。如果鲁昭公也算知礼，那谁不知礼呢？"巫马期把这个话告诉孔子，孔子说："我真幸运，如果犯了过错，别人一定会知道。"

导读 犯了错不承认，总要想方设法替自己找理由，找借口，这是一般人的通病。孔子却不是这样，错了就错了，爽爽快快承认，还说是自己的幸运。一个人若以君子自期，就应该像孔子这样。

子与人歌而善，必使反之，而后和之。 7 · 32

解释 “歌而善”,这个“而”是连词,含有“如果”的意思。“反之”就是再唱那支歌,“反”同“返”。“和之”,与他唱和,“和”读 hè（贺）。

大意 孔子和人一起唱歌，如果有人唱得好，他一定会叫那人再唱，他也和那人一起唱。

导读 孔子喜欢音乐，而且喜欢与人同乐。

子曰:“文，莫吾犹人也。躬行君子，则吾未之有得。” 7·33

解释 “文，莫吾犹人也”，这句话“莫”字不好讲，一般认为“莫”是个表示推测的语气词（如朱熹），但好像也没有看到别的例子。有人说“莫”是“其”字的误写，这倒有可能。两说意思相同，我们暂取此说[1]。

“躬行君子，则吾未之有得”，“躬行”就是亲身实践；“未之有得”，“之”是“有得”的宾语，因为前面有否定词“未”，所以提前。

大意 孔子说:“在学习典籍文献方面，我大概能够赶得上别人；但在亲身实践君子的德行方面，那我还没有得到成功。”

导读 孔子是一个很谦虚的人，他从来没有说过自己是一个多么了

1　还有人说“文莫”应连读，是“忞慔”（读 mín 民 mù 目）的假借，意为强勉、努力，参看钱穆《论语新解》、杨伯峻《论语译注》及黄怀信《论语汇校集释》本条。

不起的人，他常常说自己做得不够。这一点让我们感到孔子的亲切，他和我们很接近，他真的可以作我们的表率。而不像别的文化中的教主们，说话武断，斩钉截铁，让人觉得他们是神，完美无缺，高不可攀。这也大概是儒家始终没有变成一种宗教的原因吧。

子曰："若圣与仁，则吾岂敢？抑为之不厌，诲人不倦，则可谓云尔已矣。"公西华曰："正唯弟子不能学也。" 7·34

解释 "抑"，轻微的转折连词。"可谓云尔"，可以说是这样，"尔"在这里是代词，这样。"已矣"，两个句尾语气词连用，略等于现在说的"而已"。"正唯"，正是，恰好是。

大意 孔子说："如果要说'圣'和'仁'，那我怎么敢当？不过努力去做而不满足，教导别人而不厌倦，只可以说是这样而已。"公西华说："这正是学生们学不到的地方啊。"

导读 "圣"与"仁"是孔子认为人可以达到的最高境界，也是他自己毕生追求的境界，实际上他是做到了，这里是自谦。"为之不厌"，就是毕生追求，不断提高自己，从不停止，从不满足，最后就达到"圣"的高度了；"诲人不倦"，这正是"仁"的具体体现，也是最高体现，仁者爱人，没有什么比教育人帮助人成长更能体现爱人的情怀了。孔子都不敢当，谁敢当呢？

又，此段可与本篇第二条同读。

子疾病，子路请祷。子曰：“有诸？”子路对曰：“有之，诔曰：‘祷尔于上下神祇。’”子曰：“丘之祷久矣。” 7·35

解释 “子疾病”句，古人轻的叫“疾”，重的叫“病”，“疾病”合言一般也指重病。“请祷”，请求孔子让他替孔子向神明祈祷，注意“请”字的用法跟现代汉语不同，前面讲过。

“有诸”，等于“有之乎”，“诸”是“之乎”的合音。“诔”，祷告辞，后世把祭文也叫“诔”。

“祷尔于上下神祇”句，“尔”，你；“祷尔”，是为你祈祷的意思；“于”，向；“上下神祇”，从天上到地下的所有神明，古人称天神为“神”，地神为“祇”，“祇”读 qí（其）。

大意 孔子得了重病，子路请求孔子让他为孔子祈祷。孔子说：“有这样做的么？”子路回答说：“有，古书上就说过：‘为你向天上地下所有的神明祈祷。’”孔子说：“那我早就祈祷过了。”

导读 子路要为孔子祈祷，孔子婉拒。“丘之祷久矣”的意思是说，如果真有神明，那么我一生的所作所为神明都已经看到了，也就等于我已经向神明祈祷过了。如果真有神明，我一生光明正直，神明自然会保佑我，否则现在来祈祷也没有用。孔子没有正面否定神明，但显然更相信理性。孔子并不指望奇迹的出现，孔子相信的是自己的作为。

孔子告诉我们，人要为自己的一生负责，而不必祈求神明来保佑自己。这跟所有的宗教都不一样，所以儒家学说不是宗教，儒家学说彰显的是人文理性，是人自身的尊严。中华民族的传统中，尤其是读书人的传统中，宗教的色彩始终不浓，主要就是源自儒家这种人文理性精神。今天中国社会精神匮乏、信仰缺失，很多人为了找个心理支撑，随便信个教，无非是求神许愿、花钱消灾。这种功利主义的态度不仅没有理性，也跟真正的宗教情怀无关。

子曰："奢则不孙，俭则固。与其不孙也，宁固。" 7·36

解释 "孙"，音、义都同"逊"，"不逊"就是骄傲，骄奢淫逸。"固"，固陋，狭隘。

大意 孔子说："一个人如果奢侈就容易骄傲，如果太节俭了就容易变得狭隘。与其骄傲，宁取狭隘。"

导读 狭隘的人眼光低、胸怀窄，当然不好，但是骄奢淫逸、盛气凌人就更糟糕，前者不伤人，后者伤人；前者不至于引起灾祸，后者却会。

子曰："君子坦荡荡，小人长戚戚。" 7·37

解释 "小人长戚戚"的"长"字诸家都说义同"常"，但在实际用法上（至少在两汉以后）"长"跟"常"其实不太一样，"长"相当于白话文中的"总是""老是"，"常"则是"经常"，两者之间的区别有点像英文中的 always 跟 often。

大意 孔子说："君子坦坦荡荡，小人老是忧这忧那。"

导读 朱熹《论语集注》引程颢的话说："君子循理，故常舒泰；小人役于物，故多忧戚。"君子按天理行事，心地光明磊落，从不算计别人。又与世无争，看人看物多看到好的一面，爱人、助人。又知天命之所限，不希图不该得到的富贵。这样的人怎么会不快乐、不坦荡呢？小人则为物欲所捆绑，希图富贵，争名夺利，损人利己，不择手段。又不畏天命，贪竞不已。没有得到之前，拼命想得到；得到之后，又生怕失去。因为得之不以其道，还必然要担心报复、报应。如此往往复复，自然心无宁日。孔子的话值得我们仔细想想，不妨对照自己，看看自己属于哪一类。

子温而厉，威而不猛，恭而安。　7 · 38

解释 "温而厉"这个"厉"不是厉害，而是严肃。"威而不猛"，"猛"是粗暴。"恭而安"，"安"是平和、舒泰。

大意 孔子温和而严肃，威严而不粗暴，端恭而安详平和。

导读 圣人气象如此。

泰伯篇第八

子曰："泰伯，其可谓至德也已矣。三以天下让，民无得而称焉。" 8·1

解释 泰伯，也作"太伯"，是周的祖先古公亶父的长子，本来应该继承诸侯之位，但他看到父亲有想把诸侯之位传给他的弟弟季历的儿子姬昌（即后来的周文王）的意思，便把诸侯之位让给弟弟季历。他多次辞让，最后逃到勾吴（今江苏，那时属于蛮荒地带）躲起来。[1]

"其可谓至德也已矣"句，句首的"其"和句尾的"也已矣"都是语气词。"至德"，最高的品德（参看6·29）。"民无得而称焉"句，意为"老百姓没有机会称赞他"，因为他已经不在周地了，老百姓对他的"至德"并不了解。

大意 孔子说："泰伯，真可以说是一个具有极高品德的人啊。他多次把天下让给弟弟，老百姓却没有机会称赞他。"

导读 孔子所处的年代正是春秋战国之交，各个诸侯国打来打去，几乎没有一天停止过，无非就是抢夺王位和地盘，而泰伯不仅不抢，还

1 关于太伯的"三让"，历来注家有种种不同的解释，可以参看黄怀信《论语汇校集释》本条。

再三谦让，这就显得极其可贵了。孔子之称赞泰伯，其实是表达对当时混乱而丑恶的现实的不满。

子曰：“恭而无礼则劳，慎而无礼则葸，勇而无礼则乱，直而无礼则绞。君子笃于亲，则民兴于仁；故旧不遗，则民不偷。” 8·2

解释 “恭”，恭敬、恭顺；“劳”，疲劳、劳累；“慎”，谨慎、小心；“葸”，畏缩、懦弱；“勇”，勇敢；“乱”，闯祸、作乱；“直”，直爽、直率；“绞”，尖刻伤人。

“君子”，这里指有地位的人；“笃”，厚道。“兴于仁”的意思就是大家都走向仁，依仁、行仁的风气浓厚，“兴”，兴起、兴盛；“故旧”，老朋友；“不遗”，不遗弃，不遗忘；“偷”，意为人情浇薄，不是白话文中“偷窃”的“偷”。

大意 孔子说：“恭顺而不懂礼，就会陷于疲劳；谨慎而不懂礼，就会陷于畏缩；勇敢而不懂礼，就会莽撞作乱；直率而不懂礼，就会尖刻伤人。君子对亲戚厚道，那么老百姓就会趋向仁爱；对老朋友不遗弃，老百姓就不会人情淡薄。”

导读 孔子认为礼是情感的宣泄形式，同时也是对情感的适度制约，又是一种社会规范，人的言行都必须接受礼的制约与规范，社会才会有秩序，人也才会显得有教养，所以要“克己复礼”（12·1）。这一段前四句和后四句，意义不大连贯，也许分成两段更合适，但历来都算作一段，这里就从众。

曾子有疾，召门弟子曰："启予足，启予手。《诗》云：'战战兢兢，如临深渊，如履薄冰。'而今而后，吾知免夫！小子！" 8·3

解释 "门弟子"，即门下弟子，或称"及门弟子"，古时指到老师家里来受教的弟子。"启予足"，看看我的脚，"启"字正体作"啓"，古通"瞖"，《说文解字》目部："瞖，省视也，从目，啓省声。"[1]

"战战兢兢，如临深渊，如履薄冰"句，见于《诗经·小雅·小旻》。"而今而后"，今后，从今以后，"而"是助词，无实义。

"吾知免夫"句，"免"，免于、免掉，即不会再有，古文中"免"字的后面如果没有宾语，通常都指免于灾祸（包括死亡），前面讲过（2·3，6·16，6·19）；"夫"读 fú（扶），语气词。

大意 曾子病重，把门下弟子召集起来对他们说："看看我的脚！看看我的手！（还是完整的吧！）《诗》里说：'要小心谨慎啊！好像站在深渊的边上，好像走在薄薄的冰上。'从今以后，我才知道我可以免于祸难（不至于毁伤父母给我的身体）了，孩子们！"

导读 孔子说："身体发肤，受之父母，不敢毁伤，孝之始也。"[2]曾子是一个有名的孝子，所以很在意身体的完整，直到生病临死前，他才敢断定自己再不会受到刑戮而损伤肢体，也就不至于不孝了。

曾子有疾，孟敬子问之。曾子曰："鸟之将死，其鸣也哀；

1 参看杨伯峻《论语译注》。
2 见《孝经》。

人之将死，其言也善。君子所贵乎道者三：动容貌，斯远暴慢矣；正颜色，斯近信矣；出辞气，斯远鄙倍矣。笾豆之事，则有司存。”（8·4）

解释 孟敬子，鲁国的大夫仲孙捷。“问”，探问。

“君子所贵乎道者”句，这里的“道”从上下文的语境看都是有关礼仪的，所以这个“道”可以说是礼仪之道，而不是一般的“道”。

“动容貌，斯远暴慢矣”句，“动”是变动的动，在这里有注意容貌使之严肃的意思；“斯”，副词，这样就；“远”，形容词作动词用，使动用法，旧读 yuàn（怨）；“暴慢”，粗鲁怠慢。

“正颜色，斯近信矣”和“出辞气，斯远鄙倍矣”，结构同前句。“正”，端正。“颜色”，脸色、神态。“信”，诚信。“出辞气”意为注意言辞和语气，跟“动容貌”是一样的用法。“鄙倍”，鄙俗悖理，“倍”是“背”的通假字，义也通“悖”。

“笾豆之事，则有司存”句，“笾豆之事”指陈设礼器之类的琐事，“笾”和“豆”都是古代容器的名字。“有司”，有关部门、有关官员。“存”，在。

大意 曾子得了重病，孟敬子去慰问他。曾子说：“鸟快要死的时候叫声格外悲哀；人快要死的时候，说话特别善良。（在礼仪这个问题上）君子注重的是三条：第一，端肃自己的容貌，这样就可以远离别人的粗暴和怠慢了；第二，端正自己的神态，这样就接近诚实可信了；第三，注意自己的措辞和语气，这样就远离鄙俗和悖理了。至于摆设礼器之类的琐事，那是由有关部门负责（用不着君子自己操心）的。”

导读 这段话看起来像是曾子去世前对孟敬子的告诫。孟敬子应该是曾子的晚辈，甚至学生。“鸟之将死，其鸣也哀；人之将死，其言也善”

是千古名言，到现在还活跃在我们的语言中。

容貌、颜色、辞气，看起来都不是大事，但一个人的修养正在这样的地方表现出来，别人看你，你看别人，都从这里入手，能不慎之乎？往下当我们读到《乡党》篇时，请注意前五条，看看孔子在不同的场合是如何注意容貌、颜色、辞气的。

曾子曰："以能问于不能；以多问于寡；有若无，实若虚，犯而不校。昔者吾友尝从事于斯矣。" 8·5

解释 "以能问于不能"意为作为一个能者去向不能的人请教。下句结构同。

"犯而不校"，受到冒犯而不与计较，"校"读 jiào（较），计较。

"昔者吾友尝从事于斯矣"句，"昔者"，从前。"吾友"，我的一个朋友，一般认为指颜回。"尝"，曾经。"从事于斯"，在这方面做过，"从事"，有实践、致力的意思。

大意 曾子说："有能力的向没有能力的人请教；知识丰富的向知识少的人请教；有像没有一样，很多像很少一样，别人无礼冒犯他也不计较。从前我有一位朋友曾经这样实践过。"

导读 一个人能做到这样实在是难能可贵的，除了颜回，恐怕还真没有人能做得到。今天有些人恰恰是反过来，自己无能也不愿意向能者请教，没有知识也不愿意向有知识的人求教，没有学问却装成很有学问的样子，半桶水晃来晃去，冒充大师，别人还批评不得，你要批评了他，他就会想方设法地整你，甚至陷害你。看看今天中国的学术圈，这样的人还并不少见呢。

曾子曰：“可以托六尺之孤，可以寄百里之命，临大节而不可夺也。君子人与？君子人也。” 8·6

解释 “可以托六尺之孤”句，“托”，托付；“六尺之孤”，还没长成人的小孩。周朝的一尺大约等于今天的 23.1 厘米，所以六尺是 138.6 厘米，是十来岁小孩的身高。

“可以寄百里之命”句，“寄”，委托；“百里”，方圆百里的地方，相当于现代的一个城市，在周朝可能就是一个邦国；“命”，命运。

“临大节而不可夺”句，“大节”，指生死存亡的大关节、大事情；“夺”，本义是强取，引申为强迫改变。“君子人与”的“与”，读 yú（于），句尾疑问语气词。

大意 曾子说：“可以把幼小的孤儿托付给他，可以把国家的命运交付给他，遇到生死存亡的大关头，也没人能动摇他的意志，这样的人是君子吗？当然是君子。”

导读 曾子这段话可能有具体的所指，可惜已经无法考证了。但曾子的话却成为后世衡量忠臣的标准，诸葛亮就是一个典型的例子。

曾子这段话也告诉我们，一个忠诚可靠的政治家必然是一个人品高尚的君子。儒家学说向来认为，公德、私德之间是一以贯之的。《大学》开篇说：“自天子以至于庶人，壹是皆以修身为本。”没有一个连修身都没有做好的人却可以治国平天下。如果这样的人居然因为某种历史的因缘而爬上了高位，那结果多半会搞得生灵涂炭、国无宁日。

曾子曰："士不可以不弘毅，任重而道远。仁以为己任，不亦重乎？死而后已，不亦远乎？" 8·7

解释 "弘毅"，博大坚忍。"仁以为己任"，就是"以仁为己任"，"仁"是介词"以"的前置宾语。"死而后已"句，"而后"，"然后"；"已"，完结、终止。

大意 曾子说："一个士不可以不博大坚忍，因为他任务重而道路远。把实现仁德作为自己的任务，这任务还不重吗？一直到死才能停止，这道路还不远吗？"

导读 周朝的贵族分为五等：天子、诸侯、卿、大夫、士，五等之外就是平民了。士是贵族中地位最低、人数最多、最接近平民的一个阶层，社会管理主要靠这一个阶层进行。因此作为一个士，必须具备各种管理社会的知识和能力。孔子教学生礼、乐、射、御、书、数等六艺，其实就是在训练一个合格的士。士最初分为文士与武士，后来偏向文士发展，单独称"士"的时候一般都指文士。

周朝世袭制度并不是所有的贵族都世袭，世袭本来只限于天子和诸侯，后来礼崩乐坏，周天子的势力削弱，地方的势力增强，卿、大夫也变成世袭的了，但是士则始终不是世袭的。秦汉以后，贵族世袭作为普遍制度基本上已经崩溃，士已经不算贵族，但却因为社会管理的需要而保证了这个阶层存在的必要性，而且还在人数上和功用上更加扩张，成为平民中的领导阶级，传统称士、农、工、商为"四民"，而士为四民之首。

士因为要管理社会，因而也就具备一种管理者的使命感和骄傲感，这种使命感和骄傲感孟子把它叫作"恒心"——一种稳定的、不会轻易改变的精神状态。孟子说："无恒产而有恒心者，惟士为能。若民则无恒产，因无恒心。"[1]

这个阶层发展到现代社会就变成今天大家所说的知识分子。知识分子是社会的管理者，特别是社会精神价值的守护者，是社会的良心，是一群有社会使命感的人。这个精神价值或说良心或说使命感也就是孟子讲的"恒心"。

本段中的"仁以为己任"，用今天的话来说，就是把守护社会精神价值、体现社会良心看作自己的责任。而这个守护是没有终结的时候的，只要活着就放不下。一个古代的真正的士，或者现代的有担当的知识人，就应该有这样一种任重道远的强烈的使命感。

"士"本来可以译为"知识分子"，但知识分子一词现在用得太滥，不能准确地传达出古代"士"一词的含义，所以本书大多数情形下干脆不译。

子曰："兴于诗[2]，立于礼，成于乐。" 8·8

解释 "兴"，感发，受到鼓舞、激励。"立"，卓然自立，也就是孔子说的"三十而立"的"立"。"成"，完成，使其完美。

大意 孔子说："一个人从诗歌受到感发激励，从礼制学到自立于社会的能力，靠音乐变得人格完美。"

1 见《孟子·梁惠王上》。
2 大多数《论语》现代本此处都作"《诗》"，我以为这里"诗"就是泛指诗歌，不必加书名号。

导读 这里讲的诗其实就是今天的文学。礼在今天看来则包括礼仪制度，文明习惯。乐是音乐，今天也不妨引申为艺术。文学能感发人心，激励我们的精神。礼仪文明让我们能够在社会上立足，和其他人和谐相处。艺术能够陶冶我们的性情，使我们的人格得以健全完满。

子曰："民可使由之，不可使知之。" 8·9

解释 两个"之"都是泛指，没有前行词，可以推测是某种做法、某个想法、某个计划之类。

大意 孔子说："老百姓可以让他们沿着我们的计划走，但不可让他们知道是为什么。"

导读 关于这一段的断句和意思，历来有很多争论[1]，为防琐碎，此不具引。

从今天的角度看，孔子这话颇有一点"愚民政治"的味道，后世许多人想把孔子说得更民主一点，所以努力回护，许多争论也是由此而起。我觉得没有必要，先秦时代民智未开，有些事情也的确没办法事先向老百姓讲清楚，否则事情很可能办不成，类似的话当时很多人都讲过，例如"民不可与虑始而可与乐成"[2]"民可以乐成，不可与虑始"[3]。

不事先说并不是有意隐瞒，更不是存心欺骗，纵观孔子的全部思想可以确定，孔子绝无欺骗人民的意思，所以孔子这话，并不可以拿来为

1 参看杨逢彬《论语新注新译》本条的"考证"。

2 见《史记·商君列传》。

3 见《史记·滑稽列传》。

后世的黑箱政治、阴谋政治辩护。

子曰："好勇疾贫，乱也。人而不仁，疾之已甚，乱也。" 8·10

解释 "好勇"，喜欢逞血气之勇，动不动就斗殴拼命。"疾贫"，厌恶贫困。"已甚"，太过。

大意 孔子说："好勇斗狠，又厌恶贫困，是闯祸的根源。别人不仁，厌恶他太过，也是闯祸的根源。"

导读 厌恶贫困而急于改变，这是许多人共有的心愿，而好勇斗狠的人，很可能就走上抢劫、造反的邪路，这当然是容易闯祸的。看见别人不仁，心里厌恶，这也很正常，甚至可以说应该赞许，但是如果过了头，径自采取某种行动，就可能越过法律的界限，这自然也会闯祸。血气方刚的青年特别应该好好想想孔子这番话。

子曰："如有周公之才之美，使骄且吝，其余不足观也已。" 8·11

解释 这段话没有难懂的字，可以注意的是，"周公之才之美"中"之才"与"之美"并不是并列的，不是周公的才华和美丽，这句的结构是"周公/之/才之美"，意思是，周公的美好才华。"使"，假使。

大意 孔子说："如果一个人有周公那么美好的才华，但如果又骄傲又小气，其他的方面就没有什么可看的了。"

导读 骄傲是看不起别人，小气是不肯帮助别人，都不是一个仁者应有的态度。孔子对此尤其反感，所以说一个人即使有周公那样美好的才能，有了这两点，别的就没有看头了。

根据历史的记载，周公（姬旦）是一个非常谦逊的人，他是周文王的儿子，周武王的弟弟，很长一段时间是周朝的实际执政者，地位很高，但是律己很严，待人平等有礼。周公宁可洗一次头把头发挽起几次，吃一顿饭把食物吐出几次，也不使来访的人久等。不像现在我们有些当官的，无才无德还自以为了不得，对人颐指气使，架子十足。

子曰："三年学，不至于谷，不易得也。" 8·12

解释 "不至于谷"的"谷"，就是谷子，在古代代表官俸，古代的官俸是用谷来计算的，比方汉代的太守年薪是两千石谷子，"两千石"也就成了太守这一级官的别名。"不至于谷"意为没有想到谷，也就是没有想到做官。

大意 孔子说："读了多年书，还没有动做官的念头，不容易碰到这样的人。"

导读 古代读书人只有一条路，就是当官，能够静下心来多读点书，不那么急地想着当官，就值得称赞了。孔子学生中大概也有一些急功好利的人，孔子这话可能是说给这些人听的。

子曰：“笃信好学，守死善道。危邦不入，乱邦不居。天下有道则见，无道则隐。邦有道，贫且贱焉，耻也；邦无道，富且贵焉，耻也。” 8 · 13

解释 “笃信好学，守死善道”句，笃信、好学、守死、善道，都是动宾结构，笃、好、守、善作动词用，信、学、死、道都是名词作宾语。“笃”的意思是坚固、厚而有力，本来是形容词，这里作动词用，使动用法，意为“使之坚固”。“信”是相信，这里指相信的东西，“笃信”就是坚守自己所相信的东西，也就是后面讲的“道”。“好学”，“好”读 hào（浩）。“守死”，意为坚守所信的东西一直到死。“善道”，意为完善其道，也就是不断地加深自己对“道”的认识。

“危邦不入，乱邦不居”句，“危邦”指正在危难中的国家，“乱邦”指政治混乱、有可能发生动乱的国家。“天下有道则见，无道则隐”句，“见”，音、义同“现”；“隐”，隐居，不做官。

大意 孔子说：“坚守自己所相信的东西，努力学习，不断加深对道的认识，直到生命终止。危险的国家不进去，混乱的国家不住在那里。天下清明就出来做官，世道混乱就隐居不仕。国家政治清明，而自己却贫困卑贱，这是可耻的；国家政治黑暗，自己却有钱有势，这也是可耻的。”

导读 孔子最看重的就是“道”，这个“道”表现在人的身上就是“仁”。“道”是要终身追求的，“仁”是不可以须臾离开的。判断一个人主要看他仁不仁，判断一个政权、一个国家、一个社会主要看它有道无道。孔子认为可以为仁而牺牲生命（“有杀身以成仁，无求生以害仁”），但不值得为一个无道的政权效愚忠、做烈士。有道则见，无道则隐，合则留，不合则去，当官是为了实现政治理想，不是为了争权夺利。

孔子这些教导今天也没有过时。

子曰：“不在其位，不谋其政。” 8·14

解释 “位”，地位、职务。“政”，政务，“其政”就是那个职务上该管的事情。

大意 孔子说：“一个人不当那个官，就不要去管那个位子上才该管的事。”

导读 这是千古名言，但最近几十年来却被一些革命者所反对。好像只要是革命者就啥都该管，一直到死为止。这叫忠于革命，叫觉悟高，叫对革命负责。结果是一些人明明退休了，还要过问这、过问那，美其名曰“传帮带”，实质上是不甘心人走茶凉，舍不得既得利益。

子曰：“师挚之始，《关雎》之乱，洋洋乎盈耳哉！” 8·15

解释 “师挚”，鲁国的乐官，名字叫挚，“师”即太师，乐官之长。“《关雎》”，《诗经》的首篇。“始”，乐章的开始部分。“乱”，乐章最后的合唱。

大意 孔子说：“师挚演奏开始的部分，《关雎》合唱的部分，都太美了，满耳朵都是美妙的声音啊！”

导读 孔子非常热爱音乐，这又是一例。

子曰："狂而不直，侗而不愿，悾悾而不信，吾不知之矣。" 8·16

解释 "狂"，狂妄。"侗"读 tóng（同），幼稚无知。"愿"，谨愿，老实。"悾悾"，愚蠢无能，"悾"读 kōng（空）。

大意 孔子说："狂妄又不正直，无知又不老实，无能又不讲信用，我不知道该怎么办。"

导读 一个人如果狂妄但还正直，那就是"狂狷"的"狂"，孔子说"狂者进取"，这样的"狂"虽非中庸，但有可取的一面。狂妄而又不正直，这样的"狂"只会干坏事，古往今来祸国殃民的往往都是这种狂人。

一个人如果幼稚无知但还老实，那么这样的幼稚还是可以原谅的，而且是可以通过学习而进步的。一个幼稚无知的人而又不老实，不懂装懂，那就不仅办不了事，而且会坏事。这样的人如果混上了高位，那也是个祸害。

一个人如果愚蠢无能但还讲信用，那么这样的愚蠢无能只会引起人们的怜悯，但不至于憎恶。但如果既愚蠢无能又不讲信用，那就毫无价值，只有令人憎恶的份儿。

子曰："学如不及，犹恐失之。" 8·17

解释 “不及”，赶不上，抓不到，《说文解字》：“及，逮也，从又从人。”“又”就是手，用手去抓前面的人，抓到了就是“及”，抓不到就是“不及”。

大意 孔子说：“学习就好像是在追赶什么东西，生怕抓不着，（即使抓着了）还担心会失掉。”

导读 孔子告诫我们，学习是一辈子的事情，是时时刻刻不可以松懈的事情，正如另外一句名言所说的：“学如逆水行舟，不进则退。”

今天科技发达，新发现新发明层出不穷，尤其让人有“学如不及”之感。例如电脑、手机，二三十年前几乎还没有，现在变得人人都离不开了，上了一点年纪的人，如果不积极赶上，是非常容易落伍的。

子曰：“巍巍乎，舜、禹之有天下也而不与焉！” 8·18

解释 这是一个倒装句。“巍巍”，高大的样子；“之”，无义，化独立句子为词组；“有天下”，治理天下。“而不与焉”，“不与”，不参与，“与”读 yù（玉）；“焉”，语尾助词，有“于此”之意。

大意 孔子说：“真是伟大啊，舜、禹把天下治理得那么好却并不亲自参与治理。”

导读 对这句话的解释有很多争论，主要集中在对“与”字的解释上，为了避免烦琐，这里就不引述了。

我这里的理解符合孔子对尧舜禹“垂拱而治”的一贯赞美。孔子认为最高尚、最高明的统治者，尤其是天子，应该把治理天下的责任分给有德、有才的众贤臣来担负，自己只要做道德的表率就行了，也就是“为政以德，譬如北辰居其所而众星共之”（2·1）。

子曰：“大哉尧之为君也！巍巍乎，唯天为大，唯尧则之！荡荡乎民无能名焉！巍巍乎其有成功也！焕乎其有文章！” 8·19

解释 “大哉尧之为君也”也是个倒装句，“尧之为君”是主语，“大”是谓语，“也”和“哉”都是语气词。

“唯天为大，唯尧则之”句，两个“唯”字是发语词，没有意义。“则之”，“则”是动词，意为仿效，“之”是“则”的宾语，指天。

末三句与首句是同一结构，最后两句中的“有”是词头，没有意义，跟“有明”“有清”中的“有”一样。“巍巍”，高大的样子；“荡荡”，博大的样子；“焕”，光彩灿烂。

大意 孔子说：“真是伟大啊，尧作为一个君王！天是最伟大的，而尧仿效它（来进行治理）。尧是如此的博大，以至于老百姓都不知道怎样来称赞他！尧的建树是如此崇高，尧创立的文明是如此灿烂！”

导读 这段话里最值得注意的是“唯天为大，唯尧则之”，这里蕴藏中华文明的一个核心内容，就是认为人间的文明来自上天，人间的制度、秩序是仿照上天建立的。由这一点出发，推衍出一整套“天人合一”观念，这是中华文明区别于其他文明最重要的地方，也是中华文明对世界文明的重要贡献。作为天人之间桥梁的最早是巫觋，后来是圣王（其实也就是最大的巫觋，巫觋跟部落首领的合一），如尧、舜、禹、汤、文、武，再后来就是圣人，如周公、孔、孟，他们沟通天人，按照天上的文明来教化地上的民众，这就叫“则天行化”。

舜有臣五人而天下治。武王曰：“予有乱臣十人。”孔子曰：“才难，不其然乎？唐虞之际于斯为盛。有妇人焉，九人而已。三分天下有其二，以服事殷。周之德，其可谓至德也已矣。” 8·20

解释 “乱臣”就是治臣、贤臣。“乱”训“治”，这在古文中叫“反训”，例如《周易》的“易”字有三个含义，其中一个是“不易”，“易”训“不易”，也是反训。“于斯”，在这一点上。

大意 舜有五个臣子，（靠这五个臣子）天下就治理好了。周武王说：“我有十个贤臣。”孔子说：“人才难得啊，不是这样吗？尧舜时代在得人才这一点上是最兴旺的。周武王的十个贤臣中有一个是妇女，所以实际上只有九人而已。周已经有了三分之二的天下，却还服侍殷王朝。周的德大概可以说是最高的德了。”

导读 这一段的意思跟前两段有相通之处，都是说的“垂拱而治”“有天下而不与”。

此处前后几段（8·18~8·21）都是孔子对尧、舜、禹、文、武等贤明君王的赞美。

子曰："禹，吾无间然矣。菲饮食而致孝乎鬼神，恶衣服而致美乎黻冕，卑宫室而尽力乎沟洫。禹，吾无间然矣。" 8·21

解释 "吾无间然矣"句，"间"，非，非议，批评，"无间"就是没有意见，没有批评；"然"是语助词，无义。

"菲饮食"，"菲"，菲薄，不丰盛，形容词作动词用，使动用法，"饮食"是"菲"宾语。"恶衣服""卑宫室"的结构跟"菲饮食"一样，"恶"，粗恶、不精美，"卑"，低矮、卑陋，也都是形容词作动词用，使动用法。

"致孝乎鬼神"，"致"是动词，意为"送达""给"，"孝"是"致"的宾语，"乎"同"于"，表示方向的介词。"致孝乎鬼神"直译就是"把孝心给予（祭祀）鬼神"，换言之，就是努力把祭祀鬼神的事办好、办丰盛。

"致美乎黻冕""尽力乎沟洫"的结构与"致孝乎鬼神"相同。"黻冕"，天子、君王穿的礼服，"黻"，读 fú（服），是衣服，"冕"是帽子。"沟洫"，水沟、水渠，泛指水利工程。

大意 孔子说："对于大禹，我是一点批评都没有了。他自己的饮食那么菲薄，而祭祀鬼神却很丰盛，自己的衣服那么粗陋，可礼服礼帽却做得很讲究，自己的宫室很简陋，而对建设水利沟渠却很尽力。对于大禹，我真是没有一点批评了。"

导读 什么叫全心全意为人民服务？看来大禹是真做到了。儒家理想的统治者就是这样的统治者，并不是骑在人民头上作威作福，自己锦衣玉食却不顾老百姓死活的那种人，所以指责儒家如何为压迫者、剥削者辩护献策，其实是很不公正的。至少原始的孔孟学说绝非如此。今天的领导者如果能够向大禹学习，老百姓还会有什么意见呢？

子罕篇第九

子罕言利，与命，与仁。　9·1

解释　“罕”，少，“罕见”的罕。“与”，许，赞同（参看 7·29）。

大意　孔子很少讲到利，而赞同命，赞同仁。

导读　这一段文字很简单，但是在解释上历来分歧甚多。主要是两种，我这里的解释是一种，另外一种则认为“与”就是“和”的意思，所以这句话的意思就是，孔子很少谈到利、命、仁。我不赞成这种解释，理由是《论语》中谈利的的确很少，但谈命、谈仁的地方却不少，尤其是谈仁的地方太多了，这种解释与《论语》的记述明显不符。

这个理由前人已经说过，我还可以再补充一点，就是按照这种解释，这句话其实应该说成“子罕言利、命、仁”，两个“与”字都是多余的，《论语·述而篇》第二十一条“子不语怪、力、乱、神”，并不说成“子不语怪，与力，与乱，与神”，就是明证。

达巷党人曰：“大哉孔子！博学而无所成名。”子闻之，谓门弟子曰：“吾何执？执御乎？执射乎？吾执御矣。”　9·2

解释　“达”，地名，今已不可考。“巷党”，相当于今天说的街坊、里巷[1]，“达巷党人”就是达那个地方的人。

“无所成名”，“所成名”是“所以成名”之略，即赖以成名的东西，“无所成名”就是没有成名的东西。

“门弟子”，前面已经见过，又称“及门弟子”，就是跟在老师身边学习的弟子，“门”，师门。

“执”在这里是执业的执，“御”是驾车，“射”是射箭，驾车射箭是当时一个士应当熟悉的基本技艺，“御”比“射”似乎更低一等，已经带有一点仆人的味道了。

大意　达巷党人说：“孔子这个人真伟大啊，可是学识那么渊博，却没有能够成名的专长。”孔子听说了，就对他的学生们讲：“我执什么业好啊？驾车吗？射箭吗？我看我还是驾车吧。”

导读　孔子是主张“君子不器”的，就是说，一个君子对自己的要求不是充当某种专用的器具，而是要把自己培养成一个完美的人，能够应付人生的任何挑战，在必要的时候或者机会来到的时候，可以承担命运付给自己的各种重任。所以“博学而无所成名”在某种意义上正是孔子追求的境界，达巷党人当然无法理解。孔子的话表面上是自我解嘲，实质上是表达不被世人了解的无奈。

子曰：“麻冕，礼也；今也纯，俭，吾从众。拜下，礼也；今拜乎上，泰也；虽违众，吾从下。”　9·3

1　参看杨伯峻《论语译注》。

解释 “麻冕”，麻料做的帽子。“纯”，黑丝。“拜下”，拜于下，“于”字省略了。“拜乎上”，“乎”同“于”，这里就没有省。“泰”，安然，大模大样的，这里有不够尊敬的意思。

大意 孔子说：“用麻料做帽子，是礼的规定；现在改成黑丝，比用麻料做节省，我认同大家的做法。上朝的时候，先在堂下拜，这是礼的规定；现在大家都到堂上才拜，我觉得不够尊敬；虽然跟大家的做法不一样，我还是要先在堂下拜。”

导读 用什么料子做帽子，这不是本质问题，能节省一点没什么不好。但是在堂下就拜，还是到堂上才拜，这就牵涉到礼的本质，因为礼就是用来区别尊卑上下，表达不同场合应有的情感态度的。

在非本质问题上，可以与时俱进，但在本质问题上，要坚守原则，这就是孔子的立场，我们不妨把孔子叫作“文化的保守主义者”。“保守主义”并不是一个贬词，在文化上我也是主张保守的。现在大学生上课，连学生起立向老师问好的礼节都没有了，在校园里碰到老师也不打招呼，如此“泰”然，还谈什么尊师重道？学校里都不讲尊师重道的文化，社会上会出现敬业守礼的风气吗？

子绝四：毋意、毋必、毋固、毋我。 9·4

解释 “毋”同“勿”，不、不要。“意”通“臆”，主观臆测、任意猜想。“必”，武断，专断。“固”，固执。“我”，自以为是，听不进别人的意见。

大意 孔子戒绝了四种毛病：不臆测，不武断，不固执，不自以为是。

导读 孔子戒绝的毛病，恰恰是我们现代人容易犯的毛病。这些毛病的总根源是骄傲，不谦逊。有些人在年轻时奋斗时无名无位时还好，一旦功成名就，地位越来越高，就忘乎所以了，以为自己都对，别人都不对，真理在握，伟大无比，永远正确，最终把自己变成了孤家寡人。

子畏于匡，曰："文王既没，文不在兹乎？天之将丧斯文也，后死者不得与于斯文也；天之未丧斯文也，匡人其如予何？" 9·5

解释 "子畏于匡"，"匡"是地名，当时属卫国，在今河南睢县西。"畏"在这里的意思是受到惊吓，遇到险难。《玉篇·由部》："畏，惊也。"[1] 据《史记·孔子世家》记载，当时孔子经过匡地去陈国，被匡人误认为是他们的仇人阳货，匡人便把孔子囚禁了起来。

"文王既没"，"既"，已经；"没"同"殁"，死、去世。"文不在兹"，"文"，文明、文化；"兹"，这里。

"天之将丧斯文也，后死者不得与于斯文也"是一个复合句，"天之将丧斯文也"是条件分句，"之"只有语法作用，把原来的独立句子"天将丧斯文"变成了一个不独立的分句。"斯文"，这个文化传统，"斯"是指示代词。"后死者"，指文王以后的人，包括孔子，从前后语意看，"后死者"实际上是孔子自称。"与"是参与、与闻的"与"，读 yù（玉）。"于"，介词，指示参与的方向，"与于斯文"就是参与到这个文化传统中来，言下之意是孔子自认熟悉这个文化传统，并已成为这个文化传统

1 朱熹《论语集注》说是"有戒心之谓"，我以为不妥。

的一部分。

“天之未丧斯文也，匡人其如予何”的结构同前句，前半是条件分句，“如予何”，把我怎么样。“予”，我；“其”，语气词，有加重语气的作用。

大意 孔子在匡地遇到险难（被匡人囚禁了起来），他说：“周文王去世以后，这个文化传统不是在我这里吗？如果天意要让这个传统消失，我就没有可能熟悉这个传统；如果天意不想让这个传统消失，那匡人又能把我怎么样呢？”

导读 这段话最能表现孔夫子那种强烈的文化使命感和自信。这里的“天”有最接近人格神的意味，但还是有理性化的成分在其中，孔子是借天意来表达对这种文化传统必将持续下去的坚定信念。

太宰问于子贡曰：“夫子圣者与？何其多能也？”子贡曰：“固天纵之将圣，又多能也。”子闻之，曰：“太宰知我乎！吾少也贱，故多能鄙事。君子多乎哉？不多也。” 9·6

解释 太宰，即宰相，有学者认为这个太宰就是吴国的伯嚭（读pǐ痞），鲁哀公七年（前488）子贡曾作为鲁国的使节出使吴国。

“夫子圣者与”句，“与”，读yú（于），表达比较委婉的疑问语气。“何其多能也”句，“何”，为什么、怎么；“其”，这样、这么。

“固天纵之将圣”句，“固”（或写作“故”）在这里表示强调的语气，无义。“天纵之”，“纵”在这里是让、使，不加限制的意思。“将圣”的“将”，刘宝楠《论语正义》解释为“大”，钱穆从之，但我以为不妥，这个“将”还是将要的将，刘淇《助字辨略》说：“方欲如此而犹未如此曰将，故将又通为几及之辞。”这里的“将”就是“几及”之意。

“吾少也贱，故多能鄙事”句，“也”是表示句中停顿的语气助词，“贱”是贫贱、地位低的意思。“鄙事”，这里指各种普通的技能，不登大雅之堂，故曰“鄙”。

“君子多乎哉？不多也”句，“多”有二解，一解是前面讲的“多能”，则全句意为君子有必要掌握这么多技能吗？不需要啊。另一解把“多”解为形容词的意动用法，以此为多，亦即看重、嘉许，则全句意为君子把“多能”看得很重要吗？不看重啊。我赞成前者。如果“多”解为形容词的意动用法，那后面就缺少一个宾语。

大意 太宰问子贡说：“你的老师大概是个圣人吧，怎么这么多才多艺呢？”子贡回答说：“老天爷就是要让我的老师成为圣人，又使他多才多艺。”孔子听到了这件事，说：“太宰了解我吧？我小时候家境贫穷，所以学到了很多普普通通的技能。一个君子需要掌握很多技能吗？不需要啊。”

导读 孔子是一个多才多艺的人，但孔子自己并不怎么看重这一点，这一方面是谦虚，另一方面是他并不认为多才多艺是一个君子必须具备的条件。君子要紧的是闻道，不是追求才艺，孔子说自己“吾十有五而志于学”，这里“学”的也是道，而非才艺，否则后面讲的“三十而立，四十而不惑，五十而知天命，六十而耳顺，七十而从心所欲，不逾矩”就没有着落了。

多才多艺固然好，但如果不学“道”，仍然有可能变成一个小人，古今中外多才多艺的小人并不少见，今天尤其值得我们警惕。今天有太多的人只追求才艺，家长们从小就把孩子送进各种各样的兴趣班，培养各种各样的小才小艺，追求各种各样的小知小识，却不去思考人生真谛，不去追求如何做一个君子——一个顶天立地、光明磊落、道德高尚的人。那么，即使懂得很多才艺，又有什么意义呢？

牢曰："子云：'吾不试，故艺。'" 9·7

解释 牢，姓琴，名牢，字子开，一字张，卫国人。

"不试"，就是不用，不被国家所用，没当官。"艺"，名词作动词用，意为多才艺。

大意 琴牢说："夫子讲过：'我不被国家所用，所以多才艺。'"

导读 孔子一生只做过几个月的鲁司寇，所以他说"不试"。不当官就没有公务要处理，所以时间比较多，也就可以多学习一点各种技能。孔子在前一段说的"吾少也贱，故多能鄙事"，也是同样的意思。

子曰："吾有知乎哉？无知也。有鄙夫问于我，空空如也。我叩其两端而竭焉。" 9·8

解释 "鄙夫"，普通人，没什么知识的人，当时多半指种田的人。"空空如"，也作"悾悾如"，诚恳的样子。"两端"指首尾。"竭"，尽，完全。

大意 孔子说："我有知识吗？我没有啊。有个农民来向我问事，很诚恳的样子。我盘问他事情的首尾，然后把我的想法尽量告诉他。”

导读 孔子说自己没有知识，不是假谦虚，希腊的大思想家苏格拉底说过同样的话：“我所知道的，就是我一无所知。”越有知识的人，越明白相对于神秘莫测的宇宙来说，自己的知识其实少得可怜。在整个宇宙中，人不过是一个极其渺小、极其短暂的存在，因此没有任何理由认为人的理性是无限的，是可以认识一切的，只有这样，人才不会变得狂妄自大，变得无所敬畏。

子曰：“凤鸟不至，河不出图，吾已矣夫！” 9·9

解释 “凤鸟不至，河不出图”，中国最古老的传说，说凤凰来仪，河出图，洛出书，都是天下太平、圣人出现的象征。“已”，完结。

大意 孔子说：“凤凰不飞来了，黄河也没有再出现图书了，我也快完了吧！”

导读 河图、洛书一直被认为是中华文明最早的起源，真正的原委至今不清楚。这一段话再一次证明孔子有一种强烈的、带点神秘色彩的文化使命感。

子见齐衰者、冕衣裳者与瞽者，见之，虽少必作，过之，必趋。 9·10

解释 “齐衰”，读 zī（资）cuī（崔），泛指丧服；“衰”，粗麻布；“齐”，下边缝齐。“冕衣裳”指贵族装束，古称上衣为“衣”，下衣为“裳”；“冕”是贵族戴的礼冠，后来专指皇帝所戴的冠。“瞽”，盲人。“作”，起立，站起来。“趋”，快走。

大意 孔子看见穿丧服的人、衣冠整齐的贵族和盲人，即使是年轻的，一定站起来；经过他们的时候，一定快步走。

导读 起立、快走，都是表示恭敬，不敢怠慢。有丧在身的人应当同情，贵族应当尊敬，盲人应当哀怜，如果大模大样地坐着，大摇大摆地走，同情、尊敬、哀怜之心如何表达呢？什么叫礼节？这就是礼节。礼节本来就是用来表达人的内心情感的，现在懂得这些的人似乎越来越少了。

颜渊喟然叹曰：“仰之弥高，钻之弥坚，瞻之在前，忽焉在后。夫子循循然善诱人，博我以文，约我以礼，欲罢不能。既竭吾才，如有所立卓尔，虽欲从之，末由也已。” 9·11

解释 “喟然”，感叹的样子，“喟”，读 kuì（愧）。

“仰之弥高，钻之弥坚”句，“之”指代孔子的学说；“弥”，更。

“博我以文”，用典籍来使我变得广博，“博”，广博，形容词作动词用，使动用法。“约我以礼”，用礼来约束我，结构与上句同。

“既竭吾才”，已经用完了我的才干，“既”，已经。“如有所立卓尔”，“卓尔”，站立的样子。

“虽欲从之，末由也已”，“虽”，即使；“末”通“莫”，意为无；“由”，经由的道路，“末由”即找不到道路、办法。

大意 颜渊喟然长叹说："老师的学问像山一样，抬头看更觉得它高，越钻研越觉得它深，看着它在前面，忽然又到后面去了。老师循循善诱，用经典来扩充我，用礼制来约束我，想要停下来都办不到。我用尽了自己的才能，好像可以站起来了，但想跟着老师继续往前走，却又不知道怎么走了。"

导读 颜渊这段话描述自己追随孔子进德修业的过程最生动，为其他弟子所不及。

子疾病，子路使门人为臣。病间，曰："久矣哉，由之行诈也！无臣而为有臣，吾谁欺？欺天乎？且予与其死于臣之手也，无宁死于二三子之手乎！且予纵不得大葬，予死于道路乎？" 9·12

解释 "疾病"，疾、病连用，一般都表示病得厉害。"臣"，这里是办丧事的班子，"病间"，这里的"间"读 jiàn（见），是小愈的意思。

"久矣哉，由之行诈也"是个倒装句，"由之行诈也"是主语，"行诈"，这里指瞒着孔子。

"无臣而为有臣"，按理不当享受"臣"的规格，现在却成立了"臣"。"大葬"，高规格葬礼。

大意 孔子病得很厉害，子路让学生组织个班子来办理丧事。孔子病稍微好了一点，说："仲由瞒着我干这个事已经很久了吧！不应该享受治丧班子的规格，现在却有了治丧班子，我这是欺骗谁呢？难道是欺骗天吗？我与其死在治丧人的手上，还不如死在你们的手上！何况我就算得不到高规格的葬礼，难道就会死在道路上（没人收尸）吗？”

导读 孔子当时是平民，按礼的规定不应该有“臣”来办丧事，学生们这样做，是尊崇自己的老师，但孔子却觉得这是违礼的，不应该这么做。孔子在孟懿子问孝的时候曾经说过，“无违（礼）”就是孝：“生，事之以礼；死，葬之以礼，祭之以礼。”（2·5）所以严格地讲，子路这种做法在孔子看来，是不孝的。

子贡曰：“有美玉于斯，韫匵而藏诸？求善贾而沽诸？”子曰：“沽之哉！沽之哉！我待贾者也。” 9·13

解释 “韫匵”，“韫”，读 yùn（运），意为藏、放；“匵”，读 dú（独），也写作“椟”，即柜子。“藏诸”“沽诸”中的“诸”，是“之乎”的合音。

“善贾”有两解，一解为好的价钱，“贾”，读 jiǎ（假），通“价”（价的正体是“價”）；另一解为好的买主，“贾”读 gǔ（古），古代把流动的商贩称为商，开店的商贩称为贾，所谓“行商坐贾”。我从后说。

“我待贾者也”中的“贾”，也读 gǔ（古），指买主。

大意 子贡说：“有块美玉在这里，是把它放在柜子里藏起来呢，还是找一个好的买主把它卖掉呢？”孔子说：“卖掉它吧！卖掉它吧！我在等一个买主啊！”

导读 子贡真是会讲话，他要探测老师是想隐居还是想出仕，却只是打了一个漂亮的比方。孔子明确地告诉他，自己不是隐居派。孔子的理想是“修己以安百姓”，不出仕怎么能安百姓呢？为了实现自己的政治理想，孔子其实一直在寻求出仕的机会。但一个君子要达到目的必须通过光明正大的手段，如果不择手段，那就是小人了。所以孔子不是不要出仕，而是在等待一个能够赏识他的国君来礼聘他。

子欲居九夷。或曰："陋，如之何？"子曰："君子居之，何陋之有？" 9·14

解释 "子欲居九夷"句，"夷"一般指住在东边的少数民族，"九夷"一说指诸夷，"九"言其多；一说指淮夷，即散居淮、泗之间的少数民族。总之"夷"就是文化落后不开化（"陋"）的地方，古有所谓"东夷、西戎、南蛮、北狄"的说法。

"或曰"的"或"是不定代词，相当于现在的"有人"。

大意 孔子想搬到九夷去住。有人说："那地方很落后，怎么行呢？"孔子说："君子住在那里，还会落后吗？"

导读 孔子想搬到九夷去住，其实是一种感叹，就跟他说"道不行，乘桴浮于海"（5·7）是一样的，周游列国到处碰壁，没有国君愿意采纳他的治国理念，因此就发牢骚说要移民了。

值得注意的是他说的"君子居之，何陋之有"，虽然情境是虚拟的，意思却是实在的。这里看出孔子"德治"的主张，他认为君子的道德可以移风易俗，可以改变一个地方的落后面貌。我们不妨批评孔子未免太理想、太浪漫，事情可能没有他想的那么简单，但他的精神仍然是可贵的。尤其是身居高位的人应该有这样的责任感。

子曰："吾自卫反鲁，然后《乐》正，《雅》《颂》各得其所。" 9·15

解释 "反"同"返"。"乐"读yuè（岳），音乐，我认为这里很可能指"六经"（或称"六艺"）之一的已经遗失的《乐》。"《雅》""《颂》"指配合《诗经》中《雅》《颂》篇章的音乐。

大意 孔子说："我从卫国回到鲁国，把《乐》作了一番整理，《雅》《颂》的乐章各自放到应该放到的地方。"

导读 《乐》经已佚，详情不可考，但三代之古乐经过了孔子的整理，是没有疑问的。

子曰："出则事公卿，入则事父兄，丧事不敢不勉，不为酒困，何有于我哉？" 9·16

解释 "出"，出门，在外边。"入"，进门，回到家里，在家里。"勉"，尽力。"不为酒困"，不被酒乱性，"困"在这里是"乱"的意思。这句话的结构跟"默而识之，学而不厌，诲人不倦，何有于我哉？"（7·2）完全相同，可以参看该段注释。

大意 孔子说："在外面服侍公卿，在家里服侍父兄，办丧事不敢不尽力，不被酒乱性，这些事对我难道有什么困难吗？"

导读 说是"何有于我"，其实是激励学生。出事公卿，入事父兄，办好丧事，不为酒困，这些事是一个“士”起码应该做到的，难道我们还办不到吗？

子在川上，曰：“逝者如斯夫，不舍昼夜！” 9·17

解释 “川上”，河边。古文中江边河边，通常不说“边”，而说“上”，如“汉上”就是汉水边，“汾上”就是汾水边，并不指河面上。

“逝者”，流逝的东西。“如斯夫”，像这样啊，“斯”是代词，这样；“夫”，读 fú（扶），语气词。“不舍昼夜”，日夜都不停，“舍”，止，停息。

大意 孔子在河边，感叹说：“一切都在日夜不停地流逝着，就像这河里的水一样啊！”

导读 真是千古名句，美得像诗，深得像海。一切都在流逝，时间在流逝，生命在流逝，世界在变化，每时每刻都在不停地成为历史，一去就不复返，正像河里的流水一样。能不感叹吗？能不珍惜吗？能不奋发努力吗？

子曰：“吾未见好德如好色者也。” 9·18

解释 此句还见于《卫灵公篇》，只是前面多了“已矣乎”三个字。

大意 孔子说：“我从未看到一个人喜好德行像喜好女色一样啊。”

导读 告子说“食、色，性也”[1]，孔子也说“饮食、男女，人之大欲存焉”[2]，食、色是人的天性，不食，人无法生存，不色，人类无法绵延。天性是与生俱来的，是无须培养的，德行不全是天性，德行要靠修养，所以好德不如好色，也很自然。孔子在这里感叹没有看到一个好德如好色的人，也并不是要否定好色，只是希望人们能够喜好德行跟喜好女色一样真诚就好。可惜这也很难做到。

子曰：“譬如为山，未成一篑，止，吾止也。譬如平地，虽覆一篑，进，吾往也。” 9·19

解释 “为山”，造山，堆土成山。“篑”，装土的竹器。“未成一篑”，山未成，只差一篑。“虽覆一篑”，即使只倒下一筐土。

大意 孔子说：“譬如造山，只差一筐土就成功了，如果该停下来，我会停下来；譬如在平地上造山，只倒了一筐土，如果该继续下去，我会一往无前。”

导读 该止则止，该进则进，根据的不是覆土的多少，而是应该不应该，这就是孔子强调过的“君子之于天下也，无适也，无莫也，义之与比”（4·10）的精神的形象化。

子曰：“语之而不惰者，其回也与！” 9·20

1 《孟子·告子上》。
2 见《礼记·礼运》。

解释　“语”，读 yù（玉），告诉，讲给人听。“其回也与”，“其”和“与”都是语气词，“与”读 yú（于），“其……与”的结构相当于白话文中的“大概……吧”。

大意　孔子说：“同他讲话而不怠惰的，大概只有颜回吧！”

导读　看来孔子的学生也不是每一个人都专心致志听老师讲话的，今天的学生就更不用讲了。如果老师不怎么样，学生倦怠还可以理解，现在老师是孔子，尚且不能每一个人都专心致志，可见学习也真不是一件轻而易举的事，不律己是不行的。

子谓颜渊曰：“惜乎！吾见其进也，未见其止也。”　9·21

解释　“子谓颜渊曰”句，《论语》中凡“谓……曰”的形式都是“对……讲”，这里也不例外，多本断作：“子谓颜渊，曰”，并解释为：“孔子谈到颜渊，说”，不妥。唐写本《论语》此条郑玄注说：“颜渊病，孔子往省之，故发此言，痛惜之甚。”可见这是孔子在颜渊生病时对他说的话。

“见其进”“未见其止”，注意这里的“其”字。我前面反复讲过，“其”是物主代词，相当于“他的（也可以是‘我的’和‘你的’，视语境而定）”或“名词＋之”，而不是人称代词，现在许多人写文章，包括发表在报章、杂志上的文章，都把“其”当人称代词用，而且常常用来作主语，读起来非常别扭，完全是病句。这句里的“其”最容易被看作是人称代词，其实这个“其”，仍然应该看作是“汝之”，全句为：“吾见汝之进也，未见汝之止也。”这个“之”字没有意义，只起语法作用，就是把“汝进”“汝止”从一个独立句子变成一个词组，作“见”的宾语。

大意 孔子对颜渊说：“可惜啊！我只看到你前进，从没看到你停止。”

导读 颜回非常优秀，但过分用功，不懂张弛之道，忽视了身体健康；物质条件也太差，长期营养不良。结果短命而死，太可惜了。

子曰："苗而不秀者有矣夫，秀而不实者有矣夫。" 9·22

解释 这句里的“苗”“秀”“实”都是用作动词，“苗”是长苗，“秀”是开花，“实”是结果。

大意 孔子说：“长苗而不开花的，是有的吧，开花而不结果的，是有的吧。”

导读 郑玄说，前一句是感叹项讬的，后一句是感叹颜渊的[1]。项讬就是《三字经》里面“昔仲尼，师项橐（读 tuò，托）”的项橐，项橐小时非常聪明，但据说十一岁就死了，所以是典型的“苗而不秀”；颜渊人才出众，品德高尚，学已有成，但毕竟离成仁成圣还差一步，可谓“秀而不实”。

无论是苗而不秀或秀而不实，都太令人遗憾了。每一个怀抱远大的人都要以此自警，没有良好的体魄和一定的年寿，任何理想、志气都无所附丽，都有变成镜花水月之可能。

1 见唐写本《论语》本条郑玄注。

子曰："后生可畏，焉知来者之不如今也？四十、五十而无闻焉，斯亦不足畏也已。" 9·23

解释 "焉知"，怎么知道。"来者"，将来的人，将来的事。"斯"，这样。

大意 孔子说："年轻人是可畏的，怎么知道将来不如现在呢？如果一个人四、五十岁都还没有一点名声，这样也就不值得畏惧了。"

导读 后生可畏，因为他们前途无限，可以做很多事，可以超越前人。但这只是可能，并不一定，如果你自以为年轻，有大把的时间可以挥洒，而不珍惜，不努力，过了中年还一事无成，这辈子恐怕也就没有多少希望了。对年轻人，孔子的话既是鼓励，也是警告。

子曰："法语之言，能无从乎？改之为贵。巽与之言，能无说乎？绎之为贵。说而不绎，从而不改，吾末如之何也已矣。" 9·24

解释 首句，"法语"，正言，严肃地讲，"语"读 yù（玉），告诉。"从"，听从。

次句，"巽与"，婉转地、和顺地，"与"，读 yú（余），语气词。"说"同"悦"。"绎"，寻绎、思考、分析。

"吾末如之何也已矣"句，"末"，同"无""毋"。"如之何"，把他怎么办。"也""已""矣"都是语气词，叠用表示一种比较复杂的语气。

大意 孔子说："严肃合理的话，怎么能不听从呢？但是要改了才可贵。和顺婉转的话，怎么能不高兴呢？但是要思考分析才可贵。盲目高兴而不思考，表面听从而不改正，这种人我也拿他没法子啊。"

导读 这是孔子对学生说的话，重点在强调行的重要。无论什么话，如果听的人只是当面表示听从或愉悦，却既不行动也不思考，那么讲者是白讲，听者也永远不会进步。所以孔子说这种人我拿他没办法。事实上这种人不少，或说不少人都有这种毛病，只是程度不同而已。

子曰："主忠信，无友不如己者，过则无惮改" 9·25

解释　大意　导读 均见《学而篇》第八条（1·8）。

子曰："三军可夺帅也，匹夫不可夺志也。" 9·26

解释 "三军"，周代大的诸侯国可以拥有三个军（每军一万二千五百人），后来"三军"就用来泛指军队。"匹夫"，普通人，一般指男人。"夺"，强取，引申为强行改变。

大意 孔子说："三军的统帅是可以剥夺的，一个普通人的意志却是不可强行改变的。"

导读 一个人如果有意志，并且坚持自己的意志，外力是无法改变的。你可以砍了他的头，摧毁他的身体，完全消灭他，可是你仍然没有能够改变他的意志。孔子这话，是对一个人的精神力量的最高礼赞，曾经激励了还将继续激励无数的仁人志士在强暴的外力面前英勇不屈，维护自己的人格尊严和意志独立。

“文革”中有人强迫梁漱溟批孔，梁即答以此语，大义凛然。有人批判儒家，说儒家主张顺从统治者，主张奴性，不主张独立精神，这是从何说起？

子曰：“衣敝缊袍与衣狐貉者立而不耻者，其由也与？‘不忮不求，何用不臧？’”子路终身诵之。子曰：“是道也，何足以臧？” 9·27

解释 “缊袍”，棉袍，“缊”读 yùn（运）。“狐貉”，即狐狸，这里指用狐貉皮做成的袍子，“貉”读 hé（何）。两个“衣”都是穿的意思，名词作动词用，读 yì（易）。

“不忮不求，何用不臧”是《诗经·邶风·雄雉》中的诗句，意为不嫉妒，不贪求，为什么会不好？“忮”读 zhì（志），嫉妒，恨别人有自己没有，“求”，自己没有而贪图有。“臧”读 zāng（赃），好。

大意 孔子说：“穿着破棉袍跟穿着狐皮袍子的人站在一起而不觉得羞耻的人，恐怕只有仲由吧！‘不羡慕，不贪求，怎么会觉得不好呢？’”子路（很得意）老念着这话。孔子说：“仅仅这样，怎么能算好？”

导读 不忮不求是美德，只有内心自足的人，才做得到。一般的人看到别人比自己富裕，不是自卑，就是羡慕，由此产生嫉妒贪求之心，所以孔子夸奖子路。但是看到子路扬扬得意，又给他泼点儿冷水，让他不要满足，一个君子本来就应该不忮不求，有什么好骄傲的呢？

子曰："岁寒，然后知松柏之后凋也。" 9·28

解释 "岁寒"，岁暮的寒冷。"后凋"，字面上是说凋残在后边，比其他树木凋残得晚，实质上这里的"后凋"就是不凋，别的树木已经凋残了，而松柏依旧。

这句话没有主语，主语是泛指，谓语是"知"，"松柏后凋"本来是个完整的句子，中间加一个"之"字就取消了它的独立性，使之变为一个词组，作"知"的宾语。

大意 孔子说："到岁末最寒冷的时候，（别的树木都凋残了，）才知道松柏是不会凋谢的。"

导读 在平常的日子里，大家看来都差不多；到严肃考验到来的时候，高贵的人品才会显得特立杰出。孔子借松柏的形象，用诗一般的语言激励人们，在艰难的时刻也要坚守人格的尊严。

子曰："知者不惑，仁者不忧，勇者不惧。" 9·29

解释　大意　导读 均见《宪问篇》第二十八条（14·28）。

子曰："可与共学，未可与适道；可与适道，未可与立；

可与立，未可与权。” 9 · 30

解释 “适道”，“适”是动词，走的意思，“适道”直译就是向道走，沿着道走，有求道之意。“与立”，与之并立，有并肩共事之意。“与权”，与之权衡，与之通权达变。此句六个“与”字的下面都省略了宾语“之”，“与”下省“之”，在古文中常见。

大意 孔子说：“一个人可以跟他一起学习，但未必能同他一起向道；可以跟他一起向道，但未必能一起办事；能跟他一起办事，但未必能跟他一起通权达变。”

导读 同学未必同志，同志未必能共事，能共事未必能处处想法一致，这也是经验之谈。所以交友也要分层次；有可以一起学习的朋友，有可以一起向道的朋友，有可以一起建立事业的朋友，有可以一起商量任何事情的朋友。

李泽厚释“立”为原则性，“权”为灵活性，亦好[1]。

“唐棣之华，偏其反而。岂不尔思？室是远而。”子曰：“未之思也，夫何远之有？” 9 · 31

解释 “唐棣”也作“棠棣”，就是郁李。“华”同“花”。“偏”同“翩”。

“岂不尔思”句，“不尔思”就是“不思尔”，代词作动词否定式的宾语时，要放在否定词和动词之间，下面“未之思”结构同此。

1 见《论语今读》此条。

“室是远而”句，“室”即是家，“是”和“而”都是语气词，“是”有加强语气的意思，“而”是语尾。

“夫何远之有”句，“夫”是语气词，读 fú（扶），“何远之有”即“有何远”，“何远”是“有”的宾语，“之”是宾语提前的标志。

大意 “唐棣的花呀，翩翩翻舞，难道不想你吗？家住得太远了啊。”孔子说：“没有想她呀，（要是真想的话）怎么会觉得远呢？”

导读 前面四句应该是古佚诗，不见于今本《诗经》。孔子借这几句诗，来说明一个道理：不要为自己的不努力找借口，很多事情不是做不到，而是用情不深，用志不专。多少人因此误一生，能不思乎！

乡党篇第十

孔子于乡党，恂恂如也，似不能言者；其在宗庙朝庭，便便言，唯谨尔。　10·1

解释　“乡党”，本乡本土，街坊邻里。“恂恂如”，恭顺的样子。“便便”，明白流畅的样子，“便”读 pián（骈）。

大意　孔子在自己乡土，总是很恭顺，像是一个不会讲话的人；他在宗庙朝廷说话便明白流畅，只是很谨慎。

导读　对家乡的邻里父老谦虚恭敬，不摆架子，也不高谈阔论，在宗庙朝廷则明白地陈述自己的意见，但不乱讲话，这是孔子的态度。现在有些人却相反，在外面做了官，有了地位，回到家乡就显威风，摆架子，而在公众场合需要表明态度和立场的时候，却又畏畏缩缩，不敢明确地表示自己的意见。

本篇诸段写孔子在各种场合的态度和生活习惯，现代注家根据自己的理解，各有各的分段法。本书为方便起见，仍以杨伯峻《论语译注》为准。

朝，与下大夫言，侃侃如也；与上大夫言，訚訚如也。君在，踧踖如也，与与如也。 10·2

解释 “朝”，这里用作动词，上朝的意思。“侃侃”，说话明白流畅，没有拘束。“訚訚”，说话条理清楚，态度尊敬，“訚”读 yín（银）。“踧踖”，读 cù jí（醋即），拘谨不安。“与与”，读 yú yú，（于于）严肃而温和。

大意 上朝的时候，同下大夫讲话，明白晓畅；同上大夫讲话，尊敬清楚。当国君在时，态度略显拘谨，说话严肃而温和。

导读 不同的场合，不同的对象，应有不同的态度，尤其是讲话，这是社会生活的常识和常态，也是情理中应有的事，这跟两面派，见人说人话见鬼说鬼话，不是一回事，不要混为一谈。现在很多青少年从小缺乏良好的家教，没有养成良好的习惯，尤其是讲话，没上没下，没大没小，口无遮拦，不懂规矩，这绝不是应该鼓励的现象。自己显得没有教养被人瞧不起还是小事，弄得不好就会得罪人、伤害人，有时候甚至会带来严重的后果，例如外交场合。

君召使摈，色勃如也，足躩如也。揖所与立，左右手，衣前后，襜如也。趋进，翼如也。宾退，必复命曰：“宾不顾矣。” 10·3

解释 “君召使摈”，即“君召之使为摈”，“之”“为”省略了。

“摈”，读 bìn（殡），是帮助国君接待外宾的人[1]。“勃如”，矜持庄重的样子。“躩如”，逡巡不前的样子，“躩”读 jué（决）。

“揖所与立”，向跟他站在一起的人作揖，“揖”，动词，作揖，即拱手；“所与立”，“与”字后面省略了宾语“之”，指跟他站在一起的人。“左右手”，向左向右轮番拱手。“衣前后”，衣服一前一后地摆动。从前的人多着长袍，作揖的时候要先弯腰再起身，弯腰的时候前襟垂下后摆提起，起身的时候前襟提起后摆垂下，这就是“衣前后”。“襜如”，衣服摇动的样子，“襜”读 chān（搀）。

“趋进”，快步向前。“翼如”，像鸟儿舒展翅膀的样子。“复命”，回复使命。“宾不顾”，客人不再回头，就是确定走了，不会再回来了，“顾”是回头。

大意 国君召孔子去接待宾客，他显得矜持庄重，不轻易举步。向左右的人拱手作揖，衣服前后摆动。走上前的时候用快步，像鸟儿舒展翅膀。客人退下，一定向国君复命：“客人不再回头了。”

导读 这一段写孔子接待国宾，一举一动，庄重而有礼貌。在确定使命完成后，才向国君复命。

入公门，鞠躬如也，如不容。立不中门，行不履阈。过位，色勃如也，足躩如也，其言似不足者。摄齐升堂，鞠躬如也，屏气似不息者。出，降一等，逞颜色，怡怡如也。没阶，趋进，翼如也。复其位，踧踖如也。 10·4

1 邢昺《论语注疏》：“摈，谓主国之君所使出接宾者也。”

解释 “鞠躬”，这里是恭敬的意思。“阈”，读 guó（国），门槛。

“过位”，经过座位，“位”，这里是特指国君的座位，国君未到的时候，此位是空着的。“摄齐”，提起前襟，“齐”读 zī（咨），衣裳缝了边的下摆。

“逞颜色”，舒展脸色，“逞”，舒展、显露。“怡怡”，快乐。

“没阶”，下完台阶，“没”读 mò（莫）。

“复其位”，再次经过国君的座位，“其位”，即前文“过位”的“位”，何晏《论语集解》引孔安国说：“来时所过位也。”

大意 孔子走进朝廷大门的时候，弯着腰恭恭敬敬，好像没有容身之地。站，不站在门中间，走，不踩到门槛。经过国君座位的时候，脸色矜持庄重，脚步放慢，讲起话来像不轻易出口的样子。然后提起衣服的前襟向堂上走，小心翼翼屏住气，像不呼吸的样子。出来下了一个台阶，脸色开始舒展，显出轻快的样子。快步走完台阶，像鸟儿舒展翅膀。再次经过国君位子的时候，又表现出恭敬而拘谨的样子。

导读 这一段写孔子上朝的情形，一举一动，包括表情，都有一定的样子，没有丝毫疏忽，丝毫马虎。

执圭，鞠躬如也，如不胜。上如揖，下如授。勃如战色，足蹜蹜如有循。享礼，有容色。私觌，愉愉如也。 10 · 5

解释 这一段历来注家都认为是写孔子代表鲁君朝见友邦国君，表示问候。朝见之礼大约分为两个部分，第一部分是“聘礼”，也就是代鲁君表示问候，“聘”是问候的意思；第二部分是“享礼”，就是把鲁君托他带来的礼物献给友邦的国君，“享”是贡献的意思。朝礼结束以后，下面则是私下会见，即文中所说的“私觌”。

“圭”，圭板是古代大臣上朝的时候拿在手上的礼器，上尖下方或上圆下方，也作“珪”。

“上如揖，下如授”，这里的“上”“下”指上堂和下堂，“上如揖”是说上堂的时候手里拿着的圭不能太高，像拱手的样子，“下如授”指下堂的时候手里拿的圭不能太低，像要授予人的样子。

“勃如战色”，严肃庄重，好像在作战当中的那种样子。

“足蹜蹜如有循”，前进的时候脚步局促，好像沿着一条线在走。皇侃《论语义疏》说“蹜蹜，犹蹴蹴也。循，犹缘循也。言举玉行时不敢广步速进，恒如足前有所蹴、有所缘循也。”

“有容色”，脸上很有表情，一般都是高兴、和气、春风满面的样子。

“私觌”，“觌”读 dí（敌），见面。

大意 （孔子代表鲁君向友邦国君行聘问礼时）手里拿着圭，非常恭敬的样子，小心翼翼，好像圭很重，拿不动的样子。上堂的时候拿着圭，像行拱手礼的样子，下堂的时候拿着圭，像要给予别人的样子。严肃庄重，不敢有丝毫疏忽，像在作战中一样，脚步也显得局促，好像在循着一条线前进。到行献享礼的时候，则满脸和气。私下里见国君，就显得轻松愉快了。

导读 这一段写朝见友邦国君，也是一举一动，包括脸上的表情，都丝毫不疏忽、不马虎，在朝廷上跟在私下里又有所区别。

以上五段写孔子在各种场合如何举动，如何讲话，如何表情，都根据身份、场所、对象不同而有所不同。

这就是“礼”的精神。

孔子的学说浓缩起来可以说就是“仁”“礼”二字，仁以合同，礼以别异，仁以治内，礼以治外。所以《论语》中“仁”“礼”二字是出现频率最高的[1]。人与人之间有相同的一面，平等的一面，例如生命、人格（现代再加上人权）；人和人之间也有不同的一面，不平等的一面，例如男女、老少、尊卑、贫富等等。如何处理平等、相同的一面，孔子的原则是“仁”，就是视人如己，推己及人，与人为善，以造成一个和睦、充满爱的人类共同体；如何处理不平等、不同的一面，孔子的原则是“礼”，就是在男女、老少、尊卑、贫富等等差异之间，采取一种不同而有节制的、合情合理的态度，以维持一种稳定的秩序。既和睦而又有秩序，这才是一个健康而和谐的社会。所以“礼”和“仁”一样重要，不能只有“仁”没有“礼”。

“仁”主要是人主观的精神境界，主要靠自我修养，你想“仁”，没有人可以阻止得住，所以孔子说“仁远乎哉？我欲仁，斯仁至矣！”但“礼”是外在的，是一种外加的言行规范，有时候是带有某种强制性的，因此是需要学习、克制的，要“克己”才能“复礼”。也因为“礼”是外在的，所以总带有一种仪式性，象征性，符号性，通过仪式、象征、符号而指向本质和意义。因而“礼”必须是严肃的、庄重的、注重细节的，因为一旦失去严肃、庄重，和对细节的注重，“礼”就会流于形式，流于空洞，流于油滑，从而损伤，甚至毁灭它所指向的本质和意义。

“礼”落实到日常公私生活中，就是礼仪、礼节、礼貌。以上五段描写孔子在礼仪、礼节、礼貌上的一丝不苟，正是体现“礼”的严肃庄重，体现对“礼”的仪式性、象征性、符号性的把握。今天一些自以为是的聪明人，特别是少不更事的年轻人，很容易会把孔子这些表现视为烦琐、古板，其实是自己完全不懂“礼”的精神。中国近几十年的种

1　据杨伯峻《论语译注》后面的《论语词典》的统计，“仁”一共出现了109次，仅次于“人”，“礼”出现了75次，仅次于“人”“仁”“君子”“知”。

种“左”倾理论和运动已经使大多数中国人丧失了对“礼”的必要性和重要性的正确认知，更缺乏“礼”的实践和训练，几千年的礼仪之邦已经离“礼”越来越远了。提倡和恢复“礼”的精神是今天中国社会的当务之急。

君子不以绀緅饰，红紫不以为亵服。当暑袗絺绤，必表而出之。缁衣羔裘，素衣麑裘，黄衣狐裘。亵裘长，短右袂。必有寝衣，长一身有半。狐貉之厚以居。去丧，无所不佩。非帷裳，必杀之。羔裘玄冠不以吊。吉月，必朝服而朝。 10·6

解释 “君子不以绀緅饰”句，“绀緅”读 gàn zōu（赣邹），“绀”是青中带红的颜色，“緅”比“绀”更暗一点。“饰”在这里是动词，就是缌边、镶边的意思。“绀緅”料子是用来做礼服的，所以君子不用它来做装饰。

“红紫不以为亵服”句，红紫是高贵的颜色，所以不做亵服，“亵服”就是平时居家的衣服，“亵衣”则一般指内衣。

“当暑袗絺绤”句，“当暑”，天热的时候，“袗”在这里是动词，读 zhěn（疹），穿的意思。“絺”读 chī（吃），“绤”读 xì（细），都指葛布衣，“絺”细一点，“绤”粗一点。“必表而出之”，“表”在这里是动词，是“作为表”的意思，换句话说，里面还有一层衬的。“出之”，就是穿出来。

“缁衣羔裘，素衣麑裘，黄衣狐裘”，这里指皮袍和皮袍外面的罩衣颜色的搭配。“裘”是皮袍，古代皮袍毛在外边；“羔裘”是黑色羊毛皮袍，现在称为紫羔；“麑裘”是白色小鹿皮袍，“麑”读 ní（泥）；“狐裘”，是黄色狐皮皮袍。“衣”指罩衣，“缁”是黑色，“素”是白色。

“亵裘长，短右袂”。“亵裘”，居家穿的皮袄，右边的袖子要做短一点（可能是为了做事方便）。“袂”读 mèi（妹），衣袖。

“必有寝衣，长一身有半”，这里的“寝衣”指睡觉的时候盖的小被子，一个半人长。

“狐貉之厚以居”，“居”，坐垫，“以居”，以之为居，用来作坐垫。[1]

“去丧，无所不佩”，服丧满了之后，就什么都可以佩戴了。“去”是动词，离开的意思，“去丧”就是服丧满了，不再服丧了。

“非帷裳，必杀之”，“帷裳”指礼服，“杀”是裁掉、剪掉的意思。平时穿的服装，不是礼服，不需要很讲究，有多的布就裁掉，省工省料。

“羔裘玄冠不以吊”，“羔裘”，黑色的羊毛皮袍；“玄冠”，黑色的帽子；“不以吊”，不用它们来吊丧，“以”后省去了宾语“之”。古人认为黑色是吉色，不能穿吉服吊丧。

“吉月，必朝服而朝”，“吉月”即“月吉”，每月初一[2]。“朝服”，上朝穿的礼服。第二个“朝”字，是动词，上朝的意思。

大意　君子不用绀色和緅色的料子镶边，红色和紫色的料子不用来做平时家居的衣服，暑天穿粗的或细的葛布衣，但里面要有衬的才能穿出去。冬天，黑衣套紫羔，白衣套麑裘，黄衣套狐裘。居家的时候，袍子比较长，右边的袖子要做得短些。睡觉要有小被，长度是一个半身长。坐垫用厚厚的狐貉皮。居丧期满，脱掉丧衣之后，什么都可以佩戴。只要不是礼服，布料长了一定裁掉。吊丧的时候不穿紫羔皮袍，不戴黑色礼帽。每月初一一定穿礼服上朝。

导读　衣服用什么料子，颜色怎么搭配，什么场合穿什么服装，都

1　“居”，郑玄、皇侃、朱熹等人解作家居，刘宝楠《论语正义》解作坐垫，这里从刘宝楠。

2　从刘宝楠《论语正义》说。

应当讲究。现代人从简，很多讲究都没有了，多半是为了适应现代社会快节奏生活，不得不然。不过某些必要的讲究还是应当注意，要遵从当时当地的习俗，例如着西装时，婚庆不打暗色领带，丧礼不打红色领带之类。

齐，必有明衣，布。齐必变食，居必迁坐。 10·7

解释 “齐”，同“斋”，这里指斋戒沐浴，古人在祭祀前一定要先斋戒沐浴。斋戒是不吃荤的食物，现在还有“吃斋”的说法。“明衣”在这里指浴衣。“变食”，改变平常的饮食。“迁坐”，迁移居住的房间（不和妻妾同房）。

大意 斋戒沐浴的时候，要穿浴衣，布做的。斋戒的时候，要跟平时吃得不一样，睡觉要睡在另外的房间。

导读 这些古礼现在用不上了。

食不厌精，脍不厌细。食饐而餲，鱼馁而肉败，不食。色恶不食。臭恶不食。失饪不食。不时不食。割不正不食。不得其酱不食。肉虽多，不使胜食气。唯酒无量，不及乱。沽酒市脯不食。不撤姜食，不多食。 10·8

解释 “食不厌精，脍不厌细”，主食尽量舂精一点，鱼和肉尽量切细一点。“不厌”，不嫌。

“食饐而餲，鱼馁而肉败，不食”句，“饐”读 yì（意），“餲”读 ài（爱），“食饐而餲”，食物经久而发霉，“馁”和“败”在这里都是腐烂的意思。

“色恶不食”，食物颜色太难看了，不吃。

“臭恶不食”，食物味道太难闻了，不吃。臭，读 xiù（嗅），味道，不是“香臭”的“臭”。

“失饪不食”，烹调不当的食物不吃，“失饪”，指烹调不当，“饪”，烹饪。

“不时不食”，不当时令的食物不吃。

“割不正不食”，食物切割的方式不当不吃。

“不得其酱不食”，没有合适调味的酱料不吃。

“肉虽多，不使胜食气”，吃饭的时候肉再多，也不让吃肉超过吃饭。“食”读 sì（饲），“食气”指主食。

“唯酒无量，不及乱”，只有喝酒不限量，但不喝到失态的程度。“乱”，失礼、失仪。

“沽酒市脯，不食”，买来的酒和肉干不吃。

“不撤姜食，不多食”，吃完了，生姜不撤下去，但不多吃。

大意　米面不嫌舂得精，鱼肉不嫌切得细。食物发霉了，鱼肉腐烂了，不吃。食物颜色难看不吃。气味难闻不吃。烹调不当不吃，不当时令的食物不吃。切割不当的肉不吃。没有合适的酱料不吃。席上的肉虽多，但吃肉不超过主食。只有酒不限量，但不喝醉。市上买的酒和肉干不吃。饭吃完了姜不撤，但也不多吃。

导读　这一段可能是弟子记叙孔子的饮食习惯，也可能是孔子对弟子讲过的应有的饮食讲究。这里的重点是卫生。孔子是很重视卫生和身体健康的，《述而篇》第十三条说："子之所慎：齐，战，疾。""疾"的问题就是有关卫生和身体健康的。

祭于公，不宿肉。祭肉不出三日，出三日不食之矣。 10·9

解释 "祭于公，不宿肉"，参加朝廷祭祀，所得到的肉不留到第二天。"宿"，隔夜。

"祭肉不出三日"，这里的"祭"指家祭。

大意 参加朝廷祭祀所得到的肉，不留到第二天。家里祭祀的肉也不超过三天，超过三天就不吃了。

导读 朝廷祭祀祭完后国君会把肉赐给臣下，祭祀拖的时间长，有一祭再祭的，祭完就可能到第二天第三天了，所以这种肉必须马上吃掉。

还是卫生问题。

食不语，寝不言。 10·10

解释 "语"读 yù（玉），交谈。

大意 吃饭的时候不交谈，睡觉的时候不讲话。

导读 这也还是卫生问题，吃饭的时候讲话可能造成噎食，睡觉讲话可能造成失眠。当然也不要死抠字面，尤其在现代，社交场合吃饭哪有不讲话的？不过睡觉不多交谈还是好习惯。

虽疏食菜羹，瓜祭，必齐如也。 10·11

解释 “瓜祭”，有的本子作“必祭”，是。“齐如”，就是像斋戒一样恭恭敬敬，“齐”同“斋”。

大意 即使吃很粗陋的食物，也一定要祭祀，祭祀也一定要恭恭敬敬。

导读 康有为《论语注》云：“古人饮食，每种各出少许，置之豆间之地，以祭先代始为饮食之人，不忘本也。今印度祭犹如此。齐，严敬貌。孔子虽薄物必祭，其祭必敬，圣人之诚也。”

基督教徒吃饭之前必祷告，叫“谢饭”，就是感谢上帝赐给自己食物。中国人和印度人则感谢祖先，感谢发明这些饮食的人，应该说中国人和印度人的做法更具有人文精神。

席不正不坐。 10·12

解释 “席”，座席，古人没有椅子，坐在地上，所以要在地上铺个席子。

大意 座席放得不规矩不坐。

导读 现代人可能觉得这样做太古板。但是“礼”就是要注重细节，有没有“礼”，常常就表现在细节上，细节马虎就必然损伤“礼”意，首先失去的是真诚。例如跟人握手，你要直视对方的眼睛，实实在在地握住对方的手，这才是尊敬对方的表现。我们每每看到一些人，尤其是地位较高的人，跟一堆人握手的时候，手指尖跟你碰一下，眼光都不在你的脸上停留。这种握手一点诚意都没有，敏感的人立刻会察觉对方的敷衍，甚至会有受到蔑视的感觉。这种握手还不如不握的好。

乡人饮酒，杖者出，斯出矣。 10·13

解释 “乡人”，同乡之人，街坊邻里之人。“杖者”，拿拐杖的人，即老者。

大意 行乡饮酒礼之后，等老年人出来，自己才出来。

导读 古代乡饮酒礼是同乡人一种同乐的习俗，是可以喝到醉的，所谓“桑柘影斜春社散，家家扶得醉人归”[1]。年纪大的人体弱，一般都先走。孔子没有留下来喝醉，等长者走了，自己也走。让长者先走，这是礼貌，不继续留下来跟普通乡人一起再喝至醉，这是孔子的自律。

乡人傩，朝服而立于阼阶。 10·14

解释 “傩”，读 nuó（挪），古人驱鬼的仪式，近代南方乡间还有残留。“阼阶”，东面的台阶，主人所立之处。“阼”读 zuò（作）。

1 见唐王驾《社日》。

大意 本地人行驱鬼仪式的时候，孔子则穿着朝服站在东面的台阶上。

导读 乡人驱鬼，孔子不一定赞成，但还是尊重这个习惯，这也是一种“祭神如神在”的精神。

问人于他邦，再拜而送之。 10·15

解释 “问人于他邦”，向外地的朋友或熟人问好，“问”，问候。既然是向外地朋友问好，所以一定是拜托别人，句中没有明说托人，但这是可以意会的。“再拜”，拜两次。古文中“再”都是指两次，跟白话文中的“再”用法略有不同。

大意 托人向外地的朋友问候，要向受托者拜两拜，再送他走。

导读 古人问候时一定要带礼物，拜两拜，一拜是拜托他致意，第二拜是拜托他带礼物。

康子馈药，拜而受之。曰：“丘未达，不敢尝。” 10·16

解释 “康子”，季康子。“馈”，赠送。“未达”，不了解（药的内容）。

大意 季康子派人送药给孔子，孔子拜了一拜，接受了。然后对来人说：“我不了解药的内容，还不敢试服。”

导读 孔子并不赞成季康子的作为，对季康子僭越礼仪的行为有很多批评（参3·1，3·2，3·6），但季康子是鲁国的执政者，派人送药来，孔子还是“拜而受之”，这就是“礼”。下面说“丘未达，不敢尝”，可以看作一种婉转的推辞，意思是说你下次不必再送了。

厩焚，子退朝，曰：“伤人乎？”不问马。 10·17

解释 “厩”，读 jiù（旧），养马的地方。

大意 孔子的马厩失火了，孔子退朝以后，问：“伤了人吗？”没问马。

导读 孔子担心的是人，不是财物，这件事最能看出孔子的人道主义。孔子对一切不珍惜人的生命的人，都是深恶痛绝的，他曾经谴责那些用人偶来陪葬的人，甚至诅咒他们断子绝孙[1]。现在还有些人放着那些视人命如蝼蚁的独夫民贼不批判，却来批判孔子，实在是太奇怪了。

君赐食，必正席先尝之；君赐腥，必熟而荐之；君赐生，必畜之。侍食于君，君祭，先饭。 10·18

解释 “食”，做好的食物。“腥”，生食，例如生肉、生鱼。“荐”，祭，这里指祭祖宗。“生”，指活的可食的动物，如猪、羊、鸡等。

“侍食于君”，陪国君吃饭。下面“先饭”的“饭”是动词，吃饭之

1 见《孟子·梁惠王上》：“始作俑者，其无后乎！”。

意，不包括吃菜。

大意 国君赐送熟食，孔子一定把座席摆正，先尝尝；国君赐送生食，一定煮熟了，先祭祖宗；国君赐送活物，一定养着它。陪国君吃饭，当国君举行饭前祭礼的时候，自己先吃饭。

导读 这都是事君之礼，严肃庄重，不是拍马屁，不是作秀，也未见得有人看见。

疾，君视之，东首，加朝服，拖绅。 10 · 19

解释 “绅”，配礼服的大带。

大意 孔子生病了，国君来看他，（他不能起床）便调整床的位置，让脑袋在东边，身上盖着朝服，朝服上加大带。

导读 跟前节一样，也是事君之礼，即使病了，也不能废礼。

君命召，不俟驾行矣。 10 · 20

解释 “不俟驾”，不等待马车准备好，“俟”读 sì（寺），等待。“驾”在这里是名词，指马车，孔子那个时代，大夫出门要坐马车，不可步行。

大意 国君有令召见，孔子不等马车准备好，立刻先步行。

导读　还是事君之礼，“君命召”，一方面是来自君之命，另一方面是必有国之大事，所以不可以慢慢吞吞，不等马车备好就走，马车备好再追上来。

以上三段讲的都是事君之礼，也许合成一段更妥当。

入太庙，每事问。　10·21

解释　大意　导读　均见《八佾篇》第十五条（3·15）。

朋友死，无所归，曰：“于我殡。”　10·22

解释　“归”，这里指下葬。“殡”，指葬礼。

大意　朋友死了，办不起丧事，孔子说：“丧事由我来办。”

导读　这是待朋友之礼，也可以看出孔子为人的忠厚和笃于友情。

朋友之馈，虽车马，非祭肉，不拜。　10·23

解释　“馈”，馈赠的礼物，这里是名词。

大意　朋友馈赠的礼物，即使是车马这样贵重的，只要不是祭肉，孔子都只接受，不拜谢。

导读 古人认为朋友有通财之义，所以馈赠礼物，哪怕是很贵重的车马，虽然值得感谢，但不需要拜。但如果朋友送的是祭肉，那就不同了，这时拜，不是拜谢朋友，而是表示对朋友先人的尊敬，就好像尊敬自己的先人一样。

寝不尸，居不客。 10·24

解释 “尸”，动词，仰面朝上躺着，即口语“挺尸”。“居”，动词，在这里是坐的意思。“客”，各本作“容”，杨伯峻《论语译注》校订作“客”，今从杨本。

“不客”，就是不像做客一样正襟危坐。古人席地而坐，在正式场合或见客的时候，一般都是两膝着地，上身挺直，臀部离开足跟，这个坐姿叫“危坐”。平时的坐姿则是臀部靠着足跟，上身不必挺直。也可以把“居”解释为居家、平时起居，那么这句话就变成平时居家比较随便，并不老是像见客那样庄重严肃。

大意 孔子睡觉的时候不像挺尸一样，平时居家也不老是像见客一样。

导读 这是讲生活习惯。

“寝不尸”可能同卫生有关，养生家认为，睡觉最好采取向右侧卧的姿势，两腿稍微弯曲，所谓“立如松，坐如钟，行如风，卧如弓”也。

“居不客”是说孔子也不是一味地端庄严肃，居家还是和乐平易的。“客”有的本子作“容”，“容”是仪容、仪表，“不容”就是不特别保持某种仪容，像在正规场合一样。“不客”和“不容”在这句话里的意思其实差不多。

见齐衰者，虽狎，必变。见冕者与瞽者，虽亵，必以貌。凶服者式之。式负版者。有盛馔，必变色而作。迅雷风烈，必变。 10 · 25

解释 “齐衰”，丧服，读 zī cuī（资崔），已见前篇第十条。“狎”读 xiá（霞），亲密、亲近。“变”，改变态度。“亵”，本义为内衣，这里作动词用，跟“狎”义近，也是亲密、熟悉的意思。“凶服”，即殓衣，给死人穿的衣服。

“式”同“轼”，车前的横木，这里用作动词，是手扶着横木的意思。古人坐车的时候，遇见要表示尊敬的人和地方，就会站起来，手扶着车前的横木，以示敬意，这就叫“式”。“式”后面所带的宾语就是“式”的对象，如这里的“之”（指代前面的“凶服者”）和“负版者”。“版”，图书。

“必变色而作”，一定改变脸色站起身来，“作”，起来。

大意 孔子看见穿丧服的人，虽然关系很亲密，也一定改变态度（表示同情）。看见戴礼帽和盲眼的人，即使很熟悉，也一定有礼貌。

看见拿着殓衣的人，一定从车上站起来，手扶着车前的横木（表示同情）。对背着图书的人也一样（表示尊敬）。

有丰盛的饭菜，也一定改变脸色，站起来（以示感恩）。遇到大雷大雨，一定改变态度（表示敬畏）。

导读 一个人在不同的场合，面对不同的对象，会有不同的情感反应，这是人性、人情。所以遇到特殊的情形，反应一定会跟平常有所不同，改变态度，改变姿势，改变脸色，都是为了表示内心感情的变化，或同情，或尊敬，或感恩，或敬畏。

这也是“礼”。不少人不明白这一点，比如有人参加丧礼，见到熟人就跟平常一样，拍肩打背，谈笑自若，忘记了自己是来参加丧礼的，是要向死者致哀、向死者的亲属表示慰问的。这其实不只是一个缺乏礼貌的问题，更在深层反映了一个人秉性的凉薄和同情心的欠缺。

升车，必正立，执绥。车中不内顾，不疾言，不亲指。 10·26

解释 “执绥”，手拉着车上的绳子。“绥”，绳子，作用类似今天的把手。

大意 孔子登车的时候，一定站好，手拉着绳子。坐在车里不东张西望，不高声讲话，不指指点点。

导读 “执绥”是为了安全，“不内顾，不疾言，不亲指”是为了保持某种仪容而不显得轻佻，古人乘车的机会不多，乘车外出多半有公事要办，车里可能还有别的人，所以车内也是某种特殊场合，就跟在家里不一样了。

还是“礼”。今人乘坐公共交通工具，如飞机、轮船、火车、公共汽车，也要讲礼。有些人就不懂，跑来跑去，高声喧哗，打电话如在自家厅堂，显得非常没有教养，惹人生厌。

色斯举矣，翔而后集。曰：“山梁雌雉，时哉时哉！”子路共之，三嗅而作。 10·27

解释 “色斯”，就是“色然”[1]，惊飞貌。“雉”，读 zhì（制），野鸡。“时哉”，得其时呀。“共之”的“共”同“拱”，拱手的意思。

“三嗅”的“嗅”，他本作“臭”。“臭”是“狊”之误，“狊”读 jù（具），从目从犬，许慎《说文解字》训为“犬视”，郭璞《尔雅注·释兽》则训为“鸟张两翅”。

大意 鸟儿惊飞起来，盘旋了一阵后，又落在一起。（孔子看见这情景）说：“这些山坡上的野母鸡啊，得其时呀！得其时呀！”子路向它们拱拱手，它们耸了耸翅膀，又飞走了。

导读 杨伯峻《论语译注》说：“这段文字很费解，自古以来就没有满意的解释，很多人疑它有脱误，我只能取前人的解释之较为平易者翻译出来。”我这里大体上还从杨释。

前人中有说这段文字是孔子感叹雌雉得时而自己却不得时的，这使人想起陶渊明的诗句：“木欣欣以向荣，泉涓涓而始流，善万物之得时，感吾生之行休。”孔子周游列国十余年，却始终得不到施展政治抱负的机会，到晚年常有这一类的感叹，是可以理解的。

---

1 从王引之《经传释词》说。

先进篇第十一

子曰："先进于礼乐，野人也；后进于礼乐，君子也。如用之，则吾从先进。" 11·1

解释 "先进"，前辈；"后进"，后辈；"野人"，乡下人；"君子"，有地位的人。

大意 孔子说："前辈对于礼乐的态度有点像我们现在的乡下人，后辈对于礼乐的态度则像我们今天那些有地位的城里人。如果要我选用，我愿意像前辈那样。"

导读 对这段话的解释历来分歧很多，为避免烦琐就不一一辨证了。孔子的意思是明白的，对于礼乐宁可粗糙一点，但要真诚。过多的繁文缛节表面看起来很完备，如果缺乏真诚，就缺了灵魂。这跟答林放的"礼，与其奢也，宁俭；丧，与其易也，宁戚"（3·4）是一致的。

子曰："从我于陈、蔡者，皆不及门也。" 11·2

解释 "及门"，在门边，在门下，也就是跟着老师身边学习的意思。

大意　孔子说:“跟着我在陈国、蔡国一带（吃过苦、挨过饿）的人，现在都不在我这里了。”

导读　私人开班授徒，孔子是中国的第一人，而且前后教过的学生多达三千人，有点像我们今天私立大学的味道了。学生学成以后，离开孔子去做别的，比如冉求和子路当官，子贡经商，一定是陆陆续续都有的，当然也有新的弟子投到孔子的门下来。

孔子周游列国时，有一批学生跟着他，著名的像颜回、子路。路途中也有遭遇困难、危险的时候，其中在陈国、蔡国之间有一次遭遇最狼狈，被围了好几天，以致断了粮，学生都饿得爬不起来。前人文中常以“厄于陈蔡”指称这件事，司马迁《史记·孔子世家》叙述此事说:“孔子迁于蔡三岁，吴伐陈。楚救陈，军于城父。闻孔子在陈、蔡之间，楚使人聘孔子。孔子将往拜礼，陈、蔡大夫谋曰:‘孔子贤者，所刺讥皆中诸侯之疾。今者久留陈、蔡之间，诸大夫所设行皆非仲尼之意。今楚，大国也，来聘孔子。孔子用于楚，则陈、蔡用事大夫危矣。’于是乃相与发徒役围孔子于野。不得行，绝粮。从者病，莫能兴。孔子讲诵弦歌不衰。”

本篇此段是孔子晚年回忆这件事的时候所发的感叹，孔子对学生的深厚感情和深切怀念如见。

德行:颜渊，闵子骞，冉伯牛，仲弓。言语:宰我，子贡。政事:冉有，季路。文学:子游，子夏。　11·3

解释　仲弓，是冉雍的字。季路，就是子路，子路姓仲，名由，字子路，一字季路。有人把前段和此段并为一段，并认为这里讲的十个人，都是曾经跟随孔子在陈、蔡一带受过难的，杨伯峻已辨其非[1]。

大意 孔子的学生中，德行最好的有颜渊、闵子骞、冉伯牛、仲弓。最善于辞令的有宰我和子贡。在从政方面表现突出的有冉有和子路。对典籍文献最熟悉的有子游和子夏。

导读 这一段讲了孔子弟子中在德行、言语、政事、文学四个方面表现突出的十个人，估计是孔子晚年跟学生谈话时说的，后世学者称之为孔门“四科十子”。这四科的分法对后世的人材学很有影响，例如《世说新语》前四篇就分别是《德行第一》《言语第二》《政事第三》《文学第四》。

子曰：“回也非助我者也，于吾言无所不说。” 11 · 4

解释 “无所不说”，没有什么不喜欢的，“说”同“悦”。

大意 孔子说：“颜回不是帮助我的人啊，他对我说的话没有不喜欢的。”

导读 颜回是孔子最优秀的学生，也是孔子最喜欢的学生，是“十子”中排在第一位的。魏晋人称之为“庶几”，也就是说差不多接近圣人了。汉高祖起，即以颜回配享孔子，明嘉靖间封为“复圣”。颜回对孔子所说的话“无所不说”，是因为他认为孔子的话都对，而且都合乎他自己的心意，并不只是因为是老师说的话，就不表示不同的意见。孔

1 参见《论语译注》此条注。

子说他“非助我者也”，字面上是批评，实际上是赞赏，也是孔子的自谦。孔子在另外一个地方说过：“吾与回言终日，不违如愚。退而省其私，亦足以发。回也不愚！”（2·9）跟这里的意思是一样的。

子曰：“孝哉闵子骞！人不间于其父母昆弟之言。” 11·5

解释 “孝哉闵子骞”，这是一个倒装句。闵子骞名损，子骞是字，孔子称呼弟子都称名不称字，这一句话可能是记述人记错了，也有人说这一句应当作“子言孝哉闵子骞”，下面“人不间于其父母昆弟之言”才是孔子原话。

“人不间于其父母昆弟之言”，按白话文的次序应该是“人于其父母昆弟之言不间”。“间”读 jiàn（见），意为“非”“非议”“不同意”，“不间”，就是没有不同的意见。“昆弟”，即兄弟。

大意 孔子说：“闵子骞这个人真是孝顺啊！人们对于他父母兄弟称赞他的话都不怀疑。”

导读 一个人的父母兄弟说他的好话，常会有人怀疑：是不是互相吹捧？真有这么好吗？但是闵子骞的孝却是远近闻名、里外一致，以至于没有人会怀疑。

南容三复白圭，孔子以其兄之子妻之。 11·6

解释 “三复白圭”，再三诵读白圭的诗。白圭诗指《诗经·大雅·抑》:“白圭之玷，尚可磨也；斯言之玷，不可为也。”意思是说白圭上的污点，还可以磨去；而一个人说了错话，就没办法收回了，所以做人、做事、说话都要谨慎。“三复”，再三，多次，多半指诵读或思考，现在有时还说的“三复斯言”，就是再三思考此言的意思。

“兄之子”，这里指侄女。“妻之”，嫁给他，“妻”，名词作动词用，读 qì（气）。

大意 南容多次诵读白圭的诗，孔子（觉得他很谨慎）就把侄女嫁给他了。

导读 南容（即南宫适）多次诵读白圭诗，说明他在反复思考此诗的内容，赞成、欣赏此诗的主旨，即慎言，由此可以看出他是一个很谨慎的人。孔子一向主张慎言，《论语》中多次提到这一点，例如：“敏于事而慎于言”（1·14）、“先行其言而后从之”（2·13）、“古者言之不出，耻躬之不逮也。”（4·22）、“君子欲讷于言而敏于行”（4·24）、“刚、毅、木、讷，近仁”（13·27）、“耻其言而过其行”（14·27）。孔子讨厌夸夸其谈，并认为说话要看场合、对象、地点，告诫弟子不要以言招祸。例如孔子说过：“邦有道，危言危行；邦无道，危行言孙。”（14·3）为什么“邦无道”就不能“危言”（正言、直言），而要“言孙”（言语谨慎、委婉）呢？因为说了会得罪“无道”的统治者，从而招致祸害。

一个谨慎的人首先就要做到慎言，尤其在言论不自由的社会和年代，这样才能保全自己，同时保全家人，这样也才是一个对家庭负责的人，把亲人嫁给他才能放心。而南容就是一个这样的人。孔子多次称赞南容，说他：“邦有道不废，邦无道免于刑戮。”（5·2）又说：“君子哉若人！尚德哉若人！”（14·5）

季康子问："弟子孰为好学？"孔子对曰："有颜回者好学，不幸短命死矣，今也则亡。" 11·7

解释 "孰为好学"，谁是好学的。"孰"，谁，"好学"的"好"读去声。"今也则亡"，现在就没有了，"亡"，音、义都同"无"。

大意 季康子问孔子："您的学生中谁是好学的？"孔子回答说："有一个叫颜回的好学，可惜短命死了，现在就没有好学的人了。"

导读 孔子说颜回好学，其他人都算不上，这一方面说明颜回最优秀，最接近孔子的教育理想；同时也可以看出，孔子讲的"学"，不是我们今天说的"学"，这个"学"是学做人，学做君子，学做一个优秀的士。孔门说"学"，都是这个意思，孔子说自己"吾十有五而志于学"（2·4），也还是这个"学"。后世把"学"的范围越缩越小，到了今天，"学"差不多就只指学书本知识了。学校只是教师教书、学生读书，大学差不多就成了知识养成所、职业培训所，跟孔子所说的"学"已大相径庭。父母、家庭也推波助澜，只关心孩子书念得好不好，成绩好不好，将来能不能找个好职业。至于能不能成为一个真正的人，成为一个品格正直的君子，早已乏人关心。好像这是不需要学，或不值得学的。

最奇怪的是，"文化大革命"还有人把现在这种应试教育所造成的种种恶果推到儒家身上，推到孔子身上，说这是儒家提倡的，还说孔子说过"学而优则仕"[1]，鼓励大家读书，然后好当官。这些人连儒家说的"学"是什么意思都没有搞清楚，就这么胡乱批判一通，不是太可笑了吗？

1 这话其实是子夏说的，意思也不是学好了去当官，是说学有余力则可以从政，前面还有半句是"仕而优则学"，见《子张篇》第十三条。

颜渊死，颜路请子之车以为之椁。子曰："才不才，亦各言其子也。鲤也死，有棺而无椁，吾不徒行以为之椁。以吾从大夫之后，不可徒行也。" 11·8

解释 "椁"，外棺，古人的棺材有两层，里面叫"棺"，外面叫"椁"。

"请子之车以为之椁"，向孔子请求用孔子的车来替颜渊做椁，亦即卖掉车来买椁。两个"之"字，第一个是连词，第二个是代词，指颜渊。

"才不才，亦各言其子也"，有才也好，没才也好，但各人说的都是自己的儿子。有才指的是颜渊，不才指的是伯鱼，伯鱼赶不上颜渊，说"不才"则是孔子的谦虚。后世常用"不才"来代指自己，出此。

"以吾从大夫之后，不可徒行也"，我也是个大夫，不可以徒步行走。"从大夫之后"意为"跟在大夫的后面"，是谦语。大夫不可徒行，是当时的礼制。

大意 颜渊死了，他的父亲颜路向孔子请求把孔子的车卖了来替颜渊办外椁。孔子说："不管有才无才，但说的总是自己的儿子。孔鲤死了，只有内棺没有外椁，我也没卖了车步行来替他办外椁。因为我也曾做过大夫，按礼制是不可以步行的。"

导读 孔子推崇周朝的礼制，把"礼"看得非常重，在孔子学说中，"礼"的重要性仅次于"仁"，所以孔子一言一行都以"礼"为准，"非礼勿视，非礼勿听，非礼勿言，非礼勿动"。（12·1）凡违反礼制的行为，不论是谁，孔子都是一概反对而且加以抨击的，例如我们在《八佾篇》看到他对当时鲁国执政者季氏的批判，就是明显的例子。

颜渊虽然是孔子最喜欢的学生，颜渊早死孔子伤心不已。但是无论怎么喜欢，怎么悲痛，孔子仍然认为不能为了宣泄自己的感情而做违反礼制的事，正如孔子的学生有若曾经说过的："知和而和，不以礼节之，亦不可行也。"（1·12）由此也可以看出，"礼"不仅仅具有区别尊卑上下的作用，还有节制感情，不让它过分泛滥的作用。

颜渊死。子曰："噫！天丧予！天丧予！" 11·9

解释 "噫"是感叹词，"丧"，死。"予"，我。文言文中第一人称的代词有很多，最常见的是我、吾、予、余。

大意 *颜回死了。孔子说："哎！老天爷要我的命啊！老天爷要我的命啊！"*

导读 这个"天"就像一个人格神的"天"了，现代汉语也还在用，"我的天"就相当于英文中的"My God".。

颜渊死，子哭之恸，从者曰："子恸矣！"曰："有恸乎？非夫人之为恸而谁为？" 11·10

解释 "恸"，非常悲伤，过于悲伤。马融说："恸，哀过也。"（见何晏《论语集解》）

"非夫人之为恸而谁为"，不为这个人悲伤，还为谁悲伤呢？"夫人"，这个人，"夫"读 fú，指示代词，意为这、那。"夫人"是介词"为"

的宾语，因强调而提前，“之”是宾语提前的标志，没有意义。后面“谁为”中的“谁”也是“为”的宾语，因是疑问代词而提前；“谁为”后面省略了动词“恸”。“为”读去声。

大意　颜渊死了，孔子哭得非常悲伤，学生们说：“老师您太悲伤了！”孔子说：“我真的太悲伤了吗？不为这个人悲伤，还为谁悲伤呢？”

导读　看这两段，就明白孔子不同意卖车为颜渊办外椁，不是不伤心，也不是自私，是反对违礼，再看下一段，就更清楚了。

颜渊死，门人欲厚葬之，子曰：“不可。”门人厚葬之，子曰：“回也视予犹父也，予不得视犹子也。非我也，夫二三子也！”　11·11

解释　“厚葬”，办很隆重、很丰厚的葬礼。

“视予犹父”，把我看作父亲，待我如父。

“夫二三子”，“夫”读 fú（扶），如上段中“夫人”之“夫”。

大意　颜渊死了，同学们想厚葬他，孔子说：“不可以。”但同学们还是厚葬了颜渊，孔子说：“颜回待我像父亲一样，我却不能够待他像儿子一样。不是我的主意呀，是你那帮同学干的呀！”

导读　孔子反对厚葬[1]，尤其是违反“礼”的厚葬，颜渊虽然优秀，

1　杨伯峻说：“根据《檀弓》所记载孔子的话，丧葬应该‘称家之有亡，有，毋过礼。苟亡矣，敛首足形，还葬，縣（悬）棺而封’。”见《论语译注》本条。

但家里很穷，按“礼”不应该厚葬，但学生还是厚葬了，所以孔子感叹，说如果是我自己的亲生儿子，我来举办葬礼，我就不会这样做了。

季路问事鬼神，子曰：“未能事人，焉能事鬼？”曰：“敢问死。”曰：“未知生，焉知死？” 11 · 12

解释 季路，即子路，仲由的别字，前面说过。

“问事鬼神”，就是向孔子请教如何服事鬼神。

“焉能事鬼”的“焉”，疑问副词，意为怎么、如何。

“敢问”，我斗胆问您，“敢”是谦词。

大意 子路向孔子请教如何服侍鬼神，孔子说：“还没有懂得服侍人，怎么能服侍鬼？”子路又说：“请问什么是死？”孔子说：“还没有懂得生，怎么会懂得死？”

导读 孔子并没有完全否认鬼的存在，但他显然认为人比鬼重要；孔子也没有完全拒绝探讨死后的世界，但他显然认为认识生前的世界更为重要。对于鬼是否有，死后的世界是否有，孔子仍然是采取“存而不论”的态度。总之，孔子学说与各种宗教都不同，它关注的始终是此生、此岸，不讨论他生、彼岸，这是儒家思想的特色，也是其优长所在。

闵子侍侧，訚訚如也；子路，行行如也；冉有、子贡，侃侃如也。子乐。“若由也，不得其死然。” 11 · 13

解释 闵子，即闵子骞，“骞”字可能脱落了。“侍侧”，站在旁边，下辈陪长辈叫作“侍”，通常是尊者坐，卑者立。

“訚訚”“侃侃”前面都已见过，是形容讲话，这里却是形容态度，“訚訚”是恭敬正直的样子，“侃侃”是和乐自如的样子。“行行”，读 hàng（沆），刚直的样子。

“不得其死然”，不得自然死亡，不得好死，“其死”，本该应有的死亡，与“不以其道得之”中的“其道”用法相同。“然”是语气词，无义。

大意 闵子骞侍立在孔子的旁边，恭敬正直的样子；子路呢，很刚强的样子；冉有和子贡，则是和乐自如的样子。孔子高兴起来了。（但是又说）“像仲由吧，怕得不到好死啊。”

导读 这几个都是优秀的学生，孔子看到他们自由自在，各自展现自己的本性，自然而然地就觉得很快乐，正如孟子说的，“得天下英才而教育之”是人生之一乐。

子路性格刚强直爽，不肯屈服，这种性格在乱世之中是很难得到善终的，后来果然在兵乱中被杀。

末句与上文意思有点贯穿不起来，李泽厚《论语今读》把这段分成两段，可从。

鲁人为长府，闵子骞曰：“仍旧贯，如之何？何必改作？”子曰：“夫人不言，言必有中。” 11 · 14

解释 “鲁人为长府”，“鲁人”在这里指鲁国执政者，“长府”是鲁国金库的名字，“为”，在这里是翻修的意思。古文中的“为”作动词时相当于白话文中的“做”“搞”，意思非常广泛，译文要视语境而定。

“仍旧贯”，“仍”在这里是动词，有照旧、维持原貌的意思；“旧贯”，旧的样子，老样子。

“言必有中”的“中”读 zhòng（仲），中肯。

大意 鲁国执政者翻修长府金库。闵子骞说：“照老样子如何呢？为什么要改修呢？”孔子说：“这个人平时不大讲话，一讲话就很中肯。”

导读 孔子称赞闵子骞的慎言，说他“夫人不言，言必有中”。这是一种很高的境界，没有几个人做得到的，值得每个人好好思考，努力效法。尤其是居高位的人，说一句话，就要影响很多人，话说得好，可以移风易俗，话说得不好，可以摇动社稷，所谓“一言可以兴邦，一言可以丧邦”，能不慎之又慎乎？

子曰：“由之瑟奚为于丘之门？”门人不敬子路，子曰：“由也升堂矣，未入于室也。” 11 · 15

解释 “由之瑟奚为于丘之门”，“为”，在这里是弹弄的意思。

大意 孔子说：“仲由的瑟干吗弹到我的门口来呢？”其他学生听了这话，就不尊敬子路了。孔子又说：“仲由嘛，已经进了厅堂，只是没有到达内室罢了。”

导读 子路尚勇，可能弹瑟的时候有杀伐之声，孔子不喜欢才说了前面那句话。学生们误会了，以为孔子不喜欢子路这个人，孔子后面的话则是纠正学生们的误会而维护子路。“升堂”“入室”后来成了成语，表示对某种学说或理论的造诣的不同阶段，“升堂”已经不错了，“入室”就更加了不起。

子贡曰：“师与商也孰贤？”子曰：“师也过，商也不及。”曰：“然则师愈与？”子曰：“过犹不及。” 11·16

解释 “师”就是子张，姓颛孙，名师，字子张。“商”就是子夏，姓卜，名商，字子夏。“孰贤”，哪一个好。

“然则师愈与”句，“然则”，那么；“愈”的意思是更好、超过。“过犹不及”，过犹如不及，过和不及是一样的。

大意 子路问孔子：“子张和子夏哪一个好？”孔子说：“子张呢，过了一点；子夏呢，还差一点。”子贡说：“那么子张较好吗？”孔子说：“过了头和差一点是一样的（都不够好）。”

导读 “过犹不及”就是孔子对中庸的诠释。一般人都会犯跟子贡一样的错误，总认为超过比不及要好，例如，钱多一点总比少一点好，吃饱一点总比饥一点好，穿暖一点总比寒一点好，激进总比保守好，左一点总比右一点好，俱如此类。但孔子却认为，超过跟不及都不够好，在不够好这一点上是一样的。孔子在这里强调的是对“度”的把握，世界上的任何事情，最佳状态就是“适度”，不要以为超过了“度”比不及“度”要好。

季氏富于周公，而求也为之聚敛而附益之。子曰："非吾徒也。小子鸣鼓而攻之，可也。" 11 · 17

解释 "季氏"，在鲁国执政的季孙氏，冉求当时是季孙氏的家臣。"周公"，通常是指周公姬旦，但这里是泛指当时在周朝王室为官的高级官员。

"聚敛"，聚钱敛财，搜刮老百姓的财物。"附益"，增加。

"鸣鼓而攻之"，敲着鼓攻打他，意为公开声讨。

大意 季孙氏比当时周王朝的许多高级官员都更富有，而冉求还为他搜刮来增加他的财富。孔子说："这不是我的门徒。孩子们，你们敲起鼓来声讨他都可以。"

导读 冉求是孔子弟子当中很有政治才干的人，尤善于理财，但是他的才干用错了对象，所以受到孔子严厉的批评。近代有些人动不动就说儒家为统治阶级的利益服务，这其实是不分青红皂白、不负责任的批评。至少孔子、孟子从来都是反对统治者残民以逞的。

柴也愚，参也鲁，师也辟，由也喭。 11 · 18

解释 "柴"，姓高，名柴，字子羔，孔子弟子，齐国人，比孔子小四十岁（一说小三十岁）。

"参"，指曾参；"师"，指颛孙师；"由"，指仲由；前面都见过。

"愚"，笨。"鲁"，迟钝。"辟"，偏激。"喭"读 yàn（彦），鲁莽。

大意 高柴笨一点，曾参迟钝一点，颛孙师有点偏激，仲由有点鲁莽。

导读 这是孔子对四个人性格的评价，主要是指出缺点。不要误会孔子不喜欢他们，或说这几个人不行，其实他们都是孔子的优秀弟子，只是各有各的缺点而已。

子曰："回也其庶乎，屡空。赐不受命，而货殖焉，亿则屡中。" 11·19

解释 "回"，即颜回。"其"是表示推测的语气词，相当于白话中的大概、也许。"庶"，庶几，差不多。"屡空"，常常空，"空"是空空如也的空，就是穷困、家徒四壁的意思。

"赐"，即子贡。"不受命"意为不接受命运的安排[1]，"货殖"是做生意的意思，"货"，财货，"殖"，增加。"亿"繁体作"億"，通"臆"，在这里是猜测的意思。"屡中"，常常猜中，"中"读 zhòng（仲）。

大意 孔子说："颜回差不多了，可老是穷得没办法。端木赐不大安分，居然去做生意，也居然让他常常猜对了行情。"

导读 《周易·系辞下》载孔子说："颜氏之子其殆庶几乎，有不善未尝不知，知之未尝复行也。"可以与此段首句同看。魏晋间称大贤为"庶几"，即源于此。

下句说"赐不受命"，这个"命"显然还是偏向于种种因缘所造成的

1 历代学者对此处的"命"有不同的解释，或释为"教命"，或释为"禄命"，或释为"天命"，或释为"官命"，参看杨伯峻《论语译注》此条注释。

命运，而非已经定好的宿命，否则就谈不上“受命”与“不受命”的问题。

子张问善人之道，子曰：“不践迹，亦不入于室。” 11·20

解释 “善人”，好人，为大家做了好事的人。

“不践迹”，不沿着前人的足迹前进。

“不入于室”，“入室”，前面已见（11·15），指没有进入“道”的深奥处。

大意 子张问善人管理国家的办法，孔子说：“如果他们不沿着古圣先贤的足迹走，还是不会达到很高的境界。”

导读 关于这一段的意思，前人有种种解释，有很多争论，我个人觉得都不大令人满意。我下面的看法不敢说一定比前人正确，只是我自认为较为妥当而已。

“善人”在《论语》当中一共出现了五次，除此处外，其他四次分别是：

1. 子曰：“圣人，吾不得而见之矣！得见君子者，斯可矣！”子曰：“善人，吾不得而见之矣！得见有恒者，斯可矣！”（7·26）

2. 子曰：“‘善人为邦百年，亦可以胜残去杀矣。’诚哉是言也！”（13·11）

3. 子曰：“善人教民七年，亦可以即戎矣。”（13·29）

4. “周有大赉，善人是富。‘虽有周亲，不如仁人。百姓有过，在予一人。’”（20·1）

细玩文意可知，“善人”的位阶在“圣人”之下，也在“仁人”之下，功业不如“圣人”，道德不如“仁人”。“善人”是有心为善的在位者，即把国家治理得较好的人，像好的诸侯或大臣之类。这样的人对社会、对老百姓做了好事，但没有达到孔子希望达到的“仁”的高度，在这方面达到“仁”的高度并受到孔子称赞的只有一个管仲：“桓公九合诸侯，不以兵车，管仲之力也。如其仁，如其仁！”（14·16）孔子是主张“法先王”的，是以古圣先贤为标杆的，孔子认为他们之所以没有达到“仁”的高度，也就是“不入室”，是因为他们“不践迹”，即不沿着古圣先贤（例如周文王、周武王、周公等人）的道路走，所以走不远。

子曰：“论笃是与，君子者乎，色庄者乎？” 11·21

解释 “论笃是与”，“与”在这里是称许的意思，跟“子罕言利，与命，与仁”（9·1）中的“与”一样，是动词。“论笃”，言论笃实，“论笃”是“与”的宾语，因强调而提前，“是”是提前的标志，没有意义，现在还用的成语“唯你是问”“唯利是图”都是同样的结构。

“色庄”，脸色庄重，这里隐含着伪装庄重的意思。

大意 孔子说：“一个人称许别人言论笃实，这个人是君子呢？还是伪装庄重呢？”

导读 称许别人言论笃实，如果是真心诚意，而且自己也言论笃实，那么这个人当然是个君子。但是也有另外一种情况，一个人称许别人言论笃实，而自己言论并不笃实，称许别人只是要让其他人觉得他也是一个笃实的人，那这样的人就是伪君子了。孔子这句话也许是针对某一个具体的事情或人物而言的，现在无从考证了。其实是否针对某人某事并不重要，孔子这话让我们警惕，世间的确有一种人物，言行并不一致，有的甚至好话说尽、坏事做绝，少不更事的年轻人很容易上当受骗。

子路问闻斯行诸，子曰："有父兄在，如之何其闻斯行之？"冉有问闻斯行诸，子曰："闻斯行之。"公西华曰："由也问闻斯行诸，子曰'有父兄在'；求也问闻斯行诸，子曰'闻斯行之'。赤也惑，敢问。"子曰："求也退，故进之；由也兼人，故退之。" 11·22

解释 "闻斯行诸"，听到就做吗，"诸"是"之乎"的合音。"斯"，就，副词。

"进之""退之"，进、退本来是不及物动词，在这里用作及物动词，使动用法，意为使之进、使之退。"兼人"，就是胜人，通常指一个人的勇气过人或才能过人。

大意 子路问孔子听到了就去做吗？孔子说："有父亲和哥哥在，怎么可以听到了就去做呢？（要问问他们的意见，要考虑对他们有没有影响。）"冉有也问孔子听到了就去做吗？孔子说："对，听到了就去做。"公西华问孔子说："仲由问是不是听到了就去做，您回答说有父亲和哥哥在；冉有问是不是听到了就去做，您回答说听到了就去做。我不大明白，斗胆问问老师是什么意思。"孔子说："冉求这个人性格软弱、遇事退缩，所以我鼓励他；仲由这个人好胜心强、勇气过人，所以我压压他。"

导读 孔子因材施教，这是最具体的一个例子。每个人都有自己的性格特点，不同的性格导致不同的优缺点。一个教育者要善于针对各人的特点，鼓励他们的长处，抑制他们的短处。

子畏于匡，颜渊后。子曰：“吾以女为死矣！”曰：“子在，回何敢死？” 11·23

解释 “子畏于匡”，孔子在匡地受到惊吓，被匡人误为阳虎而囚禁的事情，参看《子罕篇》第五条。

“颜渊后”，颜渊后到。“女”同“汝”。

大意 孔子在匡地遇到险难，孔子脱险后，颜渊过了一会儿才到。孔子说：“我以为你已经死了呢！”颜渊回答说：“老师在，我怎么敢死？”

导读 孔子脱险后，担心颜渊遇害，急切之心，情见乎辞。颜渊敬爱老师，忠心耿耿之意，亦情见乎辞。《史记·孔子世家》记载了这个故事：“（孔子）将适陈，过匡。颜刻为仆，以其策指之曰：‘昔吾入此，由彼缺也。’匡人闻之，以为鲁之阳虎。阳虎尝暴匡人。匡人于是遂止孔子。孔子状似阳虎，拘焉五日。颜渊后，子曰：‘吾以汝为死矣。’颜渊曰：‘子在，回何敢死！’匡人拘孔子益急，弟子惧。孔子曰：‘文王既没，文不在兹乎！天之将丧斯文也，后死者不得与于斯文也。天之未丧斯文也，匡人其如予何！’孔子使从者为宁武子臣于卫，然后得去。”

季子然问：“仲由、冉求可谓大臣与？”子曰：“吾以子为异之问，曾由与求之问。所谓大臣者，以道事君，不可则止。

今由与求也，可谓具臣矣。”曰：“然则从之者与？”子曰：“弑父与君，亦不从也。” 11·24

解释 “季子然”，人名，可能是季氏族人，《史记·仲尼弟子列传》作季孙。

“异之问”和“由与求之问”，两个词组结构相同，都是宾语提前的动宾结构，“异之问”就是“问异”，“由与求之问”就是“问由与求”，两个“之”字是宾语提前的标志。“曾由与求之问”的“曾”字，读céng（层），是语气词，有点疑问的味道。

“具臣”，有才干的臣子。

“从之者”，听从他的人，这个“之”代指季氏。

大意 季子然问孔子：“仲由和冉求可以称为大臣吗？”孔子说：“我以为你会问点别的，原来是问仲由和冉求啊。所谓大臣，是以正道服侍国君，国君不听宁可辞职。现在仲由和冉求嘛，可以叫作有才干的臣子吧。”季子然又问：“那么他们都是很顺从国君的人吗？”孔子说：“（那要看情况）如果是弑父、弑君，他们是不会听从的。”

导读 从这段可以看出，孔子对大臣的要求是很高的，大臣对国君不是一味顺从，而是敢于谏诤，如果君王不听，宁可辞职，他们的态度是从道不从君，因为他们把道看得高于一切，道高于君，当然更高于自己一身的利害。用今天的话来讲，就是服从真理，坚持原则，不忘初心。只记得自己的乌纱帽的人，有资格称为大臣吗？

子路使子羔为费宰，子曰：“贼夫人之子。”子路曰：“有

民人焉，有社稷焉，何必读书，然后为学？”子曰：“是故恶夫佞者。”11·25

解释 “费宰”，费地的长官，费县县长，“费”旧读 bì（必）。“贼夫人之子”，“贼”在这里是动词，由盗贼的意思引申为祸害，“夫人”，那个人，前面已经见过两次了。下面“恶夫佞者”的“夫”是语助词，还是读 fú（扶），“恶夫”连读。“佞者”，强嘴利舌的人，强词夺理的人，喜欢狡辩的人。

大意 子路让高柴去做费县县长，孔子说：“你这是害了别人的儿子。”子路说：“那里有老百姓，有土地、五谷，（管理老百姓，种地，生产五谷，这也是学习）为什么一定要读书，然后才算学习呢？”孔子说：“这就是为什么那些强嘴狡辩的人令人讨厌。”

导读 高柴比孔子小四十岁（一说小三十岁），子路比孔子小九岁，所以高柴比子路小三十一岁，子路死时六十二岁，说这话的时候应该是做季氏家臣的时候，大约五十多岁，那么高柴才二十出头。在孔子看来，高柴应该趁年轻的时候多学习，而不应该早早从政，所以孔子认为子路是害了高柴，而子路却说从政也是学习，何必一定要读书，孔子认为子路是强辩，很不高兴，乃以“佞者”斥之。

子路的说法也不是一点道理都没有，跟现代有人主张在实践中学习颇相似，但孔子显然是不同意的。孔子把学习摆在第一位，认为学好了，有余力了，才可以从政，所谓“学而优则仕”就是这个意思。如果理解孔子的“学”不是今天的读书，而是学做人，立德立本，那么就不会反对孔子的意见了。你自己做人都没有学好，怎么能去做官呢？怎么能管别人呢？而子路恰恰是跟今天一般人的错误一样，把“学”仅仅理解为读书，那就是根本没有懂得孔门“为学”的真正含义，怪不得孔子生这么大气。

子路、曾皙、冉有、公西华侍坐。

子曰：“以吾一日长乎尔，毋吾以也。居则曰‘不吾知也！’如或知尔，则何以哉？”

子路率尔而对曰：“千乘之国，摄乎大国之间，加之以师旅，因之以饥馑；由也为之，比及三年，可使有勇，且知方也。”夫子哂之。

“求，尔何如？”对曰：“方六七十，如五六十，求也为之，比及三年，可使足民。如其礼乐，以俟君子。”

“赤，尔何如？”对曰：“非曰能之，愿学焉。宗庙之事，如会同，端章甫，愿为小相焉。”

“点，尔何如？”鼓瑟希，铿尔，舍瑟而作，对曰：“异乎三子者之撰。”子曰：“何伤乎？亦各言其志也！”曰：“莫春者，春服既成，冠者五六人，童子六七人，浴乎沂，风乎舞雩，咏而归。”

夫子喟然叹曰：“吾与点也。”

三子者出，曾皙后。曾皙曰：“夫三子者之言何如？”子曰：“亦各言其志也已矣！”曰：“夫子何哂由也？”曰：“为国以礼，其言不让，是故哂之。唯求则非邦也与？安见方六七十如五六十而非邦也者？唯赤则非邦也与？宗庙会同，非诸侯而何？赤也为之小，孰能为之大？” 11 · 26

解释 子路名由，曾皙名点，冉有名求，公西华名赤。

"一日长乎尔",即"长于尔一日","乎"同"于","长"读 zhǎng(掌),年长。"毋吾以",即"毋以吾(一日长乎尔)",代词宾语前置,这是否定前句。"居",这里指平时。"则何以哉","何以",即何为,做什么。

"率尔而对",贸然回答。"比及",等到。"知方",懂得规矩。"哂",读 shěn(审),笑,多用于善意的讥笑。

"如五六十"的"如",意为"或",下面"如会同"的"如"也是"或"的意思。"如其礼乐"的"如"则是"至于"的意思。"宗庙之事",指祭祀。"会同",指诸侯会盟。"端章甫","章甫"是礼帽,"端",形容词用作动词,使动用法,使礼帽端正。"小相","相"就是助理,"小"表示谦虚。

"鼓瑟希,铿尔,舍瑟而作"句,"希",停歇;"铿尔",奏琴停歇前的响声,即余音袅袅之意;"舍",放下;"作",站起来。

"异乎",异于。"三子者之撰","撰",述、说。"莫春","莫"音、义同"暮",是"暮"的本字。"春服既成",已经换上了春装。"冠者",成年人,已行过冠礼的人,古代二十岁行冠礼,表示成年。"沂",水名,在山东,离孔子家乡不远。"舞雩",台名,在沂水边,是祭天求雨的地方,"雩"读 yú(于)。

"吾与点也"句,"与",赞许、赞成。

大意　子路、曾皙、冉有、公西华陪孔子坐着。孔子说:"我比你们大几岁,你们不要因此有顾虑。你们平时老说没有人赏识我,如果有人赏识你,你打算做什么?"

子路贸然回答说:"一个有千辆兵车的国家,夹在大国的中间,外国来攻打它,接着又发生饥荒,我来治理这个国家,只要三年,可以使这个国家的老百姓勇敢无畏,而且懂得规矩。"

孔子笑了笑。问冉求:"你怎么样?"冉求回答说:"一个六七十里或者是五六十里的小国,我来治理它,三年之后,可以使老百姓富足,至于礼乐制度，那要等待君子了。”

又问公西华：“你怎么样？”公西华回答说：“我不敢说能够治理好，我只是愿意学习。国家办祭祀的时候，或者跟别国结盟的时候，我愿意穿着礼服，戴着礼帽，当个小小的助理。”

又问曾皙：“你怎么样？”曾皙正在鼓瑟，铿的一声停下来，放下瑟回答说：“我跟他们三个所说的都不一样。”孔子说：“有什么关系？不过是各人说说自己的想法罢了。”曾皙说：“暮春三月，大家都穿上了春装，我邀上几个成年人，几个小孩子，到沂水边去洗个澡，到舞雩台上去吹吹风，唱着歌回来。”

孔子喟然长叹说：“我赞成曾点啊！”

其他三个人退出去了，曾皙留在后边，问孔子说：“他们三个的话怎么样？”孔子说：“也不过是各人说说自己的想法罢了。”曾皙说：“那您怎么笑子路呢？”孔子说：“治理国家要靠礼让，可他的话不谦逊，所以我笑他。你看冉求说的就不是治理国家吗？哪有方圆六七十里、五六十里还不算国家的呢？还有公西赤，他说的难道就不是国家吗？有宗庙，有会盟，不是诸侯是什么呢？如果公西赤只做个小小的助理，谁能担任大的职务呢？（可他们两个说得都比子路谦逊多了。）”

导读 这是《论语》中最美的一段，一幅极其生动形象的师生互动图。历来对此条的解说很多，牵强附会的也不少，主要是对孔子感叹的理解各有不同。

孔子是不是独独赞成曾点那种陶然自乐、与世无争的态度，而对子路、冉有、公西华的从政不表赞同呢？我看不是。孔子一生强调“修己以安百姓”，他风尘仆仆，游走七十余国，希望能找到实现自己政治理想的机会，而且不止一次感叹“吾岂匏瓜也哉？焉能系而不食？”（17·7）“沽之哉！沽之哉！我待贾者也。”（9·13）怎么可能只想游游泳、洗洗澡、吹吹风、弹弹琴，了此一生呢？这话明明是孔子晚年已无从政希望后，一种无可奈何的叹息，跟“凤鸟不至，河不出图，吾已矣夫”（9·9）是差不多的感慨。

但是从另一面看，孔子从政并不是为了追求功名利禄，而是想建设一个太平盛世，而孔子想追求的盛世不也就是每一个普通的老百姓都能像曾点一样，过一种无忧无虑、自得其乐，能够自由地享受宇宙天地赐给我们每一个人的美好，而不受暴君暴政的荼毒祸害的生活吗？那么从这个角度看，孔子也是非常乐意享受这样一种安宁的生活的，假如大家都能过上这种生活的话。所以他说过：“天下有道，丘不与易也。”（18·6）然而可惜，残酷的现实是天下无道啊，孔子能不喟然而叹乎！

颜渊篇第十二

颜渊问仁，子曰："克己复礼为仁，一日克己复礼，天下归仁焉。为仁由己，而由人乎哉？"颜渊曰："请问其目。"子曰："非礼勿视，非礼勿听，非礼勿言，非礼勿动。"颜渊曰："回虽不敏，请事斯语矣。" 12·1

解释 "克己"就是约束自己，战胜自己的私欲，"克"是胜过的意思，打败敌人就叫"克敌"，使对手顺服就叫"克服"。"复礼"就是回到"礼"，在这里就是遵守"礼"的约束，原来没有遵守，现在遵守，所以叫"复"。

"一日克己复礼，天下归仁焉"句，"一日"是一旦的意思，"归仁"是归依仁。

"请问其目"的"目"是细目，"其目"就是"它的细目"，也就是"仁的细目"。渔网上的大绳叫纲，网眼叫目。颜渊认为孔子前面讲的是"仁"的纲，所以现在要问"仁"的目，亦即行仁落实到具体的言行上要怎么做。

"请问"就是"请允许我问您"。"请"字在文言和白话里的用法大有不同，前面已经讲过（参看 3·24）。但"请问"一词文言与白话的意思没有区别，这是文言文用法在白话文中的残留。我们只要把"请问"跟"请坐""请吃"比较一下就知道了。下面"请事斯语矣"也是"请让我按照您这话去做"，我这里译作"但我一定按照您说的去做"是照顾白话文的习惯，也更贴合当时的语境。

大意 颜渊向孔子请教什么是仁，孔子说："克制自己的私欲，用礼来约束自己的言行举止，就是仁。大家一旦做到克制自己的私欲，用礼来约束自己，天下自然就归依仁了。行仁不行仁是由你自己决定的，难道取决于别人吗？"颜渊又说："我想问问您其中的细目。"孔子说："不符合礼的就不看，不符合礼的就不听，不符合礼的就不说，不符合礼的就不做。"颜渊说："我虽然不聪明，但我一定按照您说的去做。"

导读 人和人在人格上是平等的，所以我们必须把别人当成和自己一样的人看待，这就是"仁"。但人和人在人格上的平等不能理解成为人和人没有差异，人和人的差异是客观存在的事实。如何正视这种差异，让它在一种合理的秩序中得到完满的解决，儒家的办法就是讲"礼"，各自遵守"礼"的约束。但人的本性是自私的，而且常常不愿意约束自己的私欲，这样就会侵犯别人的利益，引起种种纠纷、争斗，甚至杀戮。所以孔子强调要战胜自己过度的私欲，让自己回到"礼"的约束中来，这样才有可能爱人、平等待人、视人如己，也就是做到"仁"。这就叫"克己复礼为仁"。一个人的视、听、言、动都要合乎"礼"的规范，不符合"礼"的规范的就不做。这就是行仁的细目，也就是一切言行都要"克己复礼"。

仲弓问仁。子曰："出门如见大宾，使民如承大祭；己所不欲，勿施于人；在邦无怨，在家无怨。"仲弓曰："雍虽不敏，请事斯语矣。" 12 · 2

解释 “出门”就是在外面，但这里有出门办公事的意思，“大宾”就是贵宾，“使民”就是役使民众，让老百姓做事，“大祭”就是重要的祭祀，古人对于祭祀是很重视的，尤其是大祭，如祭天、祭地、祭祖，都必须恭恭敬敬，一点也不敢大意。

“己所不欲，勿施于人”句，“所不欲”是所字结构，我们前面讲过，“所”字指代后面动词“不欲”（动词“欲”的否定）的宾语，所以“所不欲”意为“不欲的（东西、事情）”或说“不想要的（东西、事情）”。

“在邦无怨，在家无怨”句，“邦”就是国家，指当时的诸侯；“家”指卿大夫家，“家”比“邦”低一级。例如“三家分晋”，“晋”就是“邦”，韩、赵、魏本来是晋卿，所以是“三家”。“无怨”就是没有怨恨自己的人，或说没有人怨恨。

大意 冉雍问孔子什么是仁，孔子告诫他：“在外面办事要像会见贵宾一样慎重，让老百姓做事要像承办重要的祭祀那样谨慎。自己不想要的东西，不要施加于他人。在邦国里没有人怨恨，在卿大夫家族里也没有人怨恨。”冉雍回答说：“我虽然不聪明，但我一定照您的话去做。”

导读 “仁”是孔子思想的核心，是孔子学说中最高的观念，孔子从来没有给“仁”下过任何定义，因为它没法定义。在孔子那里，“仁”几乎就是道德的全部，凡“道德的”也就是“仁的”，凡“仁的”也必是“道德的”。所以孔子从不说“仁”是什么，而是就每一个具体的问题告诉弟子怎样做，才符合“仁”，也就是符合道德的要求。在这一段话里，孔子针对冉雍的具体情况——可能冉雍正准备去做官[1]，强调办公事要慎重，役使老百姓要谨慎，自己不想要的，不要强加给别人，这就是“仁”。

1 冉雍曾为季氏宰，见 13 · 2。

这里我们特别应该注意“己所不欲，勿施于人”，这八个字可以说是“仁”的本质要义，也是适用于所有人的普世价值。这八个字说得多好啊，多么简要，多么深刻！现在这八个字已经刻在纽约联合国大厦的墙上。如果人人都能做到这样，这个世界就太平了。但可悲的是，总会有人偏偏提倡“己所不欲，要施于人”，并且以各种歪理来为自己的恶行辩护，这个世界也就一直充满硝烟和战争，充满不公和不义，不知何时是了。

司马牛问仁，子曰：“仁者，其言也讱。”曰：“其言也讱，斯谓之仁已乎？”子曰：“为之难，言之得无讱乎？” 12·3

解释 司马牛，复姓司马，名耕，一名犁，字子牛，孔子弟子，宋国人。其兄桓魋是宋国的司马，是一个犯上作乱的人，曾经还想对孔子下毒手（参见7·23）[1]。

“讱”，读rèn（刃），迟钝的意思。

斯谓之仁已乎”句，“斯”，副词，就。“之”，代词，指代“其言也讱”。

大意 司马牛问孔子什么是仁，孔子说：“仁德的人，他的言语是迟钝的。”司马牛说：“言语迟钝，就可以叫作仁了吗？”孔子说：“做起来难，那么说起来能够不迟钝吗？”

导读 《孔子家语》上说，司马牛“为人性燥，好言语”，孔子这样回答他，就是为了纠正他躁急、多话的毛病，让他讲话慢一点，多思考

1 杨伯峻认为司马耕跟司马犁可能是两个人，司马耕是孔子的弟子，司马犁是桓魋的弟弟，但并不是孔子的弟子。《孔子家语》又说：“司马黎耕，宋人，字子牛”，此事待考，录此存疑。

一点，这当然也是因材施教。

司马牛问君子，子曰："君子不忧不惧。"曰："不忧不惧，斯谓之君子已乎？"子曰："内省不疚，夫何忧何惧？" 12·4

解释 "内省不疚"句，"省"读 xǐng（醒），反省；"疚"，惭愧。"夫"读 fú（服），语气词，有那么之意。

大意 司马牛问孔子什么是君子，孔子说："君子不忧虑不恐惧。"司马牛说："不忧虑不恐惧，就可以叫他君子吗？"孔子说："一个君子反省自己不觉得惭愧，那么还有什么可忧虑和恐惧的呢？"

导读 孔子的回答显然是针对司马牛的具体情况，司马牛当时因为桓魋作乱面临灭族的危险，所以内心充满了忧虑和恐惧。孔子便告诉他，你自己自问无罪，便无须忧虑和恐惧。但司马牛的话不是直接问的，而是间接地问君子，言下之意是问一个君子在这种处境下应该怎么办。因此孔子的答话就不仅仅只适合司马牛的具体情况，同时也是一个君子应该有的处世态度。一个君子内心光明磊落，坦坦荡荡，爱人顺天，不怍不愧，有什么可担忧，有什么可畏惧的呢？这跟孔子在另外地方说过的"仁者不忧，知者不惑，勇者不惧"（9·29）、"君子坦荡荡，小人长戚戚"（7·37）是一样的意思。

司马牛忧曰："人皆有兄弟，我独亡。"子夏曰："商闻之矣：死生有命，富贵在天。君子敬而无失，与人恭而有礼。四海

之内，皆兄弟也——君子何患乎无兄弟也？” 12·5

解释 “我独亡”的“亡”，音、义同“无”。

“商闻之矣”句，“商”是子夏的名，自称表示谦虚；“之”，代词，指代下面的“死生有命，富贵在天”。

“四海之内”即天下，古人认为中国就是天下的中心，四周是东夷、西戎、南蛮、北狄，过此以往就是海洋了。

“何患乎”句，“患”，忧虑、担忧，“乎”，义同“于”。

大意 司马牛忧虑地说：“别人都有兄弟，唯独我没有。”子夏说：“我听说人的死和生都有一定的命运，富与贵取决于上天的意思。一个君子做事情严肃谨慎，不出差错，对待别人谦和有礼貌，那么普天之下，人人都可以是兄弟，君子何须担心没有兄弟呢？”

导读 “死生有命，富贵在天”和“四海之内，皆兄弟也”现在都成了名句。“死生有命，富贵在天”出自子夏之口，但并非子夏原创，应该是当时儒者的常谈，后世每视为孔子的话，不准确，但也没有大错。这个“命”比起前面几处讲的“命”来，最接近宿命的意思，但其实仍然可以解释为种种复杂的因缘所交织起来的命运，非人主观可以决定，所以还是“死生有命”。但主观不能决定并不就是事先预定好的，后世人，尤其是民间，老喜欢把“死生有命”向宿命的方向演绎，甚至把它描述为阎王掌握生死簿，生死簿上记载着每个人寿命的长短，那就纯粹是小说家言，离儒家的真意越来越远了。

子张问明，子曰：“浸润之谮，肤受之愬，不行焉，可

谓明也已矣；浸润之谮，肤受之愬，不行焉，可谓远也已矣。”　12·6

解释　“明”，明白，聪明，能把人和事看得清楚。

“浸润之谮”，“谮”读 zèn（“怎”的去声），谗言；“浸润”，一点一滴地，慢慢地产生作用。

“肤受之愬”，“愬”同“诉”，在这里是诬告的意思，“肤受”，亲身所受，急迫而切身的影响。

大意　子张问孔子，怎么样可以叫作见事明白，孔子说：“一点一滴的谗言，你亲自接受的诬告，在你这里都行不通，这就可以叫作见事明白了；一点一滴的谗言，你亲自接受的诬告，在你这里都行不通，这就可以叫作看得远了。”

导读　这段里的“明”偏重在见事，估计是子张从政之后向孔子请教，孔子也针对从政的特点来回答。从前做地方官的常常要受理民间诉讼，有些糊涂的官没有仔细思考就相信别人说的话，坏人的诬告在他这里就会行得通。有些官也许没这么糊涂，诬告行不通，但是如果有人天天在耳朵边讲他人的坏话，而且讲得很巧妙，就可能在他那里行得通了。如果这两种情形你都心中有数，在你这里都行不通，这才算见事明白。我们现在做领导的，是不是也可以想想孔子的话，这两种情形在你这里行得通吗？你是个明白的官，还是个糊涂的官？

子贡问政。子曰：“足食，足兵，民信之矣。”子贡曰：“必不得已而去，于斯三者何先？”曰：“去兵。”子贡曰：“必不

得已而去，于斯二者何先？”曰：“去食。自古皆有死，民无信不立。” 12·7

解释 “足食”就是使粮食充足，老百姓可以吃得饱，而且有储备粮。“足兵”就是使兵员充足、武备充实，有一支可以打仗、可以保卫国家的军队。“足”本来是形容词，在这里用作及物动词，使动用法。

“民信之矣”，如果从字面上看可以翻译成“人民就信任政府了”，但是联系下文来看应当翻译成“使老百姓信任政府”。如果这样解释，那么推测原文就应当是“令民信之”或“使民信之”，“矣”字是衍文。事实上，《论语》的诸多版本中就有几个在“民信之矣”前面的确有“令”或“使”。[1]

大意 子贡向孔子询问治理国家的事情。孔子说：“使粮食充足，使兵员充实，使老百姓信任政府。”子贡说：“万一不能同时兼顾，非得放弃一项，在这三者中首先放弃哪一样呢？”孔子说：“首先放弃充足的武备。”子贡又问：“如果还得放弃一项，在这二者之中放弃哪一样？”孔子说：“放弃充足的粮食。没有充足的粮食，老百姓会饿死。但自古以来人都免不了死亡，如果民众不再信任政府，那么这个政权就立不住了。”

导读 子贡是孔子弟子中聪明仅次于颜回的一个，这一段中的提问很有水平。《论语》中论政的地方不少，这一节大概是最重要的，一直到今天都有它的现实意义，值得当政者认真思考。一个政权即使经济搞得不错，军队也强大，但如果失去了民心，失去了老百姓的信任，就失去了合法性，迟早还是会崩溃。

从这段话我们可以看出，孔子把诚信看得多么重要，诚信不仅是做

1 参见黄怀信主撰《论语汇校集释》本条。

人的根本，也是为政的根本。没有诚信，讲话不算数，有法不遵守，政策朝令夕改，这个社会就无法正常运作，人和人也无法正常交往，那么所有其他一切就都会变得没有意义。

棘子成曰："君子质而已矣，何以文为？"子贡曰："惜乎，夫子之说君子也！驷不及舌。文犹质也，质犹文也。虎豹之鞟犹犬羊之鞟。" 12·8

解释 棘子成，卫国大夫。

"质而已矣"，意为有质就够了，"而"是副词，相当于"乃"，即白话文的"就"；"已"，本义是止，引申为结束、完了、够了；"而已"后来变成了一个词，一直用到现在。

"何以文为"，意为要用文做什么呢？其结构不是"何以 / 文为"，而是"何 / 以文 / 为"，其中"为"是动词，"何"是"为"的宾语，因是疑问代词而提前，"以文"是介词"以"加宾语"文"构成的词组，表示动词"为"凭借的手段，作状语。"质而已矣，何以文为"按今天说话的逻辑次序应该是"质而已矣，以文为何"。同样的结构在古文中还有一个名句，就是汉朝的大将霍去病讲的"匈奴未灭，何以家为"。"文"是文采，在这里主要指礼仪。

"惜乎！夫子之说君子也"句，"夫子之说君子也"是主语，"惜乎"是谓语，因为要强调而倒装。"驷不及舌"句，"驷"是四匹马拉的车子；"不及"，赶不上；"舌"，代指话语，这句话后世说成"一言既出，驷马难追"。

"文犹质也，质犹文也"句，"犹"是犹如的意思，全句是说"文"和"质"一样重要。"鞟"，读 kuò（扩），指去掉毛的兽皮。

大意 棘子成说:“君子有好的本质就行了,要文采、礼仪做什么?”子贡说:“先生这样来讲君子,真是可惜啊!一句话说出来可是驷马难追啊。文采、礼仪和好的本质是同样重要的,如果去掉毛,虎豹的皮和犬羊的皮就一样了。”

导读 这段话讲的道理,其实就是说一个君子要文质相配,做到文质彬彬(参见6·18)。棘子成轻视“文”是不对的,子贡在这里反驳他,道理说得很好,例子却举得不好,使人听起来觉得子贡似乎忽视了“质”的重要性。虎豹和犬羊的区别不仅在于毛色不同,“鞟”也是不一样的。

哀公问于有若曰:“年饥,用不足,如之何?”有若对曰:“盍彻乎?”曰:“二,吾犹不足,如之何其彻也?”对曰:“百姓足,君孰与不足,百姓不足,君孰与足?” 12·9

解释 “年饥”,年成不好,歉收。“盍”是“何不”的合音,“彻”是古代的一种税收制度,税率是十分之一。

“百姓足,君孰与不足”句,“孰与”即“与孰”,疑问代词作宾语要前置。

大意 鲁哀公问有若说:“年成不好,用度不足,怎么办?”有若回答说:“何不实行十分之一的税率呢?”鲁哀公说:“收十分之二的税我还觉得不够,怎么能只收十分之一?”有若回答说:“如果老百姓富足了,您怎么会不富足?如果老百姓不富足,您又怎么会富足?”

导读 孔子及其弟子一贯提倡仁政,屡屡提醒统治者要维护百姓的利益，这一条是最好的例子。有些人不知道出于什么动机，要歪曲、批判儒家，说儒家只维护统治者的利益而不顾老百姓的死活，好像儒家提倡暴政似的。

子张问崇德辨惑，子曰："主忠信，徙义，崇德也。爱之欲其生，恶之欲其死，既欲其生又欲其死，是惑也。'诚不以富，亦祇以异。'" 12·10

解释 "崇德"，推崇道德，提高道德。"辨惑"，辨别迷惑，去掉迷惑。

"恶之欲其死"，"恶"读 wù（误），厌恶。

"诚不以富，亦祇以异"，这是《诗经·小雅·我行其野》中的诗句[1]，程颐说是"错简"即另外一个地方的话误植到这里来（参看 16·12），有道理，我这里忽略不译。

大意 子张向孔子请教怎样提高道德辨别迷惑，孔子说："以忠诚、信实为主干，遵循道义，这样就能提高道德。爱一个人就想他长寿，憎恶起来就想他赶快死掉，又要他长寿，又要他短命，这就是迷惑。"

导读 子张这个人，有点喜欢唱高调，不太踏实（参看 19·16），还有点偏激（参看 11·18），所以孔子告诫他要诚实，踏踏实实地跟着道义走，同时不要偏激，不要对一个人"爱之欲其生，恶之欲其死"。

喜欢唱高调的人大多有点偏激，往往走极端，这不合乎孔子主张的中庸原则。子贡曾经拿子张和子夏比较，孔子说子夏"不及"，而子张"过"，子贡以为"过"比"不及"要强，而孔子却告诉子贡"过犹不

1 按：《诗经》"诚"作"成"。"诚""成"古通。

及”（见 11 · 16），都不合中庸之道。

齐景公问政于孔子，孔子对曰：“君君，臣臣，父父，子子。”公曰：“善哉！信如君不君、臣不臣、父不父、子不子，虽有粟，吾得而食诸？” 12 · 11

解释 齐景公，名杵臼，齐国国君，公元前 547—前 490 年在位。

“君君”，君像君的样子，第一个“君”是国君，名词；第二个“君”是名词作动词用，意思是，像君一样行事。下面的“臣臣”“父父”“子子”是同样的结构。“信如”，假如真的如此。

“吾得而食诸”句，“得”是得到机会的意思，引申为可能、能够；“诸”是“之乎”的合音。

大意 齐景公向孔子请教怎么治理国家，孔子说：“君王要像君王的样子，臣子要像臣子的样子，父亲要像父亲的样子，儿子要像儿子的样子。”齐景公说：“说得好啊，如果真的君王不像君王的样子，臣子不像臣子的样子，父亲不像父亲的样子，儿子不像儿子的样子，那么就算有粮食，我能吃得到吗？”

导读 这段话是孔子正名理论用在政治上的具体例子，今天也还适用，我们甚至还可以推广到社会生活的一切方面。如果教师不像教师，学生不像学生，厂长不像厂长，工人不像工人，干部不像干部，这个社会还能运转得下去吗？今天中国名实不符的现象非常严重，有时甚至到了指鹿为马的程度。网络上更乱，标题党横行，不实广告触目皆是，有人称之为“语言腐败”，可谓一言中的。

子曰："片言可以折狱者，其由也与？"子路无宿诺。 12·12

解释 "片言可以折狱者，其由也与"句，"片言"，不是一言片语，而是一方的话，或称"单辞"，两方（原告和被告）的话叫"两辞"。"折狱"，判决案件。"其由也与"，大概只有子路吧，"其……与"表示推测语气，前面见过，"与"读 yú（于）。

"子路无宿诺"，杨伯峻说："这句话与上文有什么逻辑关系，从来没有人说得明白（焦循《论语补疏》的解释也不可信）。唐陆德明《经典释文》云：'或分此为别章'。"[1]

大意 孔子说："根据一方的话就可以判决，这恐怕只有子路说的话才行吧。"

子路这个人从来不把诺言拖到第二天才履行。

导读 这句话是孔子赞美子路的诚实。听讼要听两辞而不可根据单辞来判决，根据单辞就可以判决，那大概只有子路讲的话才行，因为子路这个人的诚实是远近闻名的，大家都相信他是不会说假话的。

但这句话也可以理解为："根据单方面的话就加以判决，只有子路会这么做吧。"如果是这样，那就是孔子批评子路莽撞，太容易轻信别人。这种解释至少从字面上是说得通的，不妨两存。

子曰："听讼，吾犹人也。必也使无讼乎！" 12·13

解释 "讼"，诉讼，打官司，"听讼"，审理诉讼，判案。"无讼"，

1 见《论语译注》本条。

没有诉讼，即不发生要打官司的事。

大意 孔子说："审理诉讼，我跟别人差不多，一定要使诉讼的事件不产生才好！"

导读 孔子提倡德治，主张对老百姓进行道德教化："道之以德，齐之以礼。"他认为只用刑罚来管制人民是不够的，如果"道之以政，齐之以刑"，只能做到"民免而无耻"，而不能做到"有耻且格"（2·3）。孔子这个主张，跟我们今天提倡法治并不矛盾。法律的前沿是道德，道德守不住的才要诉诸法律，所以德治是法治的基础。如果一个国家的人民，没有道德的自我约束，一切靠法律来制裁，那么即使法律再完备，诉讼再公正，也是可悲的。

子张问政。子曰："居之无倦，行之以忠。" 12·14

大意 子张问怎么做官，孔子说："既然做官就不要对职务厌倦，履行职务的时候要尽心竭力。"

导读 在孔子的弟子中，子张是一个喜欢做官，有点心高气傲，做事不大踏实的人（参看《论语》2·18，11·16，19·15，19·16），所以孔子告诫他要踏实认真。这一条可以与本篇第十条同读。

子曰："博学于文，约之以礼，亦可以弗畔矣夫。" 12·15

解释　大意　导读　均见《雍也篇》第二十七条（6·27）。

子曰："君子成人之美，不成人之恶。小人反是。"　12·16

解释　"成"，成全、促成。"反是"，反此。

大意　孔子说："君子成全别人的好事，不促成别人的坏事。小人则反过来。"

导读　此语也是千古名言，孔子之前就已经有人讲过，至今也不过时。一个人受人委托，准备提供帮助的时候，一定要记得这个重要的原则。涉世未深的青少年特别值得注意，不要只讲朋友义气而不问事情好坏，否则一不小心便会落入小人的境地，甚至成了违法乱纪的帮凶。

季康子问政于孔子，孔子对曰："政者，正也。子帅以正，孰敢不正？"　12·17

解释　"季康子"，当时鲁国实际上的执政者。"帅"，通"率"，动词，作表率。

大意　季康子向孔子请教如何执政，孔子回答说："政，就是端正。你用端正给老百姓作表率，谁还敢不端正？"

导读　孔子非常强调领导人的表率作用，领导人自己做好了，才有资格号召别人。今天常说的“打铁还须自身硬”，就是这个道理。

季康子患盗，问于孔子。孔子对曰：“苟子之不欲，虽赏之不窃。” 12·18

解释 “患”，担心，担忧。“欲”，贪欲。“赏”，奖励。

大意 季康子担忧盗贼猖獗，向孔子求教。孔子回答说：“如果你自己不贪，那么即使奖励偷窃，老百姓也不会去偷窃的。”

导读 为什么盗贼猖獗？原因就是贪官太多。贪官就是盗贼的榜样。

季康子问政于孔子，曰：“如杀无道以就有道，何如？”孔子对曰：“子为政，焉用杀？子欲善而民善矣。君子之德风，小人之德草。草上之风必偃。” 12·19

解释 “杀无道以就有道”，“无道”“有道”就是无道者、有道者，“就”是接近、亲近，这句话的实际意思是杀掉无道的人，换上有道的人。

“子欲善而民善矣”句，“子”，你；“善”，这里用作动词，意思是行善。

“君子之德风”，是“君子之德者，风也”的简缩，下句结构同。

“草上之风必偃”句，这个“之”是动词，行走、流动的意思。“草上之风”就是草上吹过风。“偃”，卧倒。

大意　季康子向孔子问治理国家的事情，说：“如果杀掉坏人，换上好人，这样可以吗？”孔子回答说：“你治理国家，为什么要用杀人的办法呢？如果你想行善，老百姓自然会跟着你行善。君子的德行是风，老百姓的德行是草，风吹过草上，草自然会倒伏。”

导读　孔子主张仁政，反对滥用暴力，提倡采用教化、感化的态度来治理百姓。杀戮不能止恶，倒常常导致以暴易暴，没有了结。况且好和坏，谁来判定呢？在没有完善法制和司法独立的古代，这完全取决于更高一级当权者的好恶。一个时代的风气，跟统治者的作为有很大的关系，良好的风气要靠有德的当权者来提倡。反之，当权者的腐败也必然导致社会风气的腐败。风行草偃，古今一理。

子张问：“士何如，斯可谓之达矣？”子曰：“何哉，尔所谓达者？”子张对曰：“在邦必闻，在家必闻。”子曰：“是闻也，非达也。夫达也者，质直而好义，察言而观色，虑以下人。在邦必达，在家必达。夫闻也者，色取仁而行违，居之不疑。在邦必闻，在家必闻。”　12 · 20

解释　“士何如，斯可谓之达矣”中的“斯”是副词，有乃，就，才等义。

“何哉，尔所谓达者”是一个倒装句。“尔”，你。

“在邦必闻，在家必闻”句，“邦”指诸侯国，“家”指卿大夫家，不要理解成今天家庭的家（参看 12 · 2）。“闻”，闻名。

“夫达也者”句，“夫”读 fú（扶），发语词，无义。“也者”中的“也”用来舒缓语气，可用可不用。

“虑以下人”句，“虑”，思虑，常常想；“以”在这里实际上是“有以”“有所以”之略；“下”，动词，“低”的意思，“下人”就是“下于人”，“于”字省略了。“虑以下人”就是常常想自己有什么地方不如人，应当态度谦卑，所以朱熹以“卑以自牧”来解释这句话的意思[1]。

“色取仁而行违”句，“色”，脸色，引申为外貌、外表；“取仁”，作“仁”的样子；“行违”，行为违背（仁）。

“居之不疑”句，“居”，停留；“之”指“色取仁而行违”的状态；“疑”，迟疑、犹豫。“居之不疑”就是停留在这样的状态里而不迟疑，换句话说就是，这样做还一点都不觉得有什么不对。

大意 子张问孔子：“一个士怎样才可以叫作达呢？”孔子说：“你所说的达是什么意思？”子张说：“（我说的达就是）一个人无论在诸侯国君那里做事，或是在卿大夫那里做事，都一定有名。”孔子说：“这叫闻，不叫达。所谓达，是指一个人品质正直，而且讲道义，他注意别人的言语和容色，常常想自己有什么地方不如别人。这样的人无论在诸侯国那里做事，还是在卿大夫那里做事，都一定得到赏识。所谓闻是指一个人外表装得很仁爱，而行为却违反仁爱，这样做还一点都不知道不对。这种人无论在诸侯国那里做事，还是在卿大夫那里做事，一定都会有名（但却不是达）。”

导读 孔子在这段话里把“闻”和“达”做了区分，“闻”是向外追求，而不向内努力，相当于后世讲的沽名钓誉；“达”是向内努力，而不是只求虚名。其实“闻”和“达”不一定那么对立，真正“达”的人最后也一定会有“闻”。孔子自己也不反对有闻，他说：“四十、五十而无闻焉，斯亦不足畏也已。”（9·23）所以孔子这一段话恐怕也要从因材施教这个角度来理解。子张这个人大概有点求名心切，而向内努力

1 见《论语集注》。

不够，所以孔子才这样区分“闻”“达”以警醒他。不过孔子这话在今天倒不失为一味良药，现在沽名钓誉的人太多，为了追求出名不惜弄虚作假，连学术界都充满了无数水货博士、水货学者，都是一批闻而不达的人。

樊迟从游于舞雩之下，曰：“敢问崇德、修慝、辨惑。”子曰：“善哉问！先事后得，非崇德与？攻其恶，无攻人之恶，非修慝与？一朝之忿，忘其身，以及其亲，非惑与？” 12·21

解释 “从游”，跟着游玩。“舞雩”，台名，祭天用的，前面出现过（11·26）。

“崇德”，提高道德。“修慝”，减少怨言，“慝”读 tè（特），怨言。“辨惑”，辨别迷惑，辨别什么是糊涂事。

“攻其恶”，批评自己的缺点，“其”，仍是物主代词，这里意为“己之”；“恶”，读本音，这里指坏处、毛病、缺点等。

“一朝之忿”，一时的愤怒，偶然的愤怒。

“忘其身，以及其亲”句，“亲”指双亲。注意：这里的“以及”跟白话文的“以及”有渊源，但并不相等，这里的“以”是介词，下面省略了宾语“之”，意思是“因此而”“因而”。“及”的意思是“涉及”，动词。“其亲”是“及”的宾语，不是“忘”的宾语。

大意 樊迟陪侍孔子在舞雩台下游玩，问孔子说：“我想请问怎样提高自己的道德？怎样减少别人的怨恨？怎么辨别什么是糊涂？”孔子说：“问得好！先做事再拿报酬，这样不就提高道德了吗？批判自己的缺点，少讲别人的不是，这样不就可以减少怨恨吗？因为一时的愤怒，忘了自己的身体，因而连累到父母，这不是糊涂吗？”

导读 仍然是因材施教。樊迟这个人大概有点急功近利，有点不劳而获的念头（参看6·22），喜欢批评别人而忘了批评自己，性格又大概有点急躁，发起怒来就忘了一切。朱熹《论语集注》说："樊迟粗鄙近利，故告之以此三者，皆所以救其失也。"

樊迟问仁，子曰："爱人。"问知，子曰："知人。"樊迟未达。子曰："举直错诸枉，能使枉者直。"

樊迟退，见子夏曰："向也，吾见于夫子而问知。子曰'举直错诸枉，能使枉者直'，何谓也？"

子夏曰："富哉言乎！舜有天下，选于众，举皋陶，不仁者远矣。汤有天下，选于众，举伊尹，不仁者远矣。"（12·22）

解释 "问知"的"知"，音、义都同"智"，是名词；"知人"的"知"则读本音，就是"知道"的"知"，是动词。

"举直错诸枉，能使枉者直"，提拔正直的人，把他们放在不正直的人之上，这样不正直的人都会变正直了（参看2·19）。

"向也"的"向"，繁体作"鄉"，读xiàng（项），通"嚮"，过去，刚才[1]。

"见于夫子"的"见"读xiàn（现），意为出现在老师面前，也就是见到老师。

"富哉言乎"，这话含义很丰富呀，倒装句。

"皋陶"，读gāo yáo（高摇），舜时的大法官。"伊尹"，商汤时

1 冀明按："嚮"的简化字是"向"，而非"乡"，目前坊间几本简体字排的《论语》，如新出的钱穆《论语新解》、金良年的《论语译注》和李泽厚的《论语今读》都作"乡"，我以为不妥，故本书作"向"。

的宰相。

大意 樊迟向孔子请教什么是仁，孔子说："仁就是爱人。"樊迟又问孔子什么是智，孔子说："智就是知人"。樊迟没有理解透彻。孔子又说："提拔正直的人，把他们放在不正直的人之上，这样不正直的人都会变正直了。"

樊迟退下来，去见子夏，说："我刚才见到老师问他什么是'智'，老师说：'提拔正直的人，把他们放在不正直的人之上，这样不正直的人都会变正直了。'是什么意思呢？"

子夏说："这话的含义真是丰富呀！舜治理天下的时候，在众人中提拔了皋陶，坏人就被疏远了。商汤治理天下的时候，在众人中提拔了伊尹，坏人就被疏远了。"

导读 这是孔子对"仁"和"知（智）"的最简要的一次解说，但也是最本质的解说。

"仁"这个字由"人"和"二"组成[1]，是个会意字，指的是两个人的关系，而不是一个人和一个物的关系，所以在"仁"的造字里面，已经隐含了人和人平等的意思。因为从两个人中的任何一人去看，另外一个也是和自己一样的人，所以"仁"的根本含义，用今天最通俗的话来讲，就是把人当人看待，当成和自己一样的人看待。从这个前提出发，自然就会产生爱人、关心人、不把别人当工具、不强加于人等一系列观念。所以孔子说"仁"就是"爱人"，"爱人"是孔子对"仁"的核心定位。

既然爱人，就要推己及人。从积极的一面讲，就希望自己有的别人也有，所以孔子说："己欲立而立人，己欲达而达人。"（6・30）从消极的一面讲，就是自己不想要的东西也不要加给别人，所以孔子说："己

1 《说文解字》："仁，从人从二。"

所不欲，勿施于人。”这积极的一面体现为尽心竭力地替别人着想，这也就是孔子常说的“忠”。这消极的一面体现为同情别人，不强加于人，也就是孔子常讲的“恕”。（参看 4·15）

孔子对“智”的解释就是“知人”，说智慧就是懂得人。后世常常把“知人”解释为可以看清一个人的好坏、忠奸、贤愚，这并不错，但却不是孔子的本意，至少不是孔子意思的全部。孔子这里说的“知人”是从更高的层次、更广泛的层次来说的，“知人”就是懂得人性，懂得人的本质，懂得有关人的一切，而不仅仅是懂得个别的人，当然懂得个别的人也包含在内。什么是智慧？智慧就是对人性的洞察，对人的本质的透彻理解，不达到这个层次，都不能叫作智慧，顶多只能叫聪明。

孔子这句话后来经子贡转述成为：“智者知人，仁者爱人。”[1] 因为是四字句，更容易上口，所以比《论语》的原话流传得还广，一般人就把它当作孔子的话，也并不错，因为意思是完全一样的。

子贡问友，子曰：“忠告而善道之，不可则止，无自辱焉。” 12·23

解释 “忠告而善道之”句，“忠”，尽心；“告”，旧读 gù（故），劝告；“道”，音、义同“导”（繁体作“導”）；“之”，代词，指所结交的朋友。

“无自辱焉”的“无”，音、义同“勿”。

大意 子贡问如何交朋友，孔子说：“尽心地劝告他，用好话来引导他，如果他不听就算了，不要自找侮辱。”

1 见《孔子家语·三恕第九》。

导读 朋友本来就是以道义相聚，也就是志同道合的人才结为朋友，如果朋友违背了道义，就要加以劝告，否则便没有尽到做朋友的义务。但前提是这个朋友愿意回到道义上来，如果他不听，就说明这个朋友已经不再是朋友，或者本来就不是一个道上的人，那么停止交往就好了，没必要一而再再而三地说，如果因此引起他的反感，岂非自取其辱？

曾子曰："君子以文会友，以友辅仁。" 12·24

解释 "会"，会合，这里指交往。"辅"，辅助，这里指互相鼓励。

大意 曾子说："君子以相互切磋学问来结交朋友，通过朋友的相互鼓励来帮助仁德的成长。"

导读 这里的"文"泛指学问、文章等事，君子用这些东西来交朋友，又用朋友来互相勉励，增进仁德。世上有种种朋友，也有种种交友的方式。吃吃喝喝也可以交朋友，打麻将也可以交朋友，搞利益输送也可以交朋友，甚至偷东西、抢银行也可以交朋友。区别在于你是什么样的人，你想交什么样的朋友，交朋友是为了做什么。曾子这里讲的是君子，君子交朋友的目的是互相鼓励、互相帮助，向更完美的"仁"的境界前进，当然也一起寻求快乐，使生活过得更有意义、更有品位。如果要达到这样的目的，那么以学问、文章来结交朋友，大概是最理想的吧。中国传统的书院与私塾、魏晋的清谈与文会、今天民间的读书会，都是"以文会友，以友辅仁"的好形式。

子路篇第十三

子路问政，子曰："先之，劳之。"请益，曰："无倦。" 13·1

解释 "先之"，在他们前面。"劳之"，使他们勤劳，两个"之"都指老百姓，"先"和"劳"在这里都是动词。

"无倦"就是"居之无倦"（12·14），勤于公事，不要感到厌倦。

大意 子路请教从政的事，孔子说："给老百姓带头，让老百姓勤奋工作。"子路请孔子多说一点，孔子说："要勤于公事，不要倦怠。"

导读 当官的要给老百姓做榜样，要老百姓勤劳，自己先得勤劳，所谓以身作则，所谓身先士卒，皆此意也。

仲弓为季氏宰，问政，子曰："先有司，赦小过，举贤才。"曰："焉知贤才而举之？"曰："举尔所知；尔所不知，人其舍诸？" 13·2

解释 "先有司"，这个结构跟上段的"先之"是一样的，"有司"是相关人员，"先有司"，就是做在有司前面，也就是给部下带头。

“举尔所知”，提拔你所知道的。“人其舍诸”，即“人其舍之乎”，“诸”是“之乎”的合音。“舍”是放弃，这里有埋没不用的意思。“其”，语气词，有难道之意。

大意 仲弓做季氏的总管，向孔子请教政事，孔子说：“要给部下带头，赦免他们的小过错，提拔有才能的人。”仲弓问：“怎么知道谁是有才干的人而提拔呢？”孔子说：“提拔你所知道的；其他你不知道的，别人难道会埋没他吗？”

导读 孔子这里讲的话今天也还是适用的。领导者最重要的事就是用好干部，要用好干部，第一是要以身作则，第二要宽容，不要过于严格，逮到一点错误就责备不已。第三是要提拔能干的人。而提拔能干的人，先从你认识的人开始。别人看到你愿意提拔贤才，就会把你还不知道的贤才也推荐给你。这样政治自然就会搞好了。

子路曰：“卫君待子而为政，子将奚先？”子曰：“必也正名乎！”子路曰：“有是哉，子之迂也！奚其正？”子曰：“野哉由也！君子于其所不知，盖阙如也。名不正，则言不顺；言不顺，则事不成；事不成，则礼乐不兴；礼乐不兴，则刑罚不中；刑罚不中，则民无所措手足。故君子名之必可言也，言之必可行也。君子于其言，无所苟而已矣。” 13·3

解释 “卫君”，历来的注释家都认为是指卫出公辄。

“有是哉，子之迂也”是个倒装句，顺说就是“子之迂也有是哉”。“子之迂也”是主语，“有是”是谓语，意为有这样，达到这样的程度。“是”，代词，这样、如此。

“奚其正”句，“正”，动词。“奚”，什么，疑问代词，是“正”的宾语。“其”，加强语气的语气词。“奚其正”，就是正什么（名）啊？

“野哉由也”也是倒装句。“于其所不知”句，“所不知”是所字结构，相当于一个名词，所以前面可用物主代词“其”。

“盖阙如也”句，“盖”表示推测的语气词；“阙”通缺，“如”是语尾助词，“阙如”就是让它缺着，这里的意思是不说话，也就是不发表意见。

“无所措手足”句，“无所”，没有地方；“措”，放，“无所措手足”直译就是没地方放手放脚，意思是不知道怎么办才好。

“无所苟而已”句，“苟”的意思是随便、马虎、没有原则，“无所苟”，没有马虎的地方，也就是处处严格，任何地方都不随便。

大意 子路对孔子说：“卫君等老师去治理国政，老师打算先从哪里着手呢？”孔子说：“一定要先正名吧。”

子路说：“老师怎么如此迂腐啊！（摆着那么多事情不做）正什么名啊？”

孔子说：“由啊，你真是放肆！一个君子对于他所不知道的事情，就不发表自己的意见。（正名是很重要的事）名称不辨正，说话就不顺当；说话不顺当，事情就办不好；事情办不好，礼乐制度就得不到实施；礼乐制度不实施，刑罚就不会得当；刑罚不得当，民众就不知道把手脚放在哪里才好。所以一个君子为一件事情定名一定有理由，所说的话一定能够实行，君子对于他所说的话，是一点都不会随便马虎的。”

导读 “正名”即辨正名称，是孔子的重要主张，也是后来儒家一直坚持的观点。其实除了儒家以外，先秦各家也都是主张正名的，墨家、法家、名家就不必说了，连主张“无名”的道家也并不全然反对正名，“道可道，非常道；名可名，非常名”[1]其实也是某种形式的正名。因为辨正名称是一切理论探讨的基础，也是社会运转的基础。

正名的目的是为了保证所言跟所指一致。所言跟所指一致才能办事，如果所言跟所指不一致，那就什么都办不成了。比方说，叫倒杯茶，指的是搬个凳子；说三点钟开会，指的是四点钟跳舞，那要怎么去办事呢？一个社会如果弄得名实淆乱，所言非所指，甚至指鹿为马，那就十分危险。而春秋那个时代，社会上已经有这样的苗头，所以孔子感叹“觚不觚，觚哉？觚哉？”（6·25）

要治理好这个社会，第一件事就是要拨正这种名不副实、名实淆乱的状况，也就是要“正名”。孔子讲了正名的重要性之后总结说：“故君子名之必可言也，言之必可行也。君子于其言，无所苟而已矣。”“名之必可言”“言之必可行”“于言无所苟”，就是信，就是诚。反过来“名之不可言”（提出一个主张，却说不出个所以然），“言之不可行”（说一堆不切实际的话，根本办不到），“苟言”（随便乱说，或说一些无用的话，言不由衷的话），这就是不信不诚，是为政的大忌。

樊迟请学稼，子曰：“吾不如老农。”请学为圃，曰：“吾不如老圃。”樊迟出，子曰：“小人哉樊须也！上好礼，则民莫敢不敬；上好义，则民莫敢不服；上好信，则民莫敢不用情。夫如是，则四方之民襁负其子而至矣，焉用稼？” 13·4

解释 “稼”，种田。“圃”，种菜。

“小人”，在这里指的是普通老百姓，不是道德意义上的小人，我以为译为“粗人”较妥。“上”，在上位的人，即国家的统治者、领导者。

1 见老子《道德经》。

“用情”的“情”，是人先天就有的自然情感，“何谓人情？喜怒哀惧爱恶欲，七者，弗学而能。”[1]“用情”即用这种真实的情感对人，不做假、不欺诈。“襁负其子”，用襁褓背着他们的孩子，“襁”，襁褓，背婴儿的用具；“负”，动词，背。

大意 樊迟向孔子请教种田的事，孔子说：“我不如老农民。”樊迟又向孔子请教种菜的事，孔子说：“我不如老菜农。”樊迟出去以后，孔子说：“樊须真是个粗人！在上位的人讲究礼制，老百姓就不会不尊敬；在上位的人讲究道义，老百姓就不会不服从；在上位的人讲究信用，老百姓就不会搞欺诈。如果能这样，那么四面八方的老百姓都会背着他们的孩子来归附你，你还有亲自耕田的必要吗？”

导读 春秋战国之交，正是中国古代社会阶层和社会思潮大变化的时期，传统贵族中地位最低的“士”，正逐渐游离出来，形成一个新的阶层，并发展成为社会各部门的实际管理者，后世活跃在传统中国的士族、士绅阶层即由此而来。孔子正是这一新兴阶层的代表人物，他教学生也是要把学生培育成这一阶层的人，如果用今天的话来讲，就是为社会培养管理人才。这种管理人才就是“士”，或说“君子”。孔子教学生，就是要把他们教成合格的社会管理人才，而不是把他们教成普通老百姓。当时的社会条件显然并不允许所有的人都受到教育，我们不能用今天的社会状况去套古代社会，用今天普及教育的理念去要求古人。

樊迟要么就是不懂老师的理念，要么就是受到当时另一个思想流派“农家”的影响而跟老师的理念有分歧。向老师请教“稼”“圃”，多少有一点不敬，难怪老师生气。其实即使从现代人的眼光来看，孔子的反应也很自然，比方说，今天有人偏偏要向比尔·盖茨请教种田，向杨振

1 见《礼记·礼运》。

宁请教种菜，比尔·盖茨和杨振宁会不会生气？

子曰："诵《诗》三百，授之以政，不达；使于四方，不能专对；虽多，亦奚以为？" 13·5

解释 "授之以政"，把政事交给他，这个"之"指代"诵《诗》三百"的人。"不达"，不能治理好，"达"，顺利，通畅。"使于四方"，出使四方的国家。"专对"，独立应对。

"奚以为"，"以"字下面省略了宾语"之"，如果补足就是"奚以之为"，这个"之"指代《诗》，结构是"奚/以之/为"，"奚"是"为"的宾语，因为是疑问代词，所以提到前面，顺说就是"以之/为奚"，译成白话就是："用它来做什么"，"要它做什么"，换句话说，也就是："这有什么用。"这个结构跟上篇第八条"何以文为"是一样的，可以互相参看[1]。

大意 孔子说："熟读《诗》三百，把政事交给他，却办不顺畅；派他出使外国，又不能独立应对，即使《诗》读得多，又有什么用呢？"

导读 这是批评书呆子的。

春秋时代办理政事和出使外国都会用到《诗》，引用诗句来表达自己的意思，是当时的普遍做法。引用的方法是从某篇诗中摘一段或一句，让对方明白自己的意思，跟那首诗的本意不一定相合。这正是后世所说的"断章取义"，不过后世讲"断章取义"常常带有贬义，那时却没有。

1 杨伯峻《论语译注》认为"为"是句末语气词，杨逢彬《论语新注新译》认为"奚"是"以"的宾语，我以为都不妥。

所以怎么样去“断章”，怎样去“取义”，既要表达自己的意思，又不让对方误解，这就要考验说话者的智慧和灵活运用的艺术。如果你不能恰到好处地运用这种方法，就不能让政事办得顺畅，也不能在外交上独立应对，那么你即使能把《诗》三百倒背如流，还是等于白读。

子曰：“其身正，不令而行；其身不正，虽令不从。” 13·6

解释 “其”，他的，“其身正”的主语是“身”不是“其”，“其”是物主代词，不能单独作主语。“不令而行”中的“令”是动词，下命令之意，“不令”就是不下命令。“行”，施行。“从”，跟从，服从。

大意 孔子说：“（执政者）自身端正，不发号令也行得通，自身不端正，发号令也没人听。”

导读 孔子在这里强调，执政者应该是下级和民众的表率，要求下级和民众做到的，自己要首先做到，所谓身教重于言教，即是此意。如果一个执政者，叫别人光明正大，自己偏喜欢搞阴谋阳谋，叫别人要团结，自己却带头搞分裂，拉这派打那派，这个政治如何搞得好呢？

子曰：“鲁卫之政，兄弟也。” 13·7

解释 朱熹说：“鲁，周公之后；卫，康叔之后；本兄弟之国，而是时衰乱，政亦相似，故夫子叹之。”[1]

1 见《论语集注》。

大意　孔子说："鲁国跟卫国的政事差不多，难兄难弟啊。"

导读　孔子对当时鲁国的政事并不满意，鲁国的政权实际上已经落到了执政的大夫手上，这可以从他对季氏僭越的批评[1]看得出来。而卫国的状况也没好到哪里去，孔子在卫国待的时间不算短，最后还是无所作为地离开了。[2]

子谓卫公子荆："善居室。始有，曰：'苟合矣。'少有，曰：'苟完矣。'富有，曰：'苟美矣。'"　13·8

解释　"卫公子荆"，卫国的公子，在当时声誉不错，吴季札曾把它列为卫国的君子之一[3]。

"善居室"，善于持家，"居室"指住的地方，也就是家。

"苟合""苟完""苟美"，这里的"苟"意为马马虎虎，差不多。

大意　孔子谈到卫公子荆，说："他善于持家。刚刚有一点东西，他就说：'这差不多行了。'等到多一点的时候，他就说：'这差不多完全了。'等到比较富有的时候，他说：'这差不多美轮美奂了。'"

导读　人生对物质的需求本来就不多，但偏偏有人总是不满足，多了还要再多，富了还要再富，贪得无厌，欲壑难填。这样的事多半都发生在统治阶级的身上，孔子那个时代各个诸侯国的贵族就是这样一批永远不满足的人。这当中偶然会出现几个较为清廉的人，这里的公子荆就

1　参看《八佾篇》前三条。

2　参看《述而篇》第十五条、本篇第三条。

3　见《左传·襄公二十九年》。

是一个，孔子便特别提出他来赞美，意在批评其他贪婪的统治阶级成员。

孔子的话在今天也没有失去它的警示意义。中国近几十年发展迅速，物质财富增加很快，有些位居要津的人和楼台近水的人，利用方便，巧取豪夺，一夜之间便成巨富，结果造成贫富悬殊，社会失衡。由于财富来得太容易，持有者很容易养成骄奢淫逸的习惯，于是又引起被剥夺者更大的愤怒，成为随时可能爆发的活火山。这些人应该好好想想了。

子适卫，冉有仆，子曰："庶矣哉！"冉有曰："既庶矣，又何加焉？"曰："富之。"曰："既富矣，又何加焉？"曰："教之。" 13 · 9

解释 "子适卫"，孔子去卫国，"适"是动词，去，到。"冉有仆"，冉有就是冉求，"仆"名词作动词用，通常指驾车。"庶"和"富"，人口多叫庶，财物多叫富。

大意 孔子去卫国，冉有替他驾车，孔子说："人口很稠密啊！"冉有说："人口已经稠密了，那下一步该做什么呢？"孔子说："让人们富庶起来。"冉有说："如果已经富裕了，那下一步再干什么呢？"孔子说："教育人们。"

导读 这话看起来简单，其实是一条亘古不灭的治国真理：先庶，后富，再教。任何一个民族，只有沿着这个路走，才有可能发达起来，强盛起来。

一个民族繁荣的根基在文化，文化在，这个民族就在；文化不存在了，这个民族也就不存在了。所以"教"是非常重要的。但是文化的发展需要财富做基础，衣食足而后知礼义，没有一定的财富，文化发展不起来。所以“教”之前必须“富”。而文化和财富最终的载体都是人，没有一定的人口数量，财富和文化就无所附丽。现在很多社会学家已经指出，有些国家和民族的生育力太低，人口在慢慢萎缩，最终会造成很大的存在危机。一般认为，生育率必须维持在 2.1（即平均一对夫妻要生两个孩子）以上，这个民族的人口才能维持稳定，如果生育率低于 1.2，这个民族就不可避免地要走上衰亡。因此“庶”乃是一切的前提。

子曰：“苟有用我者，期月而已可也，三年有成。” 13 · 10

解释 “期月”，一年，“期”读 jī（基）。“期月而已可”，“已可”，已经可以，就可以，“已”是副词，不跟前面的“而”连读成一个词。

大意 孔子说：“如果有人让我来主持国政，一年就可以了，三年就会很有成绩。”

导读 可惜孔子一生都没有得到这样的机会，不知道这是不是历史的必然？有一点不能不遗憾地指出，虽然大部分中国人都承认孔子是至圣先师、万世师表，但是孔子的政治主张实际上从来没有在中国这块土地上实现过，甚至孔子提出的人生理想也都仅仅被少数中国人所实践。但是，我从来不怀疑孔子思想的意义，无论是政治主张，还是人生理想，他都给我们后世子孙树立了一个完美而醒目的目标，也许我们在实际上永远达不到这个目标，但是我们至少知道应该不断地朝这个目标前进。这正是司马迁两千年前在《史记 · 孔子世家》中感叹过的：“高山仰止，景行行止，虽不能至，其心向往之。”

子曰："'善人为邦百年，亦可以胜残去杀矣。'诚哉是言也！" 13·11

解释 "为邦"，治理国政。"胜残去杀"，"胜"，超越，克服；"残"，残虐，暴政；"去"，去掉，免除；"杀"，杀戮。"诚哉是言"，倒装句，"是"是代词，这。

大意 孔子说："'善人治理国家一百年，也就可以克服暴政，免除杀戮了。'这话真对啊！"

导读 可惜这也是从来没有实现过的政治理想，至少在中国是如此。中国几千年的历史从来就没有善人连续执政一百年的，也从来就没有"胜残去杀"的时候。历史上艳称的西汉文景之治、唐朝贞观之治、北宋前期之治，也都不过是相对好一点，既未"胜残"，也未"去杀"，而且都不过二三十年，昙花一现。至于清朝的康雍乾，顶多只是相对稳定而已，文字狱接二连三，对汉人的虐杀无日无之，有些御用文人居然称之为"盛世"——现在这种无聊文人正多，看这些年一部接一部上演的清宫剧就知道了——其实跟孔子的理想简直搭不上边。

子曰："如有王者，必世而后仁。" 13·12

解释 "王者"，这里不仅仅指做王的人，而是指能够实现王道的天子。"必世而后仁"，"世"，古人一般指三十年为一世；"仁"，在这里是名词作动词用，意为实现"仁"的政治理想。

大意　孔子说："如果有以王道治理天下的天子出现，也一定要三十年才能实现仁政的理想。"

导读　这句话应该连着前段一起看，"王者"是比"善人"更高一个层次的统治者，也就是儒家理想的统治者，如尧、舜、禹、汤、文、武之类的人，但即使是这样的人在孔子那个时代出现，也至少得三十年（不必百年）才能拨乱反正，实现仁德清明的理想政治。

子曰："苟正其身矣，于从政乎何有？不能正其身，如正人何？"　13 · 13

解释　"苟"，如果。"何有"是当时的一个习惯用语，在前面出现过好几次（如6·8），意思是"有什么难的"。"如正人何"句，"如……何"的结构在前面也讲过。

大意　孔子说，一个人如果能够端正自身，那么从政有什么难的？如果不能端正自身，怎么去端正别人？

导读　这段话跟本篇前面第六条说的是同一个意思，合起来看更明白。

冉子退朝，子曰："何晏也？"对曰："有政。"子曰："其事也。如有政，虽不吾以，吾其与闻之。"　13 · 14

解释　"何晏也"，为什么晚了，"晏"，晚。

“其事也”，大概是“事”吧，古代“政”和“事”有区别，“政”是国家大政，“事”是一般的行政事务；“其”是语气词，表示推测。

“虽不吾以”，即使不用我了，“以”在这里是动词，用；“吾”是“以”的宾语，因为是否定式，所以提到否定词和动词之间。“吾其与闻之”，“其”，表推测的语气词，“与闻”的“与”要读 yù（玉），全句意为应该会让我知道；“与闻”的一般是国家大事，要到一定级别才可以“与闻”。

大意 冉有退朝回来，孔子问他：“今天怎么晚了？”冉有回答说：“有政事。”孔子说：“怕是行政事务吧，如果是国家大事，虽然不用我了，应该会让我知道的。”

导读 这是一个正名的例子，“政”是国家大事，“事”是行政事务，二者有区别，而冉有却把它混淆起来了，所以孔子要纠正他。孔子曾经做过鲁国的大臣，是属于大夫之列的，到了这一个级别，虽然已经退休，有大事还是会通知他的，这跟我们今天的政治运作情况其实差不多。

定公问：“一言而可以兴邦，有诸？”孔子对曰：“言不可以若是其几也。人之言曰：‘为君难，为臣不易。’如知为君之难也，不几乎一言而兴邦乎？”曰：“一言而丧邦，有诸？”孔子对曰：“言不可以若是其几也。人之言曰：‘予无乐乎为君，唯其言而莫予违也。’如其善而莫之违也，不亦善乎？如不善而莫之违也，不几乎一言而丧邦乎？” 13·15

解释 “定公”，指鲁定公。“一言”在文言文中有时指一个字，有时指一句话，这里是后者。“有诸”就是“有之乎”，“诸”是“之乎”

的合音，“之”即指前面的“一言”。

“若是其几”句，“若是”，如此；“其”在这里是指示代词，意为这样的、那样的；“几”，读 jī（机），几微，奥妙。末句中“几乎”中的“几”也读 jī（机），跟今义相同。

“予无乐乎为君，唯其言而莫予违也”句，“无乐乎”，不乐于，“乎”同“于”；“莫予违”即“莫违予”，“予”，我。下面“莫之违”结构相同。

大意 鲁定公问孔子说：“一句话就可以振兴国家，有这样的事吗？”孔子回答说：“语言不可能这么奥妙啊。有人说：‘做国君艰难，做臣子也不容易。’如果懂得做国君的艰难，那么这句话不几乎就可以说是一言兴邦吗？”鲁定公又问：“一句话就可以让国家毁掉，有这样的事吗？”孔子回答说：“语言不可能这么奥妙啊。有人说：‘我并不乐于当国君，只是乐于我讲的话没人敢违抗。’如果你讲的话是好话，没人违抗，那当然好，但如果你讲的话是坏话，也没人敢违抗，那这句话不几乎就等于一言丧邦了吗？”

导读 “一言兴邦”“一言丧邦”至今还以成语的形式留在白话文中，当代中国人对这两句话体会尤其深刻。“文革”中林彪说对领袖的话“理解的要执行，不理解的也要执行”，这就是典型的一言丧邦；改革开放后邓小平说的“发展是硬道理”，差不多就可以说是一言兴邦了。

叶公问政，子曰：“近者说，远者来。” 13·16

解释 “说”，音、义同“悦”。“近者说，远者来”，等于说“近者说之，远者来之”，“之”字省略了。

大意 叶公问如何治理国家，孔子说：“让近处的人高兴，让远方的人来依附。”

导读 这段话后来浓缩成了成语“近悦远来”，近悦远来的潜台词是施仁政，你施行仁政，本国的人民就高兴了，别国的人民也会想来移民。

子夏为莒父宰，问政，子曰：“无欲速，无见小利。欲速则不达，见小利则大事不成。” 13·17

解释 “莒父”，鲁国地名，“莒”读jǔ（举）。

大意 子夏做了莒父的长官，向孔子询问如何治理，孔子说：“不要求快，不要只看见小利益。求快就达不到目的，只看见小利就不能成就大事。”

导读 欲速不达，见小失大，乃千古名言，处处适用，岂只为政而已。但是为政尤其需要引为鉴戒。半个世纪前的“大跃进”“大炼钢铁”“放卫星”，最后以惨败告终，国人应该都还没有忘记。中国社会今天的浮躁习气也仍然需要这两副药来医治。

叶公语孔子曰：“吾党有直躬者，其父攘羊。而子证之。”孔子曰：“吾党之直者异于是：父为子隐，子为父隐，直在其

中矣。” 13·18

解释 “党”，指乡党，相当于今天说的邻里街坊，“吾党”就是我们那地方。“直躬”，朱熹解为“直身而行者”[1]。“攘羊”意为因羊跑到自己家里而占为己有[2]，跟偷羊还不一样。“证”，向官府告发。“隐”，隐瞒，郑玄说：“隐，谓不称扬其过失也。”[3]

大意 叶公对孔子说：“我们那地方有一个正直的人，他父亲把别人的羊据为已有，他去揭发了。”孔子说：“我们那地方正直的人不是这样：父亲为儿子隐瞒，儿子为父亲隐瞒，正直就在这里面了。”

导读 这段话很简单，但牵涉的问题和理论却非常复杂，足足可以写一本书。

什么是正直？表面上看，一是一，二是二，就是正直，以此推论，叶公讲的那个人是正直的。可孔子却否定了，他说“父为子隐，子为父隐”才是正直。后来孟子阐述孔子的意思，还虚拟了一个故事，说在舜做天子的时候，皋陶当法官，如果舜的父亲瞽叟杀了人怎么办？孟子认为正确的做法是皋陶依法执法，舜丢下天子不做，背着瞽叟去逃命，找一个地方躲起来。

今天的人，尤其是经过一百余年科学和革命洗礼的中国人，很可能不假思索就认为孔子的话不对，而孟子的做法就似乎更加不能接受，觉得那是以私害公，不顾大义（所以后来就有“大义灭亲”之类的话出来），居然丢下天下不管。其实儒家的这个思想很值得我们深思。所谓正直到

1 见《论语集注》。
2 见《论语集注》。
3 见《礼记·檀弓上》“事亲有隐而无犯”注。

底是什么？道义到底是什么？扭曲人性、违背伦理的东西，可以叫作正直和道义吗，那样的正直和道义对人有价值吗，有什么东西比人性和伦理更值得我们追求吗，当我们追求到这些东西的时候，我们却丧失了人性和伦理，那我们会得到什么？一个丧失了人性和伦理的社会，会是更好的社会、更适合人居住的社会吗？

经验告诉我们，任何扭曲人性、违背伦理的社会理论，不论初看起来多么冠冕堂皇，最后总是无一例外地导致灾难性的后果。中国人对此并不陌生，才过去四十年的“文革”中血淋淋的瘢痕还没有完全褪色。所以今天世界上大多数文明国家都禁止配偶和直系亲属做证，就是有鉴于此。

樊迟问仁，子曰：“居处恭，执事敬，与人忠。虽之夷狄，不可弃也。” 13·19

解释　“居”和“处”意义相近，都有“停止”的意思，“居处”就是平时在家，不出去办事的时候。“执事”就是办事，“与人”就是跟人交往，与人打交道，这里的“与”有交往的意思。

“虽之夷狄”句，“之”是动词，去、往。“夷狄”指未开化的、没有接受中原华夏文化的民族。“不可弃也”句，“弃”是抛弃、去掉、背弃。

大意　樊迟问孔子怎样做才算“仁”，孔子回答说：“平时庄重，办事认真，对人尽心。这几条，即使到没有开化的蛮人那里也是不可背弃的。”

导读　樊迟曾经三次向孔子问仁（其他两条见《论语》6·22和12·22），孔子的回答每次都不同，因为“仁”在孔子那里实际上是指涉一个道德系统，内涵极其丰富，只能就事就人加以指拨。同时，这种不同的回答也体现了孔子因材施教、随机施教的原则。

子贡问曰：“何如斯可谓之士矣？”子曰：“行己有耻，使于四方，不辱君命，可谓士矣。”曰：“敢问其次。”曰：“宗族称孝焉，乡党称弟焉。”曰：“敢问其次。”曰：“言必信，行必果，硁硁然小人哉！抑亦可以为次矣。”曰：“今之从政者何如？”子曰：“噫！斗筲之人，何足算也？” 13·20

解释 “何如斯可谓之士矣”，“何如”后小顿，结构同“士何如斯可谓之达矣”（12·20）。

“行己有耻”句，“行”是动词，“己”是“行”的宾语；“行己”略等于“律己”，但比“律己”的意思宽泛一些；“有耻”就是有羞耻意识，反面就是“无耻”。

“敢问其次”句，“其次”就是比这低一点的，作“问”的宾语，“其”是物主代词，“次”是名词。“乡党称弟”中，“弟”同“悌”，读 tì（替），是尊敬长者的意思。

“言必信，行必果”，讲话守信用，做事有结果。

“硁硁然小人哉”句，“硁硁然”，敲石头的声音，形容实实在在，像石头一样，“硁”读 kēng（坑）。这里的“小人”，不是道德意义上的小人，只是指普通人、一般人。“抑亦可以为次矣”句，“抑亦”，意为“但也”，表转折。

“斗筲之人”就是不值得一提的小人物，“斗”和“筲”都是盛米盛饭的小器具，这里比喻见识和气量狭小，“筲”读 shāo（烧）。

大意 子贡问孔子说："怎样才可以算是一个士呢？"孔子回答说："对自己的行为能保持羞耻意识，出使国外不辜负国君的使命，这样就可以算是士了。"子贡又问："请问比较次一等的呢？"孔子说："一个人在家族里大家都说他孝顺父母，在乡里中大家都说他尊敬长辈，这也可以算次一等的士了。"子贡又问："请问还有没有更次一点的呢？"孔子说："一个人讲话守信用，做事有结果，实在得像块响嘣嘣的石头，这样的人干不了什么大事，只是个普通人，但也可算是一个更次一等的士吧。"子贡又问："今天这些当官的怎么样呢？"孔子说："哎，这些人嘛，气量狭小，见识短浅，哪里值得一提啊！"

导读 就格局的大小、见识的长短而言，士自然也会有不同的层次，就跟今天的知识分子一样。但再低也得言信行果，实实在在，有为有守。而当时在官场上混的那些人，连这一点起码的操守也没有，言不顾行，行不顾言，虚伪浅薄，所以孔子斥之为"斗筲之人"，读来痛快。

子曰："不得中行而与之，必也狂狷乎！狂者进取，狷者有所不为也。" 13·21

解释 "中行"，就是中道而行，意思接近中庸。"与"，交往。"狂"，狂傲。"狷"读 juàn（倦），洁身自好。

大意 孔子说："如果找不到一个中庸的人相交，那就找狂傲的人和洁身自好的人吧！狂傲的人（虽然没有达到中庸的美德，但他至少）有进取之心，洁身自好的人（虽然也没有达到中庸的美德，但他至少）有些事情是不会去做的。"

导读 孟子引孔子这一段话，然后评论说“孔子岂不欲中道哉？不可必得，故思其次也”[1]，可见“狂”和“狷”虽不是中庸，但是是比较接近中庸的状态。正如《先进篇》第十六条子贡问子张和子夏哪一个更好，孔子回答说，都不够好，子张过，子夏不及。子张就属于“狂”的一类，而子夏则属于“狷”的一类。子张和子夏虽不完美，但仍然是优秀的人，比那些不思进取或者无所不为的人强得多了。

子曰：“南人有言曰：‘人而无恒，不可以作巫医。’善夫！‘不恒其德，或承之羞。’”子曰：“不占而已矣。” 13 · 22

解释 “无恒”，无常，无恒心。“巫医”，巫和医。

“不恒其德，或承之羞”，这是《周易 · 恒卦》九三的爻辞，意思是说：一个人如果没有常德（原则、操守），那么就可能有羞耻的事跟着发生。“恒”，是形容词作动词用，使动用法。“承之”，跟着。

大意 孔子说：“南方人有句话说：‘人如果没有一定的操守，是不可以做巫和医的。’这话说得好！‘人如果没有一定的操守，那么羞辱的事就会接连发生。’”孔子又说：“（碰到这样的人）只好不找他占卦了。”

导读 巫是沟通人和神的人，医是治病的人，是托以生死的人。在南方人看来，巫和医都是重要职业。孔子引用这句话是说，一个没有恒德的人，是不可以托以重任的。巫和医在孔子的眼中，当然不具备南方人眼中的重量，所以这句话的意思就变成，这种没有恒德的人，连巫和医这种事都做不好，都可能因败事而带来羞耻，那么其他更重大的事情，

1 《孟子 · 尽心下》。

比如军国大事，当然更不能托付给这种人了。所以孔子接着又说，碰到这种人怎么办呢？那就只好不找他占卦了，因为他没有恒德，占卦也占不准的。换句话说，对这种人，最好的办法就是什么重要的事情都不交给他办。

恒德就是常德，就是固定的、不会随便变动的德行，所以一个有恒德的人，用今天的话来讲，就是一个有原则、有操守的人。一个没有恒德即没有原则、没有操守的人，遇到重大事情一定没有坚定的主见，一定变来变去，一定会只考虑到眼前的个人私利。这种人当然靠不住，你怎么敢把重大事情交给他办呢？所以每个人都要自我警惕：我是不是这种没有恒德的人？交朋友也得注意：这个朋友是一个有恒德的人吗，重要的事情能托付给他吗？

子曰："君子和而不同，小人同而不和。" 13·23

解释 "和"，调和，和谐。"同"，相同，一致。

大意 孔子说："君子追求和谐而不追求一致，小人追求一致而不追求和谐。"

导读 这段话文字很简易，道理却很深刻。"和"与"同"是中国古代思想中两个很重要的概念。"和"是和谐，是多元共存，互相协调，互相补正；"同"是同一，一元主宰，排除异己，有我无他。君子追求"和"，而不赞成"同"；小人则追求"同"，而不赞成"和"。

杨伯峻说："'和'如五味的调和，八音的和谐，一定要有水、火、酱、醋各种不同的材料才能调和滋味；一定要有高下、长短、疾徐各种不同的声调才能使乐曲和谐。晏子说：'君臣亦然。君所谓可，而有否焉，臣献其否以成其可；君所谓否，而有可焉，臣献其可以去其否。'因此史伯也说：'以他平他谓之和。''同'就不如此，用晏子的话说：'君所谓可，据亦曰可；君所谓否，据亦曰否；若以水济水，谁能食之？若琴瑟之专一，谁能听之？'同'之不可也如是。'"[1]

李泽厚说："（此条）与'君子群而不党''周而不比'等条同义，即保持个体的特殊性与独立性才有社会和人际的和谐。虽政治，亦然。'同''比''党'就很容易失去或要求消灭这种独立性和差异性。这话今天还很有意思，强求'一致''一律''一心'，总没有好结果，'多极''多元''多样化'才能发展。从注文中可以看出，'和'的前提是承认、赞成、允许彼此有差异、有区别、有分歧，然后使这些差异、区别、分歧调整、配置、处理到某种适当的地位、情况、结构中，于是各得其所，而后整体便有'和'——和谐或发展。中国哲学一直强调'和'，也即是强调'度'，强调'过犹不及'和'中庸'，其道理是一致的。此即所谓'吾道一以贯之'。这就是中国的辩证法（中庸、和、度、过犹不及）。"[2]

子贡问曰："乡人皆好之，何如？"子曰："未可也。""乡人皆恶之，何如？"子曰："未可也。不如乡人之善者好之，其不善者恶之。" 13·24

解释 "好"读 hào（号）。"恶"读 wù（误）。

大意 子贡问孔子说："同乡的人都喜欢他，怎么样？"孔子说："还

1 见《论语译注》该条。
2 见《论语今读》该条。

不行。”子贡又说：“同乡的人都讨厌他，怎么样？”孔子说：“还不行。不如同乡的好人都喜欢他，坏人都讨厌他。”

导读 一乡的人，有好人，有坏人，有君子，有小人。如果一个人大家都喜欢，好人坏人都喜欢他，那么这个人很有可能是一个没有原则、两边讨好的“乡愿”。如果一个人大家都讨厌，好人坏人都讨厌他，那么这个人说不定是一个与众不同的“狂狷”的人。所以孔子说，前者不能就说好，后者不能就说坏。如果一个人让同乡的好人都喜欢他，而坏人都讨厌他，这个人必定是一个有恒德、有原则、有操守的人，不会投机取巧、左右逢源，这样的人才是孔子欣赏的人。

这一条可以跟《卫灵公篇》第二十八条同读：“众恶之，必察焉；众好之，必察焉。”

李泽厚说：“孔子并不喜欢‘好好先生’和‘乡愿’，但‘好好先生’总是生活中的优胜者、幸运儿、富贵人，或高官厚禄，或平稳一生；古今皆然，随处都是，亦可叹也。”[1] 我有同叹。

子曰：“君子易事而难说也。说之不以道，不说也；及其使人也，器之。小人难事而易说也。说之虽不以道，说也；及其使人也，求备焉。” 13·25

解释 本段中的六个“说”都读 yuè（悦）。“易事而难说”“难事而易说”“说之”中的“说”是不及物动词作及物动词用，使动用法，意为“使之说”，亦即取悦之意。

“及其使人也，器之”句，“及”，等到、待到；“其”等于“君子

1 见《论语今读》本条。

之”，“其使人”就是“君子之使人”，“之”字取消原句的独立性，使之变成大句子中的主语；“器之”则是大句子的谓语部分。“器”，器皿，在这里名词作动词用，使动用法；“之”指代所使之人，“器之”的意思就是根据所使的人的不同的材具去使用他。“及其使人也，求备焉”的结构同此，“求备”就是求全责备。

大意 孔子说：“在君子手下做事容易，但要讨他的喜欢却难，不用正当的方式讨他的喜欢，他是不会喜欢的。到他分配任务给手下人的时候，他会根据各人的材具来使用。在小人手下做事很难，但要讨他的喜欢却很容易，不用正当方式去讨他的喜欢，他也会喜欢。到他分配任务给手下人的时候，他却会求全责备。”

导读 古今中外到处都有君子，也到处都有小人，孔子的生动描述我们随处可以验证，到今天也没有任何改变。

子曰：“君子泰而不骄，小人骄而不泰。” 13·26

解释 “泰”，平和安详；“骄”，骄横傲慢。

大意 孔子说：“君子平和而不骄横，小人骄横而不平和。”

导读 朱熹说：“君子循理，故安舒而不矜肆；小人逞欲，故反是。”[1]读过孔子这话，再仔细观察你周围的人，从他们待人处世的态度上不难看出谁接近君子，谁接近小人。

1 见《论语集注》该条

子曰："刚、毅、木、讷，近仁。" 13·27

解释 "刚"是刚强，有个性、有棱角；"毅"是坚毅、果敢，不容易被他人或外力所改变；"木"是朴实、不花哨；"讷"读 nè，是言辞谨慎，不多话。

大意 孔子说："刚强、坚毅、朴实、慎言，这些品质近于仁德。"

导读 "刚、毅、木、讷"是巧言令色的反面。孔子没有说这样的人就是仁，因为这毕竟还是一种外表，不是仁的本身，但由这种外在的表现可以看出一个人内心的真诚，正好像我们从花言巧语的外表可以窥测一个人内心的虚伪一样。真诚则近仁，虚伪则鲜仁，这几乎是可以肯定的。

子路问曰："何如斯可谓之士矣？"子曰："切切偲偲，怡怡如也，可谓士矣。朋友切切偲偲，兄弟怡怡。" 13·28

解释 "切切"，互相切磋的样子，"偲偲"，互相勉励的样子，"偲"读 sī（思），"怡怡"，和颜悦色的样子。

大意 子路问孔子："怎样才可以算作一个士呢？"孔子说："互相切磋勉励，相处和颜悦色，就可以叫作士了。朋友之间要互相切磋勉励，兄弟相处要和颜悦色。"

导读 一个知识分子要追求道义，要守护社会的精神价值，也就是孔子说的“士志于道”，所以在一起自然要互相切磋勉励。如果只是琐琐碎碎，家长里短，言不及义，或者吃吃喝喝，吹吹拍拍，那就是庸人，就是酒肉朋友，不是真正的知识分子相处之道。在态度上，知识分子文质彬彬，跟人相处通常是和颜悦色，无须剑拔弩张。“切切”“偲偲”“怡怡”正是一群知识分子相处的样子。

孔子又进一步说，如果是朋友相处，更要侧重在“切切偲偲”，因为朋友以道义为重；如果是兄弟相处，就要侧重“怡怡如也”，因为兄弟以亲情、恩情为重。孔子的教导总是切中情理，又区别不同的情况，从不教条，也从不把话说得玄之又玄，所以令人感到特别亲切。

子曰：“善人教民七年，亦可以即戎矣。” 13·29

解释 “即戎”，打仗；“即”，动词，“即位”的“即”；“戎”，兵事，军事，战争。

大意 孔子说：“善人教育老百姓七年之久，也就可以让他们打仗了。”

导读 这句话要同下段同读，才会明白孔子的意思。孔子并不一味地反对打仗，他反对的是不把老百姓的命当回事。

子曰：“以不教民战，是谓弃之。” 13·30

解释 “不教民”，三个字连读，即“不教之民”，没有经过教育、没有经过训练的民众。

大意 孔子说："用没有经过训练的民众去打仗，这叫作抛弃他们。"

导读 用没有经过教育训练的民众去打仗，这跟把牛羊赶去屠宰场有什么区别？根本就是糟蹋生命。但是古今中外从不缺乏这种例子，在有些所谓政治家的眼里，任何人都不过是他棋盘上的棋子，只要他的政治目的达到了，牺牲多少人的生命，他是不在乎的，他信奉的是老子的话："天地不仁，以万物为刍狗；圣人不仁，以百姓为刍狗。"

宪问篇第十四

宪问耻，子曰："邦有道，谷；邦无道，谷，耻也。""克、伐、怨、欲不行焉，可以为仁矣？"子曰："可以为难矣，仁则吾不知也。" 14·1

解释 "宪"，原宪，孔子弟子，已见（6·5）。

"谷"，谷子，这里指俸禄，而且是名词作动词用，意为领俸禄，也就是做官。"克"，胜过，在这里的意思是好胜。"伐"，夸，自夸。"怨"，埋怨，怨恨。"欲"，贪欲，贪心。

大意 原宪问孔子什么是耻辱，孔子说："国家政治清明，做官；国家政治黑暗，也做官，这就是耻辱。"原宪又问："如果一个人，好胜、自夸、怨恨、贪心这四种毛病都没有，可以叫仁了吗？"孔子说："可以叫难能可贵了，至于能不能叫仁，我不知道。"

导读 有人批判儒家依附统治者，老是想当官，这话只说对了一半。孔子的弟子子夏的确说过"学而优则仕"（是学有余力可以做官，不是成绩好就做官），孟子也曾经引《传》言说："孔子三月无君，则皇皇如也。"[1] 这在当时是必然的。我在前面已经说过，孔子、孟子，以及他们

1 见《孟子·滕文公下》。

的学生都是“士”这个阶层的人。这个阶层当时是贵族的最低一级，并不世袭，也没有财产，却担负着管理社会的职责。所以做官实际上是他们的职业，像工人做工、农民种田一样自然。如果不做官，他们吃什么呢？于是这里就出现了两种人，一种是只要有官就做，因为要养家糊口。但另一种却不是如此，他们也要养家糊口，但不止于养家糊口，他们还有更高的目的，就是要“得君行道”，要实现自己的政治理想。孔孟就是这样的人。他们周游列国，寻找能采纳他们治国理念的国君，结果一个也没找到。他们宁可不做官也不肯放弃自己的理念，所以最后只好回乡办学，把理想传给下一代。

不顾自己的政治理念，或者说根本就没有自己的理念，只求当官的人，有没有呢？不仅有，而且多的是。如战国时最典型的就是像苏秦、张仪这样的“纵横家”，说“连横”没国君采纳，就说“合纵”，只要获得权力，能谋取富贵就行。在孔孟看来，这样的人是可耻的。儒家的主张是“天下有道则见，无道则隐”（8·13），“用之则行，舍之则藏”（7·11）“穷不失义，达不离道”[1]“穷则独善其身，达则兼善天下”[2]。

当然我这里说的是孔孟，后世的“儒家之徒”能做到孔孟这样的的确没有几个。随着社会的发展，士“见”的空间在扩大，但“隐”的空间却在缩小，现代的“士”就更难了，想隐都不知道隐到哪里去。好在现代社会分工细，行业多，不见得每个知识分子都要当官，政治理念不合就不当官，还有别的行业可做，而且做别的行业也可以兼善天下。这样看来，现代知识分子的出路比孔孟那个时代毕竟更好了。

子曰：“士而怀居，不足以为士矣。” 14·2

1 见《孟子·尽心上》。

2 同上。

解释 “居”指安居，“怀居”就是留恋安逸的生活。

大意 孔子说：“一个士如果留恋安逸的生活，就不配做一个士了。”

导读 知识分子既然以守护社会的精神价值为己任，就不可能花很多心思去追求物质享受，这跟“士志于道而耻恶衣恶食者，未足与议也”（4·9）是一个意思。孔子的话是对有社会使命感的知识分子说的，一般人很难做到，尤其是今天。一个现代知识分子，应该心系社会，但也首先要有一个起码的物质基础，基本上能够安居乐业，才有可能去关怀他人乃至整个社会，不能要求人人都“身无半亩，心忧天下”（左宗棠语）。但孔子的话在原则精神上仍然是对的，仍然值得我们警惕。现在有些人又要当官，又想发财，另外一些人又要做公知，又要下海赚钱，总之是名也要利也要。这样的人，连自己的贪念都制止不了，还能指望他守护社会的精神价值吗？

子曰：“邦有道，危言危行；邦无道，危行言孙。” 14·3

解释 “危”不是危险的危，而是“正”的意思，这个意义现在还保留在成语“正襟危坐”中。“孙”，音、义同“逊”。

大意 孔子说：“国家政治清明，一个人就可以正直地讲话、正直地做事；如果政治混乱，做事还是要正直，但说话就应当低调谨慎了。”

导读 孔子不是革命家，也不赞成做烈士，不赞成以一个人去对抗整个社会，作无谓的牺牲，他只赞成为道、为仁而牺牲。他多次表达过这样的观点。

子曰："有德者必有言，有言者不必有德。仁者必有勇，勇者不必有仁" 14·4

解释 "言"，这里指嘉言、名言。

大意 孔子说："有德行的人一定有嘉言，但有嘉言的不一定就有德行；仁者一定勇敢，但勇敢的人不一定是仁者。"

导读 这是内在本质跟外在表现的关系问题。是金子一定发光，但发光的不一定是金子。内在一定会通过外在表现出来，但单靠外在表现却不一定能够判断本质。观察人时要特别小心，今天尤其要警惕只会说漂亮话的人。

南宫适问于孔子曰："羿善射，奡荡舟，俱不得其死然；禹、稷躬稼而有天下。"夫子不答。南宫适出，子曰："君子哉若人！尚德哉若人！" 14·5

解释 "南宫适"，"适"读 kuò（括），孔子学生，即南容，前面见过。"羿"，读 yì（亦），即后羿，古代传说中最会射箭的人。"奡"读 ào，（傲），古代传说中的大力士，善水战，能够把敌人的船翻过来，"荡舟"是"覆舟"的意思。"禹"，夏代的第一个天子。"稷"，又称后稷，是周朝的祖先。

“俱不得其死然”，都不得好死，参看《先进篇》第十三条。

“君子哉若人”，是个倒装句，“若人”，这个人。

大意 南宫适向孔子请教：“后羿长于射箭，奡则力大无穷，可以把敌人的船翻过来，但这两人最后都不得好死；大禹和后稷亲自下地种庄稼，最后却得到天下。”孔子没说什么。南宫适出去以后，孔子说：“这个人真是个君子啊！这个人真是崇尚德行啊！”

导读 孔子尚德不尚力，这又是一例。

南宫适，《孔子家语》作南宫韬，说他“以智自将，世清不废，世浊不污”。孔子是赞成明哲保身的，后来把侄女嫁给了南宫适（见11·6）。

子曰：“君子而不仁者有矣夫，未有小人而仁者也。” 14·6

解释 这里的“君子”和“小人”是就地位而言，不是就德行而言的，“君子”指贵族、在位者，“小人”指平民。两个“仁”都是动词，行仁的意思。两个“而”都是转折连词，但，却。

大意 孔子说：“贵族却不行仁的人是有的吧，平民却行仁的人是不会有的。”

导读 如果把这里的“仁”当一般的“仁”（名词或形容词）讲，这句话就有点费解，特别是后半句。这里的“小人”指的是地位，逻辑上孔子应该不会说出“未有小人而仁者也”这样的话，因为能不能做到仁，按孔子的思想体系，是跟地位没有关系的。如果“小人”不是指的地位，而是指的道德，那么这句话就等于没有说。

这句话应该是针对某人某事而发，可惜我们已经无法重建当时的语境了。细玩文义，这里的“仁”指的是“仁”表现于外的功业。例如管仲，孔子虽然对他有很多批评，但因为他“九合诸侯，不以兵车”的功业，孔子却仍然以“仁”来称许他（参看 14 · 16）。有人有管仲一样高的地位，却没有为老百姓谋取福利，建功立业，而是为一己谋私利，只图个人享受，所以孔子说“君子而不仁者有矣夫”。像管仲这样的功业平民是没有办法建立的，所以说“未有小人而仁者也”。但这样说“仁”，只能是指“仁”的外在表现，而且是必须具备了相当条件以后才有可能表现出来的。这显然离孔子平常讲的“仁”，特别是“我欲仁，斯仁至矣”的“仁”有点距离。

但是把“仁”解释为功业，并非没有根据，上面说的孔子对管仲的称许就是证据之一，此外，孔子还说过如果一个人“博施于民，而能济众”，就不仅是“仁”，简直就是“圣”了（参看 6 · 30）。孔子的理想是“修己以安百姓”（参看 14 · 42），本来就含有注重功业的一面。后来东汉时期思想界曾经有过“仁孝之辨”，“仁”与“孝”对言，这个“仁”也是博施于民、为国建功的意思。

子曰：“爱之，能勿劳乎？忠焉，能勿诲乎？” 14 · 7

解释 这一段文字简单，但解释起来却并不简单。首先，“劳”字怎么讲？这里有三种解释，都于古有据：一、“劳”就是勤劳，这里是使动用法，就是“使之勤劳”。“能勿劳乎”就是能够不让他们勤劳吗？二、“劳”是忧劳的劳，有担忧、忧心的意思。“能勿劳乎”就是能不替他们担忧吗？三、“劳”是劝勉的意思，跟下句的“诲”意思相接近。“能勿劳乎”就是能不劝勉他们吗？其次，这段话的语境是什么？“之”指什么人？可以理解为父母长辈对儿女下辈说话，“之”指的是儿女下辈。也有人解释为臣下对君王说话，“之”指的是君王，尤其是第二句，那么“诲”就有谏诤的意思了。我个人觉得“劳”作劝勉讲较好，语境是长辈对下辈。

大意 孔子说：“你既然爱他们，能够不劝勉他们向善吗？你既然对他们真诚尽心，能够不教诲他们吗？”

导读 不劝勉、不教诲，那就是溺爱，就不是真正的爱，也就谈不上真诚尽心了。这里讲的“忠”还是真诚尽心的意思，后世有些注释者老想把它往忠君的方向解释，其实是一种有意无意的曲解。何况把“诲”解成谏诤也实在很勉强，臣如何能“诲”君呢？

做父母的特别应该牢记孔子的这句话。父母亲对子女的慈爱出于本能，如果没有比慈爱更高一级的理性来指导，这种慈爱必然流于溺爱。今天的中国社会由于几十年来的独生子女政策，溺爱子女的现象更为普遍，父母对子女不劳不诲，结果造成了一代又一代能力不够、抗压力很低的人群。

子曰：“为命，裨谌草创之，世叔讨论之，行人子羽修饰之，东里子产润色之。” 14·8

解释 “裨谌”，读 bì chén（必臣），郑国大夫。“世叔”，即子大（读 tài）叔，名游吉，也是郑国大夫。“行人子羽”，“子羽”是公孙挥的字，郑国大夫，“行人”是外交官。“东里子产”，“子产”是中国古代有名的政治家，郑国大夫，“东里”是地名，子产住的地方。

“命”，命令，文告。“草创”，拟初稿。“讨论”，研究后提出意见，跟今天的“讨论”意思不同。“修饰”，修改。

大意 孔子说：“在郑国，一篇文稿的产生，先是裨谌拟稿，然后世叔提意见，外交官子羽加以修改，最后由子产在文字上润色定稿。”

导读 这段文字讲述郑国子产执政时，文告制定的过程，孔子讲给学生听，可能是要告诉学生，写这类东西要慎重，不可草率。《左传·襄公三十一年》有一段写子产从政能集合众人的力量，可以与此段相参照：“子产之从政也，择能而使之。冯简子能断大事；子大叔美秀而文；公孙挥能知四国之为，而辨于其大夫之族姓、班位、贵贱、能否，而又善为辞令。裨谌能谋，谋于野则获，谋于邑则否。郑国将有诸侯之事，子产乃问四国之为于子羽，且使多为辞令；与裨谌乘以适野，使谋可否；而告冯简子使断之。事成，乃授子大叔使行之，以应对宾客。是以鲜有败事。北宫文子所谓有礼也。”

或问子产，子曰：“惠人也。”问子西，曰：“彼哉，彼哉！”问管仲，曰：“人也。夺伯氏骈邑三百，饭疏食，没齿无怨言。” 14·9

解释 “彼哉，彼哉”，何晏《论语集解》引马融说：“彼哉彼哉，言无足称。”有瞧不起的意思。

“人也”，历代注家有不同的解释，有人认为“人”读本字，有人认为“人”当读为“仁”，也有人怀疑“人”上缺了一个字，缺的字有人认为就是“仁”字，因为孔子曾以“仁”许管仲[1]。我赞成最后一说。

“夺伯氏骈邑三百”，“伯氏”，齐国大夫；“骈邑”，地名，伯氏的采邑；“三百”，三百户。

“饭疏食，没齿无怨言”，“饭疏食”已见前（7·16），“没齿”，牙齿掉光，意为终身、到死。

大意 有人问到子产，孔子说：“是个有爱心的人。”问到子西，孔子说：“那个人哪，那个人哪！”问到管仲，孔子说：“是个仁人。他剥夺了伯氏骈邑三百户，伯氏从此粗茶淡饭，但到死都没有怨言。”

导读 这是孔子对几个人的评价，对管仲评价最高。伯氏有罪，管仲依法剥夺他的采邑，连伯氏自己都觉得管仲做得公平，到死没有怨言。这是不容易的。后来蜀汉的历史学家习凿齿就拿诸葛亮与管仲相比，说：“昔管仲夺伯氏骈邑三百，没齿而无怨言，圣人以为难。诸葛亮之使廖立垂泣，李平致死，岂徒无怨言而已？”[2]

子曰：“贫而无怨难，富而无骄易。” 14·10

解释 这一句两千五百年前的话竟无须任何解释！

大意 孔子说：“贫穷而没有怨言，很难做到；富裕而不骄傲，容易做到。”

1 参看黄怀信《论语汇校集释》本条。

2 见焦循《论语补疏》引。

导读 社会有贫有富，人生或富或贫，作为社会问题要靠社会改革来调节，作为个人处境则要靠自己的修养来调节。处富境而不以富骄人，这还不难做到，处贫境而不心生怨恨，这就不容易了。如果不幸而身处贫境，作为个人修养就要提防怨恨情绪，因为这种负面情绪于事无补，弄得不好却可能毁了你的一生。当然，作为社会的领导者，则不能要求人们一味地贫而无怨，如何消灭贫困，使社会富裕起来，才是领导者应该考虑的。所以政府领导扶贫是一项德政。

子曰："孟公绰为赵、魏老则优，不可以为滕、薛大夫。" 14·11

解释 "孟公绰"，鲁国大夫，《史记·仲尼弟子列传》说他是孔子所尊敬的人。

"老"，官名，古代大夫的家臣称"老"，也称"室老"。

"赵、魏"，赵氏、魏氏，都是晋卿，还有一个韩氏，后来这三家就把晋国的政权给瓜分了，成为赵、魏、韩三国。"滕、薛"，当时的小国，都在鲁国附近。

"不可以为滕、薛大夫"句，注意这里的"不可以"看来跟白话文的"不可以"没有区别，其实是不同的，这里的"不可"相当于白话文的"不能"，"以"是介词，"用"的意思，"以"的后面省略了代词"之"，"之"指孟公绰。此句意为：不能用孟公绰作滕、薛大夫。

大意 孔子说："孟公绰作为晋卿赵氏、魏氏的家臣，是绰有余裕的；但是不能用他做滕、薛这样小国的大夫。"

导读 这是评论孟公绰这个人，大意是说他德行很好，而才能不够，所以做赵、魏家臣，信实可靠，能得到大家的尊敬；但是如果要他来管理一个国家，哪怕是一个小国，就显得才力不足了。

德才不相配，这种情况很常见，古今多有其例；才又有种种，有文宣之才，有管理之才，有执法之才，有外交之才，有军事之才，领导者都需要加以分辨，才能用得其所。魏晋玄学中有一个著名的哲学命题，叫“才性之辨”，就是讨论德才关系的。曹魏思想家刘邵著《人物志》、钟会著《才性四本论》（已佚），都是讨论德才问题的名著。

子路问成人，子曰：“若臧武仲之知、公绰之不欲、卞庄子之勇、冉求之艺，文之以礼乐，亦可以为成人矣。”曰：“今之成人者何必然？见利思义，见危授命，久要不忘平生之言，亦可以为成人矣。” 14 · 12

解释 “臧武仲”，鲁国大夫臧孙纥。他很聪明，逃到齐国之后，能预见齐庄公被杀而故意激怒庄公，使庄公取消给他授田[1]。“公绰”，即孟公绰。“卞庄子”，鲁国勇士。

“成人”，完成了的人，全面实现了人的潜能与本质的人，也就是一个完美的人。

“文之以礼乐”，用礼、乐来文饰。“文”，读 wèn（问），名词作动词用，文饰之意，就是文过饰非的“文”；“之”，指代前面的“知”“不欲”“勇”“艺”。

“亦可以为成人矣”句，“可以为”，可以之为，能把他称为，参看前条“不可以”的解释。

1 参看《左传 · 襄公二十三年》。

“久要不忘平生之言”，“要”，读 yāo”（邀），义通“约”，穷困的意思；“平生”，平时。

大意 子路问孔子什么是完美的人，孔子说：“像臧武仲的聪明、孟公绰的廉洁、卞庄子的勇敢、冉求的多才多艺，再用礼乐来修养，这样也就能称为完美的人了。”又说：“今天的完美的人哪能都做到这样？有利可图的时候，能想到是否合乎道义；危难的时刻，敢于付出自己的生命；长期处于艰困，也不忘记自己平时许下的诺言，这样的人也就可以称为完美的人了。”

导读 孔子的意思是说，真正完美的人，要具备聪明、廉洁、勇敢、多才多艺的品质，还要加上礼乐的节制。但这样的人如今很难找到，只好退而求其次，能够在利益的面前想到道义，需要献身的时候敢于献身，历经艰难困苦而不忘初心，这样也就算是完美的人了。

一个人一生的修为，无非就是使自己成为一个“成人”，做到了就是无愧此生，到时候就可以安心地离开这个世界。文天祥临终作诗曰：“孔曰成仁，孟曰取义。唯其义尽，所以仁至。读圣贤书，所学何事？而今而后，庶几无愧。”像文天祥这样就是真正的“成人”了。

子问公叔文子于公明贾曰：“信乎，夫子不言，不笑，不取乎？”公明贾对曰：“以告者过也。夫子时然后言，人不厌其言；乐然后笑，人不厌其笑；义然后取，人不厌其取。”子曰：“其然。岂其然乎？” 14·13

解释 “公叔文子”，卫国大夫公孙拔。“公明贾”，姓公明，名贾

（jiǎ），卫国人。

“夫子”，老先生，是当时对长者的尊敬称呼，《论语》当中的“夫子”多半指孔子，这里的“夫子”指公叔文子。

“以告者过也”，把这话告诉你的人说过头了。“以”字后面省略了“之”，“之”指这些话。

“时然后言”，“时”，意为适当的时候，即“学而时习之”的“时”。

“其然”的“然”有如此、如是、是这样等意思，“其”是语气词。

大意 孔子向公明贾问到公叔文子，说：“是真的吗？他老人家不说话，不笑？不接受别人的东西？”公明贾回答说：“说这话的人说过头了。老先生到该讲话的时候才讲话，所以人家不讨厌他的话；快乐的时候才笑，所以人家不讨厌他的笑；拿别人的东西合乎道义才拿，所以人家不讨厌他的拿。”孔子说：“哦，是这样。真是这样吗？”

导读 公叔文子是当时的一个贤人，卫君在他死后讨论他的谥号时说：“昔者卫国凶饥，夫子为粥与国之饿者，是不亦惠乎。昔者卫国有难，夫子以其死卫寡人，不亦贞乎。夫子听卫国之政，修其班制，以与四邻交，卫国之社稷不辱，不亦文乎。故谓夫子贞惠文子。”[1] 也许传言说这个人不苟言笑，一介不取，所以孔子问公明贾如此。

子曰：“臧武仲以防求为后于鲁，虽曰不要君，吾不信也。” 14 · 14

解释 “防”，地名，臧武仲的封邑。“求为后”，请求立他的子弟为

1 见《礼记 · 檀弓下》。

卿大夫。“要君”，要挟国君，“要”读 yāo（邀）。

大意 孔子说：“臧武仲用防城请求立他的子弟为鲁国的卿大夫，即使有人说这不是要挟国君，我是不相信的。”

导读 臧武仲以臣子而“要君”，自然是不合礼的行为，凡不合礼的事，孔子都是持批评态度的。《左传·襄公二十三年》记载了此事，并引孔子的话说：“有臧武仲之知，而不容于鲁国，抑有由也，作不顺而施不恕也。”“作不顺”就是批评臧武仲所做的事情不顺礼。

子曰：“晋文公谲而不正，齐桓公正而不谲。” 14·15

解释 “晋文公”名重耳，“齐桓公”名小白，他们是春秋五霸中最有名的两个。

“谲”，不正，诡诈。

大意 孔子说：“晋文公狡诈而不正直，齐桓公正直而不狡诈。”

导读 这是孔子对晋文公和齐桓公二人人品的评价。关于晋文公、齐桓公的故事，《左传》中有很多记载，可以并观。有意思的是，这两个人人品差异很大，可是都是春秋五霸，功业相当。历史还真不好说。

子路曰：“桓公杀公子纠，召忽死之，管仲不死。”曰：“未仁乎？”子曰：“桓公九合诸侯，不以兵车，管仲之力也。

如其仁，如其仁！” 14·16

解释 桓公，齐桓公。公子纠是他的哥哥。他的异母兄齐襄公在位的时候，齐国发生内乱，他和公子纠都逃往国外，管仲和召（shào 绍）忽跟公子纠到鲁国，鲍叔牙跟他到莒国。齐襄公被杀以后，他先回国，被立为国君，兴兵伐鲁，逼鲁国杀公子纠，召忽自杀以殉。管仲被俘，后来经鲍叔牙推荐，做了齐国的宰相。

“九合诸侯”，多次召集诸侯（共同尊周天子）。古文中“三”和“九”常常用来表示多数，不一定是实指。

“不以兵车”，不用兵车，就是不用打仗。

“如其仁”，“如”，乃，就是。

大意 子路说：“齐桓公杀了公子纠，召忽为此自杀，管仲却没死。”又说：“这是不是不仁呢？”孔子说：“桓公多次不通过武力而能召集诸侯会盟（共同尊事周天子），这是靠了管仲的能力才办到的。这就是管仲的仁啊，这就是管仲的仁啊！”

导读 参看下段。

子贡曰：“管仲非仁者与？桓公杀公子纠，不能死，又相之。”子曰：“管仲相桓公，霸诸侯，一匡天下，民到于今受其赐。微管仲，吾其被发左衽矣。岂若匹夫匹妇之为谅也，自经于沟渎而莫之知也？” 14·17

解释 “微管仲，吾其被发左衽矣”句，“微”，没有；“其”，大概、也许，表示推测的语气词；“被发左衽”代指胡人，“被发”，披发，“被”，音、义均同“披”；“左衽”，衣襟开在左边，当时胡人披发，衣襟开在左边，汉人则束发，衣襟开在右边，“衽”，读 rèn（认），衣襟。

“谅”，诚信，多指小事情上的诚信。“自经”，自缢。“沟渎”，山沟沟里，“沟”和“渎”都是山间小溪。“莫之知”，没有人知道他们，“之”，代词作否定动词的宾语要前置，前面说过。

大意 子贡说：“管仲不算一个仁者吧？桓公杀了公子纠，他不能殉死，还当了桓公的宰相。”孔子说：“管仲帮助齐桓公成为诸侯的霸主，匡正了天下，老百姓到今天还受到他的好处。如果没有管仲，我大概都要变成胡人了。难道要像普通人那样，守着一点小节小信，最后吊死在山沟里还没人知道？”

导读 这两段讲一件事，子路和子贡的问题差不多，孔子的回答也差不多。子路和子贡是从当时臣要忠君的道德观念出发，认为管仲算不得仁，但孔子却从对广大老百姓的功绩出发，赞许管仲为仁。孔子的视野比子路、子贡广而高，也可见在孔子的心目中，仁不纯粹是一个个人道德修养的问题，还有能不能惠及于民的一面，孔子的理想是“修己以安百姓”，后人常常只记住了“修己”，忘记了“安百姓”，记住了孔子说的“君君，臣臣”，并且歪曲成“君要臣死，臣不得不死”[1]，却忘记了孔子为天下老百姓着想而肯定不为君殉死的管仲。近代许多人不读孔孟的书却喜欢大批孔孟，实在是很奇怪的一件事。

公叔文子之臣大夫僎与文子同升诸公，子闻之，曰：“可

1 《十三经》无此语，不知何人杜撰。

以为'文'矣。" 14·18

解释 "公叔文子",已见(14·13)。"大夫僎",是公叔文子的家臣,"僎",读 zhuàn(撰),是这个大夫的名字。

"同升诸公",同时升为国家大臣,僎本来是公叔文子的家臣,比公叔文子低一级,现在由于公叔文子的推荐,一起升为国家大臣。"诸",这里相当于"于"。"公",公朝。

大意 公叔文子的家臣大夫僎,(因为他的推荐)跟他一起升为国家大臣。孔子听说了这件事,说:"公叔文子的确能谥为'文'了。"

导读 公孙拔死后,被封为"贞惠文子",后世一般称为"公叔文子",因为"文"包含了"贞""惠"的意思。孔子在这里称赞他不愧"文"的谥号,那么这事应当是发生在公孙拔死后,有人把公孙拔推荐大夫僎的事情讲给孔子听,孔子所发的评论。大夫僎本来是公孙拔的家臣,公孙拔能够不计较地位的高下而推荐大夫僎升到跟自己相等的位置,这在等级分明的那个时代是非常难能可贵的,且合乎孔子为政要举贤才的一贯主张,所以得到孔子的称赞。

子言卫灵公之无道也,康子曰:"夫如是,奚而不丧?"孔子曰:"仲叔圉治宾客,祝鮀治宗庙,王孙贾治军旅,夫如是,奚其丧?" 14·19

解释 "卫灵公",与孔子同时的卫国的君主,"子见南子"的"南子"(见6·28)即他的夫人。"康子",就是季康子,鲁国大臣。"仲叔圉",

就是孔文子，卫国大夫，已见（5·15）。“祝鮀”，即史鱼，卫国大夫，已见（6·16）。“王孙贾”，卫灵公大臣，已见（3·13）。

“夫如是，奚而不丧”句，“夫”是发语词，读 fú（扶）；“如是”，像这样；“奚”是疑问副词，为什么；“丧”，丧国，败亡。“而”，语助词，无义。

“夫如是，奚其丧”句，“奚其丧”，与“奚其为”（2·21）、“奚其正”（13·3）结构相同，“奚”是疑问代词，作“丧”的宾语，“其”是加强语气词。“奚其丧”，直译就是“会丧失什么”。因为前面讲了仲叔圉管外交，那么外交不会丧失；祝鮀管祭祀，那么祭祀不会丧失；王孙贾管军队，那么军队不会丧失；既然如此，国家最重要的几个方面都不会丧失，国家也就不会丧亡了。所以，“奚其丧”在这里的实际意思是“怎么会丧国”。

大意 孔子谈到卫灵公的荒淫无道，季康子说：“如果像先生说的这样，为什么却没有丧国？”孔子说：“他有仲叔圉帮他管外交，祝鮀帮他管理祭祀，王孙贾帮他治理军队，既然如此，怎么会丧国？”

导读 中国春秋战国时期的政治制度跟秦以后的政治制度很不相同，秦以后是君主专制，春秋战国实际上是一种虚君而贵族共和的制度，周天子以及各国的诸侯名义上是最高统治者，但更多的是一种象征意义，国家真正的治理权力是掌握在若干贵族大臣的手里。所以只要掌权的若干大臣正直而能干，国家就能够正常运转，哪怕上面是一个无道之君，短期之内也毁不了这个国家。这种体制的最大问题在于权力下移，因为国家的实权分掌在若干大臣手里，如果国君暗弱，大臣强而有野心，结果就会发生大臣僭越礼制，最终会造成国家的分裂，像三家分晋就是典型的例子。所以孔子一直强调尊周天子，一直反对任何越礼的行动，就是这个道理。

子曰："其言之不怍，则为之也难。" 14·20

解释 "其"，他的，因为前面没有前行词，这个"他"就可以泛指任何一个人。"怍"，读 zuò（作），惭愧。"言之不怍"，说话不惭愧，大言不惭，"之"字无义，只起语法作用，把句子变成词组。"为之也难"要读成"为之也 / 难"，"也"表句中停顿，不是"也是"的也。

大意 孔子说："一个人如果大言不惭，那么施行起来就很困难。"

导读 孔子讨厌夸夸其谈的人，屡次告诫我们说话要谨慎，宁可迟钝一点，要"敏于事而慎于言"（1·14），又说"刚、毅、木、讷，近仁"（13·27）。讲话太快太多都不是好事，因为没有经过思考，常常容易出错。至于大言不惭自吹自擂，就更不可取了。此言可以自儆，可以观人。

陈成子弑简公。孔子沐浴而朝，告于哀公曰："陈恒弑其君，请讨之。"公曰："告夫三子。"孔子曰："以吾从大夫之后，不敢不告也，君曰'告夫三子'者！"之三子告，不可。孔子曰："以吾从大夫之后，不敢不告也。" 14·21

解释 "陈成子"，齐国的宰相，姓陈，名恒。前 481 年陈恒杀齐简公，立平公，从此陈氏专权于齐。前 386 年，陈恒四世孙田和放逐齐康公于公海上，自立为君，从此姜齐变为田齐。

"告夫三子"，告诉那三位先生，"夫"读 fú（扶），在这里是指示代词。"三子"，指的是季孙、仲孙、孟孙，当时掌握鲁国实权的三位大臣。

大意　陈恒杀了齐简公。孔子斋戒沐浴后上朝，向鲁哀公报告说："陈恒杀了他的君主，请派兵讨伐他。"鲁哀公说："你去报告那三位先生。"孔子退朝下来，说："因为我曾经忝列为大夫，不敢不报告国君，国君竟说'你去报告那三位先生吧！'"孔子又到三位大臣那里报告，三位大臣都不同意出兵。孔子说："我曾经忝列为大夫，不敢不报告呀。"

导读　陈恒弑君，在孔子看来是大逆不道，作为兄弟之邦的鲁国应该出兵主持正义。而且孔子认为获胜的把握很大，《左传·哀公十四年》载此事，孔子向鲁哀公说明会获胜的理由："陈恒弑其君，民之不与（赞同）者半。以鲁之众加齐之半，可克也。"偏偏鲁哀公就是一位弱君，竟然做不了主，而要三位大臣做主，这在孔子看来是完全不可取的。"国之大事，唯祀与戎。"祭祀和出兵这种大事不可以由臣下来决定，现在鲁哀公自己把权柄交给大臣，等于鼓励大臣僭越，这样下去后果难料。鲁国没有被三家分掉算是幸运的。

子路问事君，子曰："勿欺也，而犯之。"　14·22

解释　"犯"，冒犯，顶撞，就是"犯颜直谏"的"犯"。

大意　子路请问如何服侍君王，孔子说："不要欺骗他，宁可顶撞他。"

导读　这话的具体语境难以复原，但可以推测是指君臣意见分歧的时候，臣子要坚持忠诚正直的态度，宁可犯颜直谏，不可阳奉阴违。当然这样做是要冒风险的，如果君王是唐太宗，这样做不仅可以，还会受到嘉奖，但换一个自我感觉太好的君王，就可能有坐牢、杀头的危险。

但是一个真正忠直的大臣，即使冒坐牢、杀头的危险，也会在必要的时候犯颜直谏，如果大臣们都不“犯”而“欺”，顺着君王胡来，结果遭殃的是国家和人民。

子曰：“君子上达，小人下达。” 14·23

解释 参看导读。

大意 孔子说：“君子向上通达，小人向下通达。”

导读 这句话字面很简单，解释起来却不简单，“君子”“小人”到底是指在位者和平民，还是指有德者和无德者？“达”到底是通达的达，还是达到的达？“上”与“下”是形上、形下的上、下，还是向上、向下的上、下？常见的解释是两种：一种是君子通达形而上的东西，也就是道；小人通达形而下的东西，也就是物。第二种解释是说君子向上追求，小人向下沉沦。我以为前一种解释较好。实际上这句话的含义用现代话语来说就是：君子注重精神上的追求，而小人则注重物质上的追求。这跟孔子说过的“君子喻于义，小人喻于利”（4·16）基本上是一个意思。

子曰：“古之学者为己，今之学者为人。” 14·24

解释 朱熹《集注》引程颐说云：“为己，欲得之于己也；为人，欲见（同“现”）之于人也。”

大意 孔子说："古时的学者是为了完善自己而学习，现在的学者却是为了表现给人看才学习的。"

导读 "为己"与"为人"是为什么而学的一个大关节。今天的人往往以为为自己而学习是自私的，为别人或者别的目的而学习才是正确的，读了孔子这段话我们可以醒醒了。

学习永远是自己的事，是人生不断向上、不断向善、不断向美的必需，是活泼泼的生命不至于停滞的必需，因此才需要活到老学到老，也因此才会"学而不厌"。如果学习不是为了自己，而是为了别人或者别的目的，这样的学习最终是勉强的、被动的甚至被逼的，一旦这个"别人"不存在，这个"别的目的"已经达到，学习也就没有动力了。

可惜我们这个社会一直教导青少年学习应该为人而不为己，开始是为父母学，为老师学，为家庭学，大一点就是为找工作学，为赚钱学，或者说得冠冕堂皇一点，为建设社会主义而学，为祖国的富强而学，为民族的复兴而学。这些看来都不错，谁敢说它们不对呢？其实这些看似利他的理由中，恰恰包含着极其短视和自私的目的，说穿了不过是为了提高自己的社会地位，为了权和钱。一旦这个目的达到，学习自然就变得没有必要了。

也有一些人，读书学习虽是为己，却不是真实地追求生命的完美，而是为了出名，为了炫耀自己。这样的人很容易走向卖弄，走向虚矫，甚至弄虚作假、沽名窃誉。令人浩叹的是，弄虚作假、沽名窃誉的人和事已经屡覯不一覯，中国学术界的腐败和堕落正方兴未艾呢。

蘧伯玉使人于孔子，孔子与之坐而问焉，曰："夫子何为？"

对曰："夫子欲寡其过而未能也。"使者出，子曰："使乎！使乎！" 14·25

解释 "蘧伯玉"，"蘧"读qú（渠），卫国大夫，孔子在卫国时曾经住在他的家里，《史记·仲尼弟子列传》说他是孔子很尊敬的人。

"使人于孔子"，派人去看孔子。"于"在这里是表示方向的介词。下面的"夫子"，指蘧伯玉。

大意 蘧伯玉派了一个使者来见孔子，孔子让使者坐下来，问道："他老人家现在干些什么呢？"使者回答说："老人家想减少自己的过错却还没有做到。"使者走了以后，孔子说："好一位使者！好一位使者！"

导读 孔子喜欢谦虚的君子，这位使者的话非常低调，却又把蘧伯玉严于律己、不断进德的形象描绘了出来，所以得到孔子的赞赏。

子曰："不在其位，不谋其政。"曾子曰："君子思不出其位。" 14·26

解释 本段中的三个"其"字都是代词，意为这个、那个、他的。"政"是政务、事务。"位"是地位、职务。（本段前部又见8·14）

大意 孔子说："不在那个职位上，就不去管那个职位该管的事务。"曾子说："一个君子思虑的事情不越出他的职位。"

导读 君子指在位者，并不适用于不在位者，特别是学者，又特别是现代社会的学者。曾子所说本来就比孔子显得保守狭隘，如果再引申到学者身上，就跟现代社会的精神差距更远了。古代学者尚且有“不治而议论”的传统，如果现代知识分子也个个“思不出其位”，那国家就危险了。

子曰：“君子耻其言而过其行。” 14·27

解释 “耻”是形容词作及物动词用，意动用法，即“以……为耻”，“其言而过其行”整个作宾语，这句话应该这样来读：“君子/耻/其言而过其行”。

大意 孔子说：“君子以他说的超过他做的为耻。”

导读 君子以说大话为耻，以夸夸其谈为耻，以说到做不到为耻。孔子在另外一个地方讲过“古者言之不出，耻躬之不逮也”（4·22），也是同样的意思。说到就要做到，做不到就不要说，言行要相符，这是孔子对我们的谆谆教导。今天中国社会吹牛皮的人太多，做虚假广告的人太多，作秀卖弄的人太多，言不顾行，行不顾言。大家见怪不怪，习非成是。商场如是，官场如是，现在连学术界也都如是了。我们如果再不警惕、再不改正，这个民族就离沉沦不远了。

子曰：“君子道者三，我无能焉：仁者不忧，知者不惑，勇者不惧。”子贡曰：“夫子自道也。” 14·28

解释 “君子道者三”句，“道”，这里指德行。

大意 孔子说：“君子应该具备的德行有三种，我却未能做到：仁爱的人不忧虑，有智慧的人不迷惑，勇敢的人不害怕。”子贡说：“这正是老师的自我描述啊！”

导读 此段内容又见《子罕篇》第二十九条。

孔子在这里讲的仁、智、勇，儒家称为“三达德”。后世儒者则多以仁、义、礼、智、信五种德行并称为“五常”[1]。为什么孔子只说仁、知、勇，不说义、礼、信？难道孔夫子不重视义、礼、信吗？显然不是，《论语》中谈到义、礼、信的地方相当多。孔子是把义、礼、信包含在仁之中，一个具备仁的人必然有义、有礼、有信，义、礼、信只是一个仁者在处理各种人际关系的时候所表现出来的德行。在孔子的心目中，仁的地位是最高的，义、礼、信都要低一个层次。后来，孟子提出“四端”说，认为人的本性中含有仁、义、礼、知四个方面的胚胎，这样就把“义”“礼”提高到了与“仁”并列的层次。到董仲舒又加上“信”，这样就成了“五常”。在“五常”中仁、义、礼、知、信并列，看来在一个层次上，但实质上“仁”的层次还是最高的，所以儒家常言“仁”不仅是五德之首，也可以作五德的总称，其道理在此。

子贡方人，子曰：“赐也贤乎哉！夫我则不暇。” 14·29

解释 “方人”，评论别人，“方”，比方。“乎哉”，“乎”表示疑问，“哉”表示感叹，两个词连在一起，就是感叹中有质疑。“夫我则不暇”句，“夫”，读 fú（扶），这里相当于“而”；“不暇”，没有工夫。

1 “五常”一词最早见于西汉董仲舒的《春秋繁露》。

大意 子贡评论他人，孔子说："赐啊，真是有才能啊！我就没那个工夫。"

导读 子贡口才很好，大概喜欢评论别人，这种评论自然就免不了褒贬，孔子这话是婉转批评他。孔子也不完全反对评论，他自己有时候也会评论其他人，但他显然认为一个人更多的是要反省自己，而评论别人要谨慎。

子曰："不患人之不己知，患其不能也。" 14·30

解释 "不患人之不己知"句，前面已经解释过，见（1·16）。

"患其不能也"句，这个"其"看来像人称代词，其实还是物主代词，"患其不能"不是"患己不能"而是"患己之不能"，"其"相当于"己之"，而不是相当于"己"；"己之不能"中的"之"虽然无义，在古文中却不能省，它把"己不能"这个句子变成了主谓词组，作"患"的宾语。

大意 孔子说："不要担心别人不欣赏自己，要担心自己没有能力。"

导读 这种话孔子在《论语》中说过很多次，例如："不患人之不己知，患不知人也。"（1·16）"不患无位，患所以立。不患莫己知，求为可知也。"（4·14）"君子病无能焉，不病人之不己知也。"（15·19）不得志的人，常常感叹怀才不遇，但很少有人反省自己到底是不是个人才。让自己成为人才，才是真正重要的，老在那里感叹是没有用的。

子曰："不逆诈，不亿不信，抑亦先觉者，是贤乎！" 14·31

解释 "不逆诈"句，"逆"，逆料，推测；"诈"，欺诈，这里"诈"是名词，作"不逆"的宾语。

"不亿不信"句，"亿"（正体作"億"）通"臆"，臆测；"不信"，不诚实，在这里作"不亿"的宾语。

"抑亦先觉者"句，"抑"，但，却，转折语气词。"先觉"，早觉，事先发觉，及时发觉。

大意 孔子说："不预先怀疑人家欺诈，也不没有根据地猜测人家不诚实，但（如果有这种事情）他也能及时觉察，这样的人是真正贤能的人啊！"

导读 "逆诈""亿不信"是普通人很容易犯的毛病，对人总是先怀疑，先把对方想象成坏人，无论人家说什么都心存疑虑，这其实是一种不健康的心理，常变成"以小人之心度君子之腹"。但如果我们太轻信，的确也容易受骗上当，尤其在今天这个诚信缺乏的时代。要做到像孔子说的那样既不"逆诈"又能"先觉"，还真是要有很高的情商和智商才行。

微生亩谓孔子曰："丘何为是栖栖者与？无乃为佞乎？"孔子曰："非敢为佞也，疾固也。" 14·32

解释 "微生亩"，人名，姓微生，名亩。

"丘何为是栖栖者与"，你为什么这样忙忙碌碌，跑来跑去呢？"是"在这里作副词用，修饰"栖栖"，"者""与"都是语尾助词。"栖栖"，同“棲棲”，读 xī xī（西西），是到处跑，不暇安居的意思。

“无乃为佞乎”，“无乃……乎”，是古文中常见的句式，意为“莫非……吗”“恐怕是……吧”。

大意 微生亩对孔子说：“孔丘，你为什么这么忙忙碌碌，跑来跑去呢？莫非是要卖弄口才吗？”孔子说：“岂敢卖弄口才，我是讨厌顽固不化的人。”

导读 从微生亩直呼孔子之名来看，他应该年长于孔子。他显然不同意孔子积极救世的态度，甚至讥笑孔子卖弄口才。这样的人在当时有一批，在《论语》中先后出现过的“晨门”（14·38）、“荷蒉”（14·39）、“接舆”（18·5）、“长沮”（18·6）、“桀溺”（18·6）、“荷蓧丈人”（18·7）都是。有人认为，这一批人大概是殷的遗民，反对周文化的，而孔子是赞成周文化的，自然观点不同，立场不同。也有人认为，这一批人就是道家，是老庄思想的前行者，他们主张消极避世，认为这个世界不可救药。

其实这两种说法，也许可以合二为一，大概中国古代道家思想就是发源于一批殷之遗民。孔子自己也是殷的后代，孔子祖先是宋人，宋国就是殷朝后裔的封地，但是孔子却与这些人采取了不同的立场，他认为周文明胜过夏商，终身以发扬周文化为己任。孔子也对春秋末期礼崩乐坏的局面感到忧虑与痛心，但他还是决心积极入世，知其不可而为之，这正是孔子的伟大所在。儒家和道家由于根本立场不同，所以互相对立，互相攻讦，但是谁也说服不了谁，谁也消灭不了谁。一直到魏晋，才在玄学家的努力下，走向融合互补的道路，成为中华文化的两个基本支柱。

曰：“骥不称其力，称其德也。” 14 · 33

解释 “骥”，良马，千里马。

大意 孔子说：“千里马被人称赞，不是称赞它的力量，而是称赞它的德行。”

导读 孔子尚德不尚力，在《论语》中多处可以见到。例如说“射不主皮”（3·16），称赞南宫适“尚德”（14·5）都是。

或曰：“以德报怨，如何？”子曰：“何以报德？以直报怨，以德报德。” 14·34

解释 “德”，这里指恩德、恩惠。“怨”，怨恨、仇恨。“直”，公平、正直。

大意 有人说：“以恩惠来报答怨恨，这样可以吗？”孔子说：“（如果以恩惠来报答怨恨，那么）用什么来报答恩惠呢？应该以公平正直来报答怨恨，而以恩惠报答恩惠。”

导读 以德报怨的意思老子在《道德经》六十三章里说过，所以有的学者据此认为孔子这段话是跟老子商榷的，并以此来断定《道德经》早于《论语》。这恐怕不足论定，杨伯峻说“以德报怨”可能是当时流行的话[1]，我看有道理。

以德报怨，用心不可谓不好，但结果往往不妙，现实当中屡见不鲜。抗日战争胜利以后，国共两党对日本都以德报怨，不要日本的赔偿，结

1 见《论语译注》。

果导致日本今天还不认错，就是最好的例子。

子曰："莫我知也夫！"子贡曰："何为其莫知子也？"子曰："不怨天，不尤人，下学而上达。知我者其天乎！" 14 · 35

解释 "莫我知也夫"句，"莫我知"就是"莫知我"，没人懂得我。"也夫"，两个语气词连用，"也"表肯定，"夫"表感叹，"夫"读 fú（扶）。

"何为其莫知子也"句，"何为"就是"为何"，为什么；"其"，加强语气词。

"不怨天，不尤人"句，"尤"也是怨。

"下学而上达"句，"下学"指的是学习人间的各种事情，"上达"是向上通达天意、天命。

大意 孔子说："没人懂得我呀！"子贡说："您为什么说没人懂得您呢？"孔子说："我这个人不怨天，也不怨人，在学习人间事务中理解了天意，懂得我的大概只有老天爷吧！"

导读 孔子这段话颇有点怀才不遇的牢骚，应当是他周游列国而政治理念得不到认同之后发出的感叹吧。正如达巷党人讥笑孔子"博学而无所成名"一样，当时的人谁会懂得这位不怨天不尤人、下学上达的夫子呢？孔子一生周游列国，希望实现自己的政治理想，但是国君们都觉得他迂腐，无人采纳他的主张。晚年他回到鲁国，设帐授徒，号称"弟子三千"，他们虽然都很敬仰自己的老师，但是真正理解孔子学说精髓的人恐怕也极少，连子贡这样聪明的学生都不理解老师的牢骚，其他的就可想而知了。其实又何止是当时，从孔夫子到现在两千多年了，孔子的名声虽然响亮，但孔子的理想在中国这块土地上从来就没有真正实现过。某些人不是把孔子当骗人的招牌，就是把孔子当捆人的绳索，更恶劣的是把孔子当攻击的靶子，以证明自己的伟大。

这段话里最可注意的是“下学而上达”,“上达”尤其是关键的关键。孔子之学,“下学上达”四字足以尽之。孔子从不离开“下学”去讲“上达”，他教学生的也都是“下学”，但是孔学的终极目标却是“上达”，达到知天意、知天命。

至于“下学”如何能够“上达”，天意如何可知，这恐怕就牵涉到哲学上一个绝大的问题了。据说很古以前，地下和天上是通的，后来才不通，中间发生了“绝地天通”的事故。不通之后，地下和天上的沟通则靠一种特别的人即“巫觋”来完成，在某种程度上天子就是巫觋的首领。最早的儒者就是从巫觋演变过来的。从周初开始，中国的文化发生了一个很大的变化，逐渐扬弃神鬼掌管人间事情的思想，认为人自己就有可能上体天意，而不需要再通过巫觋。当然上体天意并非人人可以做到，只有极少数聪明而品德高尚的人通过长期的修养才可能达到。这样的人也就是圣贤。中国的文化于是逐渐由上帝崇拜变为圣贤崇拜。人间的秩序和道德来源于天，对于人间来讲，天是一种超越性的源头，由人到天无须通过巫觋而是通过自己的修养就可以实现，余英时先生把这叫“内在超越”[1]。所以从周朝以后,中国的文化就演变成为一种内在超越的文化。这是中国文化的独特之处，与基督教文化和伊斯兰文化都不一样。

但“上达”只能通过不断地“下学”，在不断地“下学”中自己逐渐领悟，不是可以用言语教的，所以子贡说“夫子之言性与天道，不可得而闻也”，“性与天道”即属“上达”的部分。世间“下学”者多，而能够“上达”者只是凤毛麟角。孔子说自己也是到了五十岁才逐渐进入

1　参看余英时《论天人之际——中国古代思想起源试探》。

这个境界，他的弟子们虽然优秀，但恐怕没有一个人进入“上达”的境界，只有颜回算是接近（“其庶几乎”），但又不幸“短命死矣”。弟子如此，他人可知，所以孔子感叹没人懂得，也是很真实的。

公伯寮愬子路于季孙。子服景伯以告，曰：“夫子固有惑志。于公伯寮，吾力犹能肆诸市朝。”

子曰：“道之将行也与，命也；道之将废也与，命也。公伯寮其如命何！” 14·36

解释 公伯寮，姓公伯名寮，字子周，鲁国人。“寮”又作“缭”，或作“遼”，《史记·仲尼弟子列传》说他是孔子的弟子，但《孔子家语·七十二弟子解》未载此人，《论语》中仅仅出现了这一次，从孔子的话看起来，恐怕不是孔子的弟子。

季孙是鲁国的大臣，子服景伯是鲁国的大夫。“愬”同“诉”，在这里是说坏话、诽谤、打小报告的意思。“以告”，“以”字后面省略了代词“之”，“之”指的就是公伯寮诽谤子路这件事，“告”字后面也省略了宾语“孔子”，因为后面出现了“子”，这里省略是可以理解的，这种省略叫作“蒙后省”。

“夫子固有惑志”句，“夫子”这里指季孙，“固有”，确有；“惑志”，迷惑的心意。

“于公伯寮，吾力犹能肆诸市朝”句，“肆诸市朝”，“肆”，放置、陈列，“诸”是“之于”的合音，“之”指的是公伯寮，“市朝”就是市场、朝廷，古代诛杀罪人，往往在市场或朝廷公开处死，有以儆效尤的味道，“肆诸市朝”就是把公伯寮陈尸于公众场合。

“道之将行”与后面“道之将废”，中间的“之”字没有意义，它只起一种语法作用，把本来的独立句子“道将行”“道将废”变成了不独立的主谓词组，作全句的主语。“也与”是两个语气词连用，“与”要读第二声，同“欤”。

“其如命何”句，“其”是加强语气词；“如命何”意为把命怎样，这个结构在“人而不仁，如礼何？人而不仁，如乐何？”一条中讲过（参看3·3）。

大意 公伯寮在季孙那里说子路的坏话，子服景伯把这件事情告诉了孔子，说：“季孙的确被蛊惑了。对于公伯寮，我还有力量能让他陈尸市朝。”孔子回答说：“如果大道将要推行，这是命中注定的；如果大道将要废止，这也是命中注定的。公伯寮能把命怎么样？”

导读 子路当时在季孙手下做事，公伯寮诽谤子路，而子路是孔子的学生，所以子服景伯把这事告诉孔子，说他可以干掉公伯寮。但孔子显然不同意，所以说了关于“命”的这番话。孔子这里讲的“命”，粗看起来也好像是宿命，是某种注定的命，所以我把它译成“命中注定”。但仔细分析，这个命仍然不是宿定的命，这里的真正意思是“道之将行”或“道之将废”，都是由许多复杂的因缘交织而成，不是一两个人的意志可以改变的，更不是像公伯寮这样一个小角色说几句坏话就能改变的。

子曰：“贤者辟世，其次辟地，其次辟色，其次辟言。”子曰：“作者七人矣。” 14·37

解释 “辟”，音、义同“避”。“作者”，不是今天讲的作者，“作”是起来的意思，就是“作息”“日出而作”的“作”，所以这里的“作者”

是“起来这样做的人”。

大意　孔子说：“贤者逃避肮脏的人世，隐居山林；次一等的人逃避乌烟瘴气的地方，搬到另一个地方；再次一等的是逃避讨厌的脸色，不与他共事；再次一等就是逃避人家的恶言恶语，以沉默来对待。”孔子又说：“起来这样做的人已经有七个了。”

导读　这七个人究竟指谁？既然说“辟”，当然是指隐士、逸民，那么有没有可能指的就是《论语》当中出现过的微生亩（14·32）、“晨门”（14·38）、“荷蒉”（14·39）、“接舆”（18·5）、“长沮”（18·6）、“桀溺”（18·6）、“荷蓧丈人”（18·7）等七个隐士？或者是指《论语·微子篇》第八条说的伯夷、叔齐、虞仲、夷逸、朱张、柳下惠、少连等七位逸民？至少不能排除这种可能。这些隐居者都是当时社会的批判者，虽然与孔子的立场不同，但孔子仍然是尊重他们的。

子路宿于石门，晨门曰：“奚自？”子路曰：“自孔氏。”曰：“是知其不可而为之者与？”　14·38

解释　“石门”，地名，即鲁国都城的南门。“晨门”，守门者，负责早晚开关城门的人。“奚自”，从哪里来，“奚”是疑问代词，作宾语，所以要放在动词“自”的前面。

“是知其不可而为之者与”句，“知其不可而为之”整个修饰“者”；“与”，读 yú（于），疑问语气词。

大意　子路在石门过夜，守门的人问他：“你从哪里来？”子路说：

“从孔子那里来。”守门人说：“就是那个明知道不可能还要去做的人吗？”

导读 这个守门人显然不是个一般的人，而是一个“大隐隐于市”的隐士。他对孔子的概括真是一针见血，简洁而中肯。孔子对当时的现实有深刻的了解，知道自己的理想很难实现，但是他还是四处奔波，周游七十余国，拼命去寻找哪怕只有一丝的希望，的确是“知其不可而为之”。

但恰恰是这一点，体现了孔子仁慈伟大、坚毅不拔的人格，这也正是儒家不同于道家的地方。正像西方希绪弗斯推石上山的神话，上帝不让希绪弗斯成功，石头推上去又掉下来。看到了这一点就干脆不推了，是道家；看到了这一点还要推，是儒家。干脆不推，石头当然没有可能上去；继续推，虽然也希望渺茫，但不能说一丝希望都没有，说不定感动了上帝，上帝改变主意呢？何况，如果不推石，希绪弗斯生命的意义在哪里呢？

子击磬于卫，有荷蒉而过孔氏之门者，曰：“有心哉，击磬乎！”既而曰：“鄙哉，硁硁乎！莫己知也，斯已而已矣。‘深则厉，浅则揭’。”子曰：“果哉！末之难矣。” 14·39

解释 “击磬”，敲打磬。“磬”，读 qìng（庆），是古代的一种乐器，通常是玉做的。

“荷蒉”，背着草筐。“荷”，背，背负；“蒉”，读 kuì（愧），草编的筐子。

“硁硁”，前面见过（13·20），这里指敲磬的声音实实的，不够清亮。

“斯已而已矣”，两个“已”都是终止、结束的意思；全句意为：这样完了就完了，换句话说，没办法就算了，该怎样就怎样吧。

“深则厉，浅则揭”，这是《诗经·邶风·匏有苦叶》中的两句诗，意思是“水深就和衣蹚过去，水浅就撩起衣裳走过去”。“厉”，不脱衣服；“揭”，撩起衣裳。

“果哉”，“果”，坚决。

“末之难矣”句，“末”，义同莫、无；“难”，读 nàn，辨析，即“辩难”“诘难”之“难”；“之”，指“荷蒉”者，“难”的前置宾语。“末之难矣”就是“末难之矣”，意思是没人能诘难他了，或没什么好跟他辩论的了。

大意 孔子在卫国敲磬，有一个背着草筐从孔子门前走过的人，说：“这磬敲得很有意思喔！”接着又说：“这声音硁硁的，可鄙呀！（好像在说‘没人懂得我呀’）没人懂得自己，就拉倒好啦！‘水深就和衣蹚过去，水浅就撩起衣裳走过去’。”孔子说：“说得这么肯定啊！这就没什么好辩论的了。”

导读 这个荷蒉者显然跟晨门、荷蓧丈人、接舆、长沮、桀溺、微生亩是一样的人，都是反对孔子淑世理想，而主张不作为的人。立场不同，所谓“道不同不相为谋”，连辩论都可以省了。

子张曰：“《书》云，‘高宗谅阴，三年不言。’何谓也？”子曰：“何必高宗，古之人皆然。君薨，百官总己以听于冢宰三年。” 14·40

解释 “谅阴”，是居丧时所住的房子，又叫凶庐，这里作动词用，意思是住在凶庐里服丧。“君薨”，“薨”读 hōng（烘），古代君死叫“薨”。“总己”，管束自己以尽责，“总”，束也。“冢宰”，宰相。

大意 子张问：“《尚书》里面说：‘殷高宗在凶庐守孝三年，不说话。’是什么意思呢？”孔子说：“不要说殷高宗，古人都是这样的。天子去世了，三年内百官都要管束自己，听命于宰相。”

导读 “三年不言”，其实不是不讲话，是说继位的国君不言及政事，就是不理国政，把国政交给宰相去办，自己好一心一意守孝。

由此可见，周朝以前服丧的制度，天子和庶人是一样的（参看17·21），故《中庸》云：“三年之丧，达乎天子，父母之丧，无贵贱一也。”

子曰：“上好礼，则民易使也。” 14 · 41

解释 “好”，读 hào（号），喜好。“易使”，容易使唤。

大意 孔子说：“在上位的人如果事事遵礼，那么老百姓就容易指挥了。”

导读 在上位的人如果自己克己复礼，而不僭越礼制，那么老百姓自然会仿效，不敢乱来，这个社会就容易治理了。相反的，如果在上位的人自己不遵守礼制，做出僭越礼制的行为，那就不要怪老百姓不懂得尊卑上下了。孔子这话主要是对当时的诸侯、贵族们讲的。

子路问君子。子曰："修己以敬。"曰："如斯而已乎？"曰："修己以安人。"曰："如斯而已乎？"曰："修己以安百姓。修己以安百姓，尧舜其犹病诸？" 14 · 42

解释 本段中的三个"以"字都是连词，"以"字后面的部分是"以"字前面部分的目的，"如斯"，如此，"斯"，代词。

"尧舜其犹病诸"句，"诸"是"之乎"的合音，"其"是表示推测的语气词。"病"，名词作及物动词用，意动用法，"病之"即以之为病。"病"的意思是不好、不完美，"病之"就是在这件事上做得不完美。

大意 子路问什么是君子。孔子说："不断修养提高自己，做到严肃认真。"子路说："这样就可以了吗？"孔子说："不断修养提高自己，来安定周围人。"子路说："这样就可以了吗？"孔子说："不断修养提高自己，来安定天下老百姓。不断修养提高自己来安定天下老百姓，尧舜恐怕也没有完全做到吧！"

导读 孔子把不断修养提高自己（"修身"）看得很重要，不断修养提高自己，首先是为了自己好，如果能够帮助他人就更好了，如果能够帮助天下老百姓，那就是圣贤了。孟子说"穷则独善其身，达则兼善天下"[1]，也是此意，后来儒家由此发展成为一套修齐治平的学说[2]。

原壤夷俟，子曰："幼而不孙弟，长而无述焉，老而不死，是为贼！"以杖叩其胫。 14 · 43

1 参见《孟子 · 尽心上》。
2 参见《大学》首章。

解释 “原壤”，人名，孔子的老朋友，《礼记 · 檀弓》记载他一段故事，说他母亲死了，孔子去帮助他治丧，他却站在棺材上唱歌，孔子装作没有看见。

“夷俟”，“夷”是箕踞，像八字一样叉开两腿坐在地上，是古代一种最没有礼貌的坐姿。“俟”，读 sì（思），等待。

“幼而不孙弟”句，“孙”音、义同“逊”；“弟”，音、义同“悌”。

“以杖叩其胫”，用拐杖敲他的小腿。“胫”，读 jìng（劲），小腿。

大意 原壤叉开两腿坐在地上等着，孔子说：“年轻的时候不懂礼节，长大了以后无可称述，这么大年纪还不死，真是个害人精！”说完，用拐杖敲他的小腿。

导读 这个原壤似乎也是荷蒉者一类的人，他站在棺材上唱歌的那副玩世不恭的样子，使人想起庄子丧妻鼓盆而歌的故事，看来也是个不赞成孔子淑世理想的人。

阙党童子将命，或问之曰：“益者与？”子曰：“吾见其居于位也，见其与先生并行也。非求益者也，欲速成者也。” 14·44

解释 “阙党”，就是阙里，孔子家就在阙里。“将命”，“将”是带的意思，“命”是口信、信息。

“益者”，有上进心的人。钱穆说：“益，长进义。”[1]

“居于位”，坐在位子上。“先生”，在这里指长辈。

1 见《论语新解》。

大意 阙里有个童子带信来，有人问孔子说:“这孩子是个有上进心的人吗？”孔子说:“我看他大模大样地坐在座位上，又看见他和长辈并肩而行。看来不是一个求上进的人，而是一个急于求成的人。”

导读 一个虚心求进步的人，必然懂礼貌，必然在长辈面前，在有学问的人面前，表现得谦恭有礼，如果这点都不懂，还会是一个想求进步的人吗?

卫灵公篇第十五

卫灵公问陈于孔子，孔子对曰：“俎豆之事，则尝闻之矣；军旅之事，未之学也。”明日遂行。 15·1

解释 “陈”，音、义同“阵”，指军队阵法之事。“俎豆之事”，“俎”和“豆”都是古代祭祀时盛物的礼器，“俎豆之事”在这里泛指跟礼仪有关的事。

大意 卫灵公向孔子问军队操演的事情，孔子回答说：“礼仪方面的事我曾经听到过；军旅的事我没有学过。”第二天孔子就离开了卫国。

导读 孔子重文不重武，尚德不尚力，对春秋时代各国之间攻伐不已一直持严厉批判态度。卫灵公向他问军阵之事，这就表明卫灵公也想用武力争霸，对文治并没有兴趣，孔子觉得跟卫灵公道不同不相为谋，所以毫不犹豫地走了。后来梁惠王向孟子请教齐桓公、晋文公称霸的事情，孟子的回答也很干脆：“仲尼之徒，无道桓、文之事者，是以后世无传焉，臣未之闻也。”[1]

1 见《孟子·梁惠王上》。

在陈绝粮，从者病，莫能兴。子路愠见，曰："君子亦有穷乎？"子曰："君子固穷，小人穷斯滥矣。" 15·2

解释 这是讲孔子周游列国的事情。"陈"，陈国。孔子离开卫国以后，来到了陈、蔡交界的地方，当时吴国和陈国交战，边境一片混乱，孔子和他的弟子们有一阵子弄得饭都吃不上，即"绝粮"。历史上记载这件事情就说"在陈绝粮"，或说"厄于陈蔡"。

"子路愠见"的"见"读 xiàn（现），子路满脸不高兴地出现在孔子面前。

"亦有穷乎"的"穷"不是贫穷的穷，而是穷途末路的穷，是没出路、没办法、走投无路的意思。贫和穷古义不同，后来才变得意思差不多。

"固穷"是说穷的时候仍然固守自己的原则，也就是穷得有骨气，不会因为穷而乱来。

"穷斯滥矣"，应该读成"穷 / 斯滥矣"，"斯"是副词，略等于白话文中的"就"。"滥"的意思是没有原则、乱来，今天讲滥用职权就是这个"滥"字。

大意 孔子在陈国遇到战乱断了炊，跟着他的人都病得爬不起来了，子路满脸不高兴地出现在孔子面前，说："君子也会有走投无路的时候吗？"孔子回答说："君子当然也会有走投无路的时候，但即使在这种时候君子也会固守自己的原则，小人就会乱来了。"

导读 一个人在平时活得有原则，还不是一件很难的事；但在重要关头，尤其在生死存亡关头，也守得住自己的底线就不容易了。在任何时候都要固守自己做人的底线，这是君子对自己的要求，也是君子区别于小人的重要关节，所以文天祥说“时穷节乃见”[1]。

子曰：“赐也，女以予为多学而识之者与？”对曰：“然，非与？”曰：“非也，予一以贯之。” 15·3

解释 “女”，同“汝”；“予”，我。

“以予为”，认为我是。“识”，读 zhì（志），记。两个“与”都读 yú（于），疑问语气词。

大意 孔子说：“赐啊，你以为我是学得多而且记住了的人吗？”子贡回答说：“是，不是这样的吗？”孔子说：“不是，我是有一个理念贯穿它们的。”

导读 孔子跟曾参也说过这个意思，见《里仁篇》第十五条。“一以贯之”的“一”就是“仁”，或者如曾参所说的“忠恕”。记得的知识再多，如果没有一个基本的理念贯穿起来，那永远只是一堆散珠，不能形成一个学说。子贡是一个聪明人，多闻强记，孔子这话也是提醒子贡，光多闻强记还不够。

子曰：“由，知德者鲜矣。” 15·4

解释 “由”，仲由，即子路。“鲜”，读 xiǎn（显），少的意思。

1 见《正气歌》。

大意 孔子说："由啊，懂得德的人太少了。"

导读 孔子这句话显然是有针对性的，可惜我们已经不能重建当时的语境。比如说孔子决定离开卫国的时候，对子路说了这么一句话，那就是感慨当时各国诸侯尚力不尚德，现在卫灵公又是一个，可见"知德者鲜矣"。

子曰："无为而治者，其舜也与！夫何为哉？恭己正南面而已矣。" 15·5

解释 "无为而治"，不做什么天下就治理好了。下句的"夫"是发语词，读 fú（扶）。

"恭己正南面而已矣"句，"恭己"，使自己端正严肃，"恭"在这里是形容词作动词用，使动用法，"己"是"恭"的宾语。"正南面"，脸朝正南方坐着，"南面"就是"面南"，面朝南，这个"面"是脸面，不要把"南面"理解成为白话里的"南边"。古代君臣相见之礼，君王坐北朝南，臣子立南朝北。

大意 孔子说："不做什么天下就治理好了，大概只有舜吧！舜做了什么呢？他不过是端正严肃地向南坐着罢了。"

导读 "无为而治"不要从字面上做死文章，"无为而治"当然不是什么都不做，而是说要指挥臣下去做，不必亲自去做，天子要端正自己，做好表率，而不是事事躬亲，所以孔子说"为政以德，譬如北辰居其所而众星共之"（2·1）。

“无为而治”既是儒家的主张，也是道家的主张，但儒道两家对“无为而治”的解释是不一样的。儒家的“无为而治”是强调德治，主要指君王而言，主张君王以道德表率群臣，群臣效力，这样君逸臣劳，国家就治好了。道家的“无为而治”并不只是指君，而是指整个政治理念，“无为”是说在自然规律之外不乱作为，不瞎折腾，顺其自然，于是一切也就自然顺了，这就叫“无为而无不为”。

子张问行，子曰：“言忠信，行笃敬，虽蛮貊之邦行矣；言不忠信，行不笃敬，虽州里行乎哉？立则见其参于前也，在舆则见其倚于衡也，夫然后行。”子张书诸绅。 15·6

解释 “忠信”，忠诚，信实。“笃敬”，厚道，庄重。“蛮貊之邦”这里指文化不发达的少数民族地区、国家。“貊”读 mò（陌），一种像狐狸的野兽。“州里”，这里指本州本里，或者说本乡本土。

“立则见其参于前”句，“参”，读 sān（三），即数词“三”的大写。这句话的意思是说“站着就仿佛看见‘言忠信，行笃敬’两句话在自己前边与自己并列而三”[1]。注意这句话的结构，“其参于前”是动词“见”的宾语，“其参于前”就是“言忠信、行笃敬之参于前”，“言忠信、行笃敬参于前”本来是一个句子，现在由于“其”中含“之”，就变成了一个主谓词组，这样就可以作“见”的宾语了。

“在舆则见其倚于衡”句，“舆”，车；倚，靠；“衡”是车上的横木，用来扶手。这句话的结构与上句同，“其倚于衡”是“见”的宾语。

“书诸绅”，书之于绅，“诸”是“之于”的合音，“绅”是衣服上的大带。

1 说见杨逢彬《论语新注新译》本条考证。

大意 子张问孔子怎么样才能在社会上行得通，孔子说："讲话忠诚信实，行为厚道庄重，这样的人即使到外国也行得通；如果说话不忠诚不信实，行为不厚道不庄重，这样的人即使在本乡本土难道就行得通吗？（要时时刻刻记得讲话忠诚信实，行为厚道庄重）站着的时候就好像它们在自己前边与自己并列而三，坐车的时候，就好像它们靠在扶手上。这样做事就行得通了。"子张把这几个字写在衣带上。

导读 一个人想要在社会上成功，得到别人的尊敬，其实不难，只要记住孔子讲的"言忠信，行笃敬"这六个字，并且实实在在做到就行了。孔子在另外一个地方还说过："居处恭，执事敬，与人忠。虽之夷狄，不可弃也。"（13·19）也是同一意思。

子曰："直哉史鱼！邦有道，如矢；邦无道，如矢。君子哉蘧伯玉！邦有道，则仕；邦无道，则可卷而怀之。" 15·7

解释 史鱼，名鮀（一名鰌），字子鱼，卫国大夫，卫灵公时任祝史，故又称祝鮀，前面见过（6·16）。史鱼曾经多次向国君进言重用贤人蘧伯玉、贬斥佞臣弥子瑕，均未被采纳。他去世前嘱咐儿子停尸不葬，以此再次向国君进谏，后世称为"尸谏"[1]。

"卷而怀之"，把东西卷起来放到怀里，这里比喻隐居不仕。

大意 孔子说："史鱼这个人真是正直呀！国家清明，他像弓箭一样正直；国家混乱，他也像弓箭一样正直。蘧伯玉这个人真是君子呀！国家清明，他就出来做官；国家混乱，他就隐居不仕。"

---

1 参看《韩诗外传》卷七。

导读 史鱼和蘧伯玉二人都值得称赞，但孔子也许更欣赏蘧伯玉，他说蘧伯玉是君子，而对史鱼则只用正直来称许。孔子从来不是一个革命家，也并不欣赏斗士一类的人物，从他反对子路“暴虎冯河”就可以看得出来。遇到政治混乱的时候，孔子主张“危行言孙（同‘逊’）”，即不要做用言语去激怒当局，以免做无谓的牺牲。后世“文死谏”的所谓忠臣传统，是后世的创造，是皇权专制时代的产物，孔子并没有提倡过。孔子只说过可以为仁牺牲（参看本篇第九条）。

子曰：“可与言而不与之言，失人；不可与言而与之言，失言。知者不失人，亦不失言。” 15·8

解释 “可与言”和“不可与言”，两个“与”字后面都省略了“之”字。

“失”，丢失、错失，《说文》上说“失，从手乙声”，段玉裁解释说“在手而逸之者”，转意为错过、过失。“失人”就是错过了（不该错过的、好的、有才能的）人，“失言”就是说错了（不该说的、多余的、浪费的）话。“知者”的“知”，音、义同“智”。

大意 孔子说：“可以跟他说话却没有跟他说话，这叫失人；不该跟他说话却说了话，这叫失言。有智慧的人既不会失人，也不会失言。”

导读 失人或者失言是一般人很容易犯的错误，尤其是失言，常常会引起不好的效果，甚至灾难，非常值得警惕。

子曰:“志士仁人无求生以害仁,有杀身以成仁。” 15·9

解释 “求生以害仁”是动词“无”的宾语,“杀身以成仁”是动词“有”的宾语。

大意 孔子说:“志士仁人没有为了求生而损害仁的,只有牺牲生命来成全仁的。”

导读 在孔子的心目中,“仁”的地位是高于一切的,为了维护“仁”,牺牲生命也在所不惜,为了保全自己的生命而损害“仁”,孔子认为不是一个志士仁人应该做的。孔子这句话后来浓缩成为一个成语“杀身成仁”,成了中华民族历代精英所信奉的一个神圣的道德原则。

子贡问为仁,子曰:“工欲善其事,必先利其器。居是邦也,事其大夫之贤者,友其士之仁者。” 15·10

解释 “为仁”即“行仁”,有“推行仁政”“提倡仁义之风”的意思。

“善其事”就是“做好他的事”,“利其器”就是“弄好他的工具”,比如砍柴必须先把斧子磨锋利才行。

“事其大夫之贤者,友其士之仁者”句,“事”和“友”都是动词,“事”是服侍,“友”是交往,“其”是它的,即那个国家的、那个地方的。

大意 子贡向孔子请教推行仁政的方法。孔子说:“一个工匠要做好他的工作,一定要先把他的工具弄得精良。你在那个国家居住(或做官），要侍奉该国大夫里面的贤人，要交往该国士人中的仁人。”

导读 这一段看来是子贡要到什么地方去做官，临行前问孔子的话。孔子回答子贡的话分两层，第一层是说想做好一件事，必须先做好准备，打好基础。说了这层道理之后，孔子才具体指示子贡：“居是邦也，事其大夫之贤者，友其士之仁者。”换句话说，事贤、友仁就是为在一个地方推行仁政做好准备、打好基础的。

颜渊问为邦，子曰：“行夏之时，乘殷之辂，服周之冕，乐则《韶》《舞》；放郑声，远佞人。郑声淫，佞人殆。” 15·11

解释 “为邦”，治理国家。“时”，这里指日历、历法。“辂”，读 lù（路），就是车。“冕”，就是帽子，这里指礼服。

“《舞》”，“舞”是“武”的假借字[1]。“郑声”，郑国的音乐，当时被认为是靡靡之音。

“远佞人”，疏远不正派的人，花言巧语的人，“远”，读 yuàn（怨），形容词用如动词。

“淫”，本意是雨水过多，引申为放纵、放浪，后世多指淫荡。“殆”，危险。

大意 颜渊问孔子怎么治理国家，孔子说：“采用夏朝的历法，坐殷朝的车子，穿周朝的礼服，音乐则欣赏《韶》和《武》；抛弃郑国的乐曲，疏远不正派的小人。郑国的乐曲放荡，不正派的小人危险。”

1 说见俞樾《群经评议》。

导读 夏朝用的历法是自然历，以农历正月为岁首，合乎中原农业生产的需要，我们至今用的“农历”（“旧历”“阴历”）还是夏历。商朝的车子比较朴素，孔子主张节俭。但是孔子重礼，而且推崇周礼，周朝的礼服虽然华美，但孔子认为这种华美是必须的。在音乐方面，《韶》是舜时的乐曲，孔子认为尽善尽美，《武》是周武王时候的音乐，孔子认为尽美而未尽善（参看 3 · 25、7 · 14）。而当时很流行的郑音，在孔子看来是靡靡之音，对人有不好的影响。至于亲君子、远小人，则是孔子一贯的主张，就不必说了。

孔子说的历法、衣冠制度、音乐、亲贤远佞，就是当时治国最重要的几个方面。

子曰：“人无远虑，必有近忧。” 15 · 12

解释 这句话不必解释，我们现在还在用。不过理解上还是会产生分歧。第一种理解是，如果一个人缺乏长远的考虑，必然会导致近在眼前的忧虑。另一种理解是，一个人之所以没有长远的打算，是因为他有迫在眉睫的忧虑（需要解决）。第一种可能较为接近孔子的原意，第二种也不妨保留，所谓“作者未必然，读者不必不然”。

大意 孔子说：“如果一个人缺乏长远的考虑，必然会导致近在眼前的忧虑。”

导读 人应该有长远打算，应该有忧患意识。普通人如此，领导人更应该如此。浑浑噩噩，过一天算一天，这样的人有时候祸到临头都不知道，当然是可悲的；如果是领导人，那就会给社会带来灾难。但是现实生活中，短视的领导者并不少见，尤其是地方官，只顾眼前政绩不顾国家的长远利益的人，所在多有。所以孔子的话仍然值得我们大家，尤其是负有领导责任的人牢记。

子曰："已矣乎！吾未见好德如好色者也。" 15·13

解释 "已"，完结、结束，"矣乎"，感叹词连用。此句还见于《子罕篇》第十八条，只是没有"已矣乎"三字。

大意 孔子说："罢了啊！我从来看到一个人喜好德行像喜好女色一样啊。"

导读 参看《子罕篇》第十八条。

子曰："臧文仲其窃位者与！知柳下惠之贤而不与立也。" 15·14

解释 "臧文仲"，鲁国大夫臧孙辰，历仕庄、闵、僖、文四朝，已见（5·18）。

"柳下惠"，鲁国贤者，本名展获，字禽，又名展季。"柳下"可能是其居所，因此为号，据《列女传》说"惠"是他妻子给他的谥号，古人把这叫"私谥"，即非由国家授予的谥号。

"窃位者"，窃取官位的人，这里的意思就是尸位素餐的人。"与立"，与之并列于朝。

大意 孔子说："臧文仲这个人大概是个尸位素餐的人吧！明知柳下惠贤惠，却不推荐他，让他与自己同朝共事。"

导读 孔子认为，举拔贤才是为政的重点。春秋时代还没有建立后世那种系统的征辟制度，当时除了世袭贵族之外，其他人才主要靠在位者尤其是执政者推荐。臧文仲在鲁国执政如此之久，却没有把跟他同时的贤者柳下惠荐举到朝廷里来共事，这在孔子看来是失职，是只图自己的富贵，而不为国家考虑，所以说他是个"窃位者"。

子曰："躬自厚而薄责于人，则远怨矣。" 15 · 15

解释 "躬自"，自身，"厚"下蒙后省"责"，"躬自厚（责）"，对自己要求严格，责备自己多，相对于后面的"薄责"而言。"远"，远离，形容词作动词用。

大意 孔子说："对自己要求严格，对别人却不多加责备，这样就会远离怨恨了。"

导读 孔子这段话可以作为个人修养的座右铭，如果能做到这样，口碑自然好，朋友自然多。可惜这并不容易做到，一般人都习惯于对自己客气、爱惜，对别人却往往喜挑剔、不宽容，这样要想搞好人际关系就不容易了。

子曰："不曰'如之何、如之何'者，吾末如之何也已矣。" 15 · 16

解释 “吾末如之何也已矣”句，“末如之何”，等于说“无如之何”，“末”同“无”，“也已矣”，三个句尾语气词连用，“也”表示肯定，“已矣”表示感叹。

大意 孔子说：“碰到事情不说‘该怎么办、该怎么办’的人，我也不知道把他该怎么办了啊。”

导读 这是批评遇事不思考、不反省的人。

子曰：“群居终日，言不及义，好行小慧，难矣哉！” 15·17

解释 “居”是“聚”的意思，略不同于今天当“住”讲的“居”。“言不及义”就是说谈话谈的都是小事情，而不谈大事、正经事。“小慧”，小聪明。“难矣哉”是感叹，是说对这种人很难办，也可以解释为这种人很难成大器。

大意 孔子说：“整天聚在一起，谈的都不是正理，只喜欢耍些小聪明，这种人真难办啊！”

导读 孔子这段话值得每一个有志气的人引以为戒，朋友间尤其要互勉不堕此道。

子曰：“君子义以为质，礼以行之，孙以出之，信以成之。君子哉！” 15·18

解释　“义以为质”，就是以义为质，“义”本来是介词“以”的宾语，提到前面有强调的意思，后面几句的结构与此相同。“孙”，音、义同“逊”。

大意　孔子说：“君子做事，以道义做根据，通过礼制来推行，用谦逊的态度提出自己的主张，以坚守诚信来促使它完成。这样才是个君子啊！”

导读　这里是说君子办事应有的作风。“义”在今天就是合乎公平正义的一套原则，包括理论宗旨；“礼”就是规矩、制度，以至法律；“孙”就是平等谦虚、尊重他人的态度；“信”就是踏踏实实、说到做到，不搞花架子、不作秀。如果能够这样去做，什么事情做不好呢？

子曰：“君子病无能焉，不病人之不己知也。”　15·19

解释　“病无能焉”的“病”就是“尧舜其犹病诸”的“病”，名词作及物动词用，意动用法，表示以……为病，“无能”是“病”的宾语。

“不病人之不己知”句，“人之不己知”即“人不己知”，本是一个完整句，中间加个“之”字就取消了独立性，而成为一个词组，作“不病”的宾语。

大意　孔子说：“君子担忧的是自己无能，不担忧别人不欣赏自己。”

导读　不是有一句流行语“你若盛开，清风自来”吗？所以要担心的是自己有没有能力盛开，而不要老是埋怨清风不来。

子曰："君子疾没世而名不称焉。" 15 · 20

解释 "疾"字跟上段的"病"字是一个意思，一般来说，"疾"和"病"没有区别，分开来说，"病"比"疾"重一点。"没世而名不称"整个短语作"疾"的宾语，"没"，读 mò（莫），是沉没、消失，"没世"就是从世界上消失，也即"死"的婉语，后世也写作"殁"。"不称"是不被人称道，也就是不为人知的意思。

大意 孔子说："君子担忧自己到离开世界时还没有一点名声。"

导读 君子修身，是为自己好，不是为了求得别人的夸奖，博取名声，但这并不等于说君子不要名声、拒绝名声。一个人有德有才，又爱人助人，自然就会有人称颂他。这就像一棵树必有影子一样。有了一定的实，就伴随有一定的名，所谓实至则名归。如果一个人到死还默默无闻，那只能说明这个人没有为这个世界贡献什么，作为一个君子，特别是在位有权的君子，怎么能不为此担忧呢？

子曰："君子求诸己，小人求诸人。" 15 · 21

解释 "求"是求全责备的求，即检讨、找原因。"诸"是"之于"的合音，其中"之"是"求"的宾语，"于"表示"求"的方向。

大意 孔子说："君子在自己身上找原因，小人却在别人身上找。"

导读 事情没办好或者出了错误、纰漏，是应该在自己身上找原因还是到别人身上找原因？君子是到自己身上找，检查自己有什么不足的地方；小人则是到别人身上找，总觉得是别人没做好，或别人跟自己过不去，甚至想方设法诿过饰非，把功劳都留给自己，把过错都推给别人。

子曰："君子矜而不争，群而不党。" 15·22

解释 "矜"，尊严。"党"，名词作动词用，结党，结成小团体、小圈子。

大意 孔子说："君子自尊而不与人争，能团结大家但不拉帮结派。"

导读 君子德才具足，自己就具备一个高尚喜悦的世界，所以无须与人争。世人看重的东西无非是功名富贵，君子也不拒绝这些东西，但如果是使手段争来的，君子就觉得没意思，"不义而富且贵，于我如浮云"（7·16）。君子贵的是"道"，"朝闻道，夕死可矣"（4·8），"道"是要自求自修的，无须与人争，争也争不来。君子是仁者，仁者爱人，所以自然对大家都好，能团结人。但却没必要搞小圈子，因为搞小圈子的目的无非就是争名夺利，而君子并不想争这些东西。

子曰："君子不以言举人，不以人废言。" 15·23

解释 "举"，举拔、推举。"废"，废去、不用。

大意 孔子说："君子不会凭一个人说的话好就推举他、选用他，也不会因为一个人不好就连他说的好话也不用。”

导读 言语的功能有正面的，是表达一个人的思想情感；也有负面的，是文饰甚至遮蔽自己的思想情感。在这两极之间，言和思、言和行还可以有种种关系，因此“以言举人”和“因人废言”都有欠周全，故君子不为。这里的“君子”偏向于在位者。

子贡问曰：“有一言而可以终身行之者乎？”子曰：“其恕乎！己所不欲，勿施于人。” 15·24

解释 首句，“一言而可以终身行之”是“者”的修饰语，“一言而可以终身行之者”则整个儿作动词“有”的宾语。

大意 子贡问孔子说：“有没有一个字可以一辈子都遵循的呢？”孔子说：“或许是‘恕’字吧！自己不想要的，就不要给别人。”

导读 “己所不欲，勿施于人”是非常伟大的八个字，是人类道德最简洁、最经典的概括，现在这煌煌八个大字作为道德金句刻在纽约联合国的大墙上。人类最崇尚的、一直在努力追求的所有道德理想和道德理论，例如平等、博爱、宽容、和平、利他、扶弱、人道主义等等，其中最核心的部分，作为一切理论的基础的部分，几乎都可以浓缩在这八个字里面，而且也没有超越这八个字。

这八个字既可以说是人类道德的起点，也可以说是人类道德的极限，看来似乎最容易做到，但仔细想想几乎没人可以做到。如果我们真的做到了这八个字，整个人类社会能够不和平吗，能够不和谐吗，能够不繁荣昌盛吗？还会有暴力、掠夺、残害、压迫吗？但是这八个字实在是太难做到了，因为人类本性中有天生的劣根性的一面，诸如自私、好胜、贪财、贪权、好色，等等，每一种都是以“己所不欲，要施于人”为基础的。自己不要失败，便要把他人打败，自己不要贫穷，便要剥削别人，自己不要被统治，就要统治别人，等等。有一次，子贡对孔子说“我不想要别人加在我身上的东西，我也想不要把它加诸别人”，孔子就委婉地说：“赐呀！这不是你能办到的呀！”（参看 5 · 12）

很难做，却不能干脆不做。理想是目标，是旗帜，我们也许到不了那里，但是它为我们指明了前进的方向，该走的道路。有人说：“阶级斗争，就是己所不欲，要施于人。”这是一种很危险的理论，因为这话谁都可以讲，结果就必然变成公开而普遍赞成“己所不欲，要施于人”，人类社会如果公然照这种理论办事，结果就必然沦为弱肉强食的野蛮丛林，一切博爱、人权、人道主义等等，便都会变成空谈，或者干脆成为骗人的鬼话。

子曰：“吾之于人也，谁毁谁誉？如有所誉者，其有所试矣。斯民也，三代之所以直道而行也。” 15 · 25

解释 这句话里有三个“所”字结构：“所誉”“所试”“所以”，分别指代“誉”“试”“以”的宾语，相当于一个名词，“所誉”“所试”是动词“有”的宾语，“所以”是判断句的表语。“所誉”即夸奖的人，“誉”，夸奖。“所试”，考验过的人，“试”，考验，在这句话里意为经过历史的考验。“所以”，依靠的人，“以”，凭依。

“斯民”，这些人。“三代”，夏、商、周。

大意 孔子说："我对于前人，批评过谁，夸奖过谁？如果我有夸奖的人，大概都是经过了历史考验的。这些人正是夏、商、周三代能够直道而行所依靠的人。"

导读 孔子所夸耀、所称赞过的古人，主要是尧、舜、禹、汤、文、武、周公。尧把天下禅让给了舜，舜禅让给了禹，禹开创了夏朝，汤打败了无道的夏桀，开创了商朝，周文王、周武王打败了无道的商纣，开创了周朝，周公奠定了周朝的制度。孔子认为这些人有德有功，经过了历史的考验，靠了他们三代才能够直道而行，所以是值得称赞和学习的。儒家"祖述尧舜，宪章文武"即源于此。

子曰："吾犹及史之阙文也，有马者借人乘之。今亡矣夫！" 15·26

解释 "吾犹及史之阙文也"，我还赶上了看到正史以外的一些佚文，"及"，动词，赶上、追上。"也"，语气词，表句间停顿，所以看到这样的"也"字就知道这句话还没讲完。"亡"，音、义同"无"。

大意 孔子说："我还赶上了看到正史以外的一些佚文，说古时有马的人会把自己的马借给别人骑。今天已经找不到这样的人了！"

导读 此条历来歧解甚多，主要是我们无法还原孔子说话的语境，所以多半都是注者自己的猜测，我这里就不一一讨论了。

子曰："巧言乱德。小不忍则乱大谋。" 15·27

解释 我怀疑这是孔子在两个地方说的话，编撰者不小心扯到一起来了。

大意 孔子说："花言巧语会扰乱德行。小事情上不能忍耐就会坏了大的计划。"

导读 "小不忍则乱大谋"是千古名言，至今还挂在人们的口头上，确实是真理而非简单的权谋之术。"不忍"不仅仅是不能忍耐怒气，也包括各方面的不能自我克制。一个人一定要学会自我克制，制怒、制喜、制欲、制贪、制报复之心，特别是在小事情上。很多人常常败在不能自我克制，甚至因而丧生，那么一切大志便都付诸东流了。

子曰："众恶之，必察焉；众好之，必察焉。" 15·28

解释 "好"，读 hào（浩），喜欢。"恶"，读 wù（误），讨厌。

大意 孔子说："大家都讨厌他，一定要考察考察；大家都喜欢他，也一定要考察考察。"

导读 孔子这句话是强调亲自考察的重要，不能只听别人的评价，那些众口一词说好，或众口一词说坏的人，尤其需要考察。《子路篇》第二十四条载子贡问孔子："乡人皆好之，何如？"孔子回答："未可也。"子贡又问："乡人皆恶之，何如？"孔子回答："未可也。不如乡人之善者好之，其不善者恶之。”这两条可以对照着读。

子曰：“人能弘道，非道弘人。” 15·29

解释 “弘”，大，在这里作动词用，有扩充、扩大、发扬光大的含义。

大意 孔子说：“人能够把道张大，不是道把人张大。”

导读 这是个大题目，历来儒家对此有很多讨论和发挥，至今仍然有讨论发挥的空间。

我以为这句话充分体现了孔子以人为主体的人文精神，强调人的主观能动性和认识潜力。

孔子所说的“道”指的是宇宙的终极真理，对于人来讲，这个道需要不断地去探索，去认识，人永远不能达到对“道”的完全把握，因此这种探索和认识是永无止境的。我们很难说这个“道”是先验的还是后天创造的。这个“道”在那里，有待我们去认识，从这个角度看，“道”似乎是先验的。但是这个“道”看不到，摸不着，没有谁能够完整地加以描绘，人类探索了多少，便是多少，探索得越多、越深，这个“道”就越“弘”，这就是“人能弘道”的意思。从这个角度看，你也未尝不可以说“道”是人创造的，至少是人发现的。

你不探索、不认识，你就不知道这个“道”，你也不知道这个“道”有多广，多深，你越探索，就对这个广大、深奥的“道”有越多的体认。随着你体认的加深，你会越来越觉得“道”的伟大和自己的渺小，所以“道”并不能使人伟大起来，反而使人更认识到自己的渺小，更懂得自己的无知，这或许就是“非道弘人”的真正意思。

子曰:“过而不改，是谓过矣。” 15·30

解释 前面一个“过”是动词，犯过错；后面一个“过”是名词，过错。“是”，代词，这。

大意 孔子说:“犯了过错而不改正，这才是真正的过错。”

导读 《左传·宣公二年》有一句意思相近的话:“人谁无过，过而能改，善莫大焉。”后来又衍为:“人非圣贤，孰能无过？过而能改，善莫大焉。”总之，世界上没有十全十美的人，犯过错是难免的，改了就好。坚持不改，那才是真正的过错。但是犯错不改，而且明知错了还是不改，想方设法加以掩盖，结果是犯更大的过错，这样的人并不少见。最奇怪的是，这种情形还常常发生在一些大人物身上，有些人自以为一贯正确，而且应当永远正确，不然就有损自己的光辉形象，结果一错再错，害了自己，也害了国家和民族。

子曰:“吾尝终日不食，终夜不寝，以思，无益，不如学也。” 15·31

解释 “尝”，曾经。“以”，来、用来，在这里是连词不是介词。

大意 孔子说:“我曾经整天不吃，整夜不睡，用来思考，结果发现没有用，还不如去学习。”

导读 学与思要结合，光学不思或光思不学，都不是正确的方法，

“学而不思则罔，思而不学则殆。”（2·15）而这段话则着重强调学，因为学、思两者相比，学更为基本，更为重要，学了才能思，不学思什么？

这也可以拿来认识传承与创新的关系，学主要是传承，思可能有创新，传承与创新都重要，但基础是传承，先有传承才有创新，创新不是横空出世。现在中国的学风非常浮躁，许多人一天到晚谈创新，却不肯在传承上面下功夫，结果当然创不出什么名堂来。

子曰：“君子谋道不谋食。耕也，馁在其中矣；学也，禄在其中矣。君子忧道不忧贫。” 15·32

解释 “谋”，思谋，考虑。“馁”，饥饿。“禄”，俸禄。

大意 孔子说：“君子思谋的是大道而不是食物。耕田吧，也可能会得到饥饿；而学习呢，却可能得到俸禄。君子担忧大道不能实行而不担忧贫穷。”

导读 孔子讲“道”和“食”的问题，实质上就是在讲精神和物质的问题，孔子认为，作为一个君子，应该对自己有更高层面的要求，不能像一个普通人那样，把解决温饱的低层次物质需求作为自己人生的目标，而是应该把探索人生真谛、生命价值这一类的精神追求放在首要位置。

孔子这句话曾经受到很多批判，特别在“文革”中，好像孔子轻视劳动人民。其实孔子这话讲的是人生追求，不能从字面上去钻牛角尖。一个人，尤其是一个以君子自期的人，应当把精神上的追求看得比满足物质需要更重要，这并没有错。所以孔子还说过“士志于道，而耻恶衣恶食者，未足与议也”（4·9）。至于“耕也，馁在其中矣；学也，禄在其中矣”，也是事实，至少是当时社会的现实。其实到现在也没有多少改变，一心追求物质满足，最后可能连物质也满足不了，而且什么时候才是头呢？而努力追求更高层次的理想、精神，也许顺带就把物质问题给解决了，尤其是在今天这个物质较为丰富的时代。这不也是一种辩证法么？

子曰：“知及之，仁不能守之；虽得之，必失之。知及之，仁能守之，不庄以莅之，则民不敬。知及之，仁能守之，庄以莅之，动之不以礼，未善也。” 15·33

解释 这段话中三个“知”字都同“智”。

“仁不能守之”应当理解为“不能以仁守之”,“知及之,仁不能守之”就是“能以知及之，而不能以仁守之”；“知及之，仁能守之”就是“既能以知及之，又能以仁守之”。“知及之”就是靠聪明才智达到了或得到了某种东西，什么东西呢？就是“之”，这个“之”在这里是一个泛指代词，说话的人没有具体指明，但从下文“民不敬”可以推测它应该指政治权力。

“庄以莅之”，“庄”是庄敬严肃的意思，“莅”的意思是“临”，相当于白话中的对待，这里指对待职守。“动之不以礼”，“动”的意思是行使（权力）。

大意 孔子说：“靠聪明才智得到了权力，却不能用仁爱来保持它，那么即使得到了，一定还会失去。靠聪明才智得到了权力，又能用仁爱来保持它，如果不庄敬严肃地对待它，那么老百姓不会敬畏。靠聪明才智得到了权力，又能用仁爱保持它，而且能够庄敬严肃地对待它，但是却不能按礼制来行使它，也还不够完美。”

导读 孔子这段话讲的是为政临民。他讲了四个层次：第一层是智取，第二层是仁守，第三层是庄以莅之，第四层是礼以动之。四层都做到了，才是理想的政治。可惜古今中外的政治家，四层都做到的很少。

子曰：“君子不可小知而可大受也，小人不可大受而可小知也。” 15 · 34

解释 “知”，了解、欣赏。“小知”就是从小的方面、小事情上、小技能上去了解、去欣赏。“受”是接受、担当，“大受”就是接受担当重要的事情、大的任务。

大意 孔子说：“一个君子可能在小事情上并不怎么精明，你不能从这些地方去欣赏他，但他的才德却可以担当重任。一个小人你不可授予他大任，但他并非一无是处，你可以在小的地方去欣赏他的才干。”

导读 这里讲的是观人之法，也是用人之法，很值得当领导干部的人细加思考。现在不少领导干部喜欢用那些伶牙俐齿、手脚灵便、提包打伞很殷勤的人，而对那些不屑于这样做，或者不善于这样做，但却真正有德有才的人视而不识。结果是小人得到提拔，君子却怀才不遇，这真是令人悲哀。

子曰："民之于仁也，甚于水火。水火，吾见蹈而死者矣，未见蹈仁而死者也。" 15·35

解释 这一段文字浅显，但解释起来却很不容易。关键是首句"民之于仁也，甚于水火"，从字面上看，意为"老百姓对于仁，超过水火"，或说"老百姓跟仁的关系，超过水火"，但是人对于水火有两面，一面是需要，没有水火，人就不能生存；另一面是畏惧，因为水火无情，会致人于死。所以老百姓对于"仁"也就可以有两种关系，一是需要，一是畏惧。历来注者大多倾向于前者，唯有王弼倾向于后者："民之远于仁，甚于远水火也。见有蹈水火死者，未尝见蹈仁而死者也。"[1]近代注者也大多倾向前一种解释，只有黄怀信、杨逢彬赞成后一种[2]。我也赞成王弼的解释。

大意 孔子说："老百姓对于仁的疏远，超过水火。我见过身陷水火而死的人，从来没见过实行仁而死的。"

导读 这段话是孔子感叹要老百姓行仁，是很难的事，换句话说，也就是感叹人的劣根性非常顽固，很难克服自私而爱他人。

子曰："当仁不让于师。" 15·36

解释 "当仁"就是在"仁"的面前，也就是碰到行仁的事情，"让"是谦让，"于"是一个介词，表示动作指向的方位，"不让于师"就是不

1 皇侃《论语义疏》引。

2 参看黄怀信主撰《论语汇校集释》、杨逢彬著《论语新注新译》。

向老师谦让。

大意 孔子说："如果碰到行仁的事，就连老师也不需要谦让。"

导读 孔子的意思是告诉我们，仁的命令是高于一切的，行仁不必谦让，而是应该争先恐后。连老师都不必谦让，那么其他的人就更不要说了，后世这句话就变成了四字成语："当仁不让。"

子曰："君子贞而不谅。" 15·37

解释 "贞"的意思是正，但不仅是正，还要坚守这个"正"，所以朱熹释曰"正而固也"[1]，平时讲贞洁、守贞，都是这个意思。"谅"的意思是信，但不是大信而是小信，所以朱熹释曰"不择是非而必于信"[2]，也就是不管对不对都守信，孔子评论管仲的时候说过"岂若匹夫匹妇之为谅也"（14·17），就是这个"谅"。

大意 孔子说："君子坚守大义而不拘守小信。"

导读 为什么"君子贞而不谅"呢？因为大义高于小信。孔子还说过："君子之于天下也，无适也，无莫也，义之与比。"（4·10）孟子也说："大人者，言不必信，行不必果，惟义所在。"[3]总之，"义"才是最高原则，不能因为守小信而违背大义。古代有个尾生，跟恋人相约在桥下

1 见《论语集注》。
2 同前。
3 见《孟子·离娄下》。

见面，恋人还没来却碰到山洪暴发，尾生为了不失信于恋人，就死死抱住桥柱，结果被洪水淹死了。这就是过分拘守小信而导致的悲剧，而这个悲剧本来是可以避免的。

子曰："事君，敬其事而后其食。" 15 · 38

解释 "敬"和"后"在这里都是形容词作动词用，"其事"和"其食"是宾语。"食"在这里意为食俸禄，也就是今天的拿工资。

大意 孔子说："服侍君王，要认真地做好君王交给你的事情，而把食俸禄的事放在后边。"

导读 这句话的意思等于我们今天说的要把做好工作摆在第一位，而不要先计较工资的高低。

子曰："有教无类。" 15 · 39

解释 "有教无类"，照字面直译就是"有教育，没区别"，"类"是类别、区别的意思。也就是说教育要对所有的人开放，而不能因对方的种族、地域、财富、出身、社会地位等等的不同而区别对待，或教或不教。

大意 孔子说："对所有的人都施行教育，不区别对待。"

导读 "有教无类"是孔子最光辉的教育思想。两千五百多年前的孔子，就能提出这么“现代”的普世化理念，真是了不起。

可惜孔子的这一思想，并不见得在每一个时代都行得通。二十世纪六七十年代的中国不是在教育上也贯彻“阶级路线”吗？高中生上大学的统考中，参加考试的学生在考试之前已经被分为四类，第一类是“可以录取机密专业”，第二类是“可以录取一般专业”，第三类是“降格录取”，第四类是“不予录取”，即不论考试成绩多么好，都不能上大学。许多“出身不好”的青少年因此被剥夺了宪法赋予的受教育的权利。号称思想先进的革命者在这一点上却比孔夫子还落后，也真是不可思议。

子曰：“道不同，不相为谋。” 15 · 40

解释 “道”就是路，这里的真实含义略相当于我们今天讲的价值观。“谋”是商量，“相为谋”就是互相打商量。

大意 孔子说：“所走的路不同，就不必互相商量。”

导读 这句也是千古名言，大家都很熟悉。两个人价值观不同，就没办法打商量，只好各行其是。

子曰：“辞，达而已矣。” 15 · 41

解释 “辞”，言辞，文辞，包括口头和书面的，这里似乎偏重于书面。“达”，传，达意。“而已”，罢了，可以了，就行了。

大意　孔子说："言辞能够达意就行了。"

导读　说话写文章都是为了达意，能达意目的就达到了，其他的讲究都不重要。不要轻看了"达"，要把自己的思想感情之细微曲折都能够通过言辞表达出来，传给对方，谈何容易？

孔子关于修辞，广义地讲，就是文学理论，还有两个主张，一是"修辞立其诚"[1]，另一个是"言之不文，行而不远"[2]。这三条主张，一个"诚"，一个"达"，一个"文"（近代严复说"译事三难，信、达、雅"，即承此而来），胜过现代文学理论的千言万语。今天所谓文学理论，尤其是西方近百年来的无数派别，何曾超越了这三层意思？这些写成一部部大书的理论，其实不过是一小勺盐稀释成一大锅咸汤，有的汤还变了味，变成不诚、不达、不文的东西。无数的高头讲章，云山雾罩，令人越看越不懂。这样的东西除了供专靠西方文论吃饭的小圈子中人自我欣赏，自我陶醉，拿它们做获取学位、职称的敲门砖之外，对文学的发展实在没有多少帮助。

师冕见，及阶，子曰："阶也。"及席，子曰："席也。"皆坐，子告之曰："某在斯，某在斯。"师冕出。子张问曰："与师言之道与？"子曰："然，固相师之道也。"　15·42

解释　"师冕"，"师"是乐师；"冕"是这个乐师的名，师冕是个瞎子。"师冕见"的"见"，读 xiàn（现）。"及阶"，到达台阶，走到台

1　见《周易·乾卦·文言》。

2　见《左传·襄公二十五年》所引孔子语，又《孔子家语·正论解》作"言之无文，行之不达"。

阶边上。

“某在斯”，某人在这里，“斯”，代词。

“相师”的“相”，动词，帮助的意思。

大意 师冕来见孔子，走到台阶边，孔子说：“这是台阶。”走到座席边，孔子说：“这是座席。”大家都就坐了，孔子告诉师冕说：“某某人在这里，某某人在这里。”师冕告辞出去。子张问孔子说：“这是跟盲人说话该用的方式吗？”孔子说：“对，这就是帮助盲人的方式。”

导读 虽是小事，也可以看出孔子待人的仁爱、诚恳、笃实，做人做事就是要点点滴滴从这些小地方学起。

季氏篇第十六

季氏将伐颛臾，冉有、季路见于孔子，曰："季氏将有事于颛臾。"

孔子曰："求，无乃尔是过与？夫颛臾，昔者先王以为东蒙主，且在邦域之中矣，是社稷之臣也。何以伐为？"

冉有曰："夫子欲之，吾二臣者皆不欲也。"

孔子曰："求，周任有言曰：'陈力就列，不能者止。'危而不持，颠而不扶，则将焉用彼相矣？且尔言过矣，虎兕出于柙，龟玉毁于椟中，是谁之过与？"

冉有曰："今夫颛臾固而近于费，今不取，后世必为子孙忧。"

孔子曰："求，君子疾夫舍曰欲之而必为之辞。丘也闻，有国有家者，不患寡（寡应作贫）而患不均，不患贫（贫应作寡）而患不安。盖均无贫，和无寡，安无倾。夫如是，故远人不服则修文德以来之，既来之，则安之。今由与求也相夫子，远人不服而不能来也，邦分崩离析而不能守也，而谋动干戈于邦内。吾恐季孙之忧不在颛臾，而在萧墙之内也。" 16·1

解释 "颛臾"，读 zhuān yú（专于），鲁国的附庸国，都城故址在今山东省平邑县城东。“有事”，“国之大事，在祀与戎”[1]，这里“有事”指用兵。

“无乃尔是过与”，“无乃”，恐怕，表示推测的语气词；“尔是过”，“过”，动词，在这里意为责备、归罪，“尔”为“过”的宾语，“是”是宾语提前的标志。“无乃尔是过”的结构跟“唯利是图”“唯你是问”相同。

“昔者先王以为东蒙主”，过去鲁国历代国君让他主持东蒙山的祭祀；“东蒙”，山名。“以”后省“之”。

“周任”，古代的一位史官。“陈力就列，不能者止”，“陈力”，贡献自己的力量；“就列”，就职，“列”，官员的队列；“止”，停止，这里指辞职。全句意为：能够贡献自己的力量，才接受职位，如果不能，就不要接受，接受了也要辞职。

“危而不持，颠而不扶，则将焉用彼相矣”句，“危”，危险；“颠”，跌倒；“相”，助手，在瞎子旁边扶助的人，就是“相师之道也”的相（见15 · 42）。全句意为：有了危险不去扶持，快跌倒了也不去搀扶，那么还要那个助手做什么用呢？

“且尔言过矣”，而且你的话错了，“过”，在这里是动词。

“虎兕出于柙，龟玉毁于椟中”句，“虎兕”，老虎跟犀牛；“柙”，读 xiá（侠），关野兽的笼子；“龟玉”，龟甲和玉石，龟甲是古人用来祭祀、占卜的，玉石是用来装饰的，都是宝贵的东西；“椟”，读 dú（读），同“匵”，装珍宝的盒子。

“今夫颛臾固而近于费”句，“夫”，读 fú（扶），语气词，无义；“固”，坚固；“费”，旧读 bì（必），是季氏的采邑。

“君子疾夫舍曰欲之而必为之辞”句，“疾夫”，讨厌，“夫”是语气词，无义，同“今夫”的夫。“舍曰欲之而必为之辞”，意为不说想要它

1 《左传 · 成公十三年》。

而一定要找个借口，整个儿作“疾夫”的宾语。

“不患寡而患不均，不患贫而患不安”句，这句话疑有脱漏和错简，从下面“均无贫，和无寡，安无倾”看来，这句话本当作“不患贫而患不均，不患寡而患不和，不患倾而患不安”。

“萧墙”，院子里的矮墙，或称屏风。

大意 季孙氏准备攻打颛臾。冉有和子路去见孔子，说：“季氏准备出兵颛臾。”

孔子说：“冉求啊，这恐怕要责备你吧。颛臾，前代的国君让他主持东蒙山的祭祀，而且在鲁国境内，是保卫社稷之臣。为什么要打它呢？”

冉有说：“季孙要这么干，我们两个都不想干。”孔子说：“冉求啊！周任曾经说过：‘能贡献力量才就职，否则就应当辞职。’如果瞎子遇到危险了，助手还不去扶持，摔倒了还不把他搀起来，那么要那个助手做什么呢？而且你的话错了，老虎、犀牛跑到笼子外面来了，龟甲、宝玉损毁在盒子里面，那是谁的过错呢？（难道不是管理者的错误吗？）”

冉有说：“现在颛臾城池坚固，又靠近季孙的采邑费县。现在不拿下来，后世一定会成为子孙的祸害。”

孔子说：“冉求！君子讨厌不说自己想要而一定要找个借口。我听说治国理家的人，不担心贫穷而担心财富不均，不担心人口少而担心不团结，不担心垮台而担心动乱不安。因为财富均衡就没有贫穷的问题，大家团结就不愁人口少，国家安定就不会垮台。既然如此，那么如果远方的人不服从，就修明文教礼仪让他们归顺。他们既已归顺，就让他们安心留下来。现在你们两个辅佐季孙氏，远方的人不服从，你们不能使他们归顺，国家分裂不团结，你们不能让国家安定下来，却打算在境内用兵。我看季孙忧虑的地方不在颛臾，而在朝廷之内。”

导读 颛臾无罪而季氏出兵攻打，这是典型的不讲道义，孔子坚决反对是意料中事。更令孔子生气的是，他的学生冉求和子路辅佐季氏却不加劝阻，不仅不劝阻，还为季氏辩护。孔子严厉批评冉求和子路，最后点明季氏的野心是同叔孙、仲孙争权，伐颛臾是醉翁之意不在酒，不过借此示威并壮大自己力量而已。

孔子批评冉求、子路时所讲的道理“不患贫而患不均，不患寡而患不安”（我觉得应该是“不患贫而患不均，不患寡而患不和，不患倾而患不安”）值得所有搞政治的人，特别是国家领导层深思再深思。国家贫穷、人口寡少，当然不是好事，追求富而庶，是必须的，但还有比贫穷和寡少更值得担忧的问题，那就是贫富两极分化，内部分裂不团结。国家穷、人口少不至于亡国，而贫富对立、内斗剧烈是可以亡国的。

孔子曰：“天下有道，则礼乐征伐自天子出；天下无道，则礼乐征伐自诸侯出。自诸侯出，盖十世希不失矣；自大夫出，五世希不失矣；陪臣执国命，三世希不失矣。天下有道，则政不在大夫；天下有道，则庶人不议。” 16·2

解释 “希不失”，很少不失去的，很少能持续的，“希”，同“稀”。“陪臣”，大夫的家臣。

大意 孔子说：“天下太平，那么制礼、作乐、出兵（讨伐有罪的诸侯）这些事情，都由天子决定；天下不太平，那么制礼、作乐、出兵由诸侯决定。由诸侯决定，大概传十世很少还能够继续传下去的；如果由大夫决定，传五世就很少还能继续的；如果由大夫的家臣决定，顶多传三世很少不失去的。天下太平，则国政不会在大夫手上；天下太平，则老百姓不会非议朝政。”

导读 周朝是封建制，天子把土地分封给各诸侯，让诸侯们自己去建设，诸侯只向天子纳贡就行了，天子并不直接参与各诸侯国的管理。这种制度要保持天下安定而不四分五裂，就必须维持天子的最高权威。这权威首先体现在国家的大事由周天子决定。什么是国家的大事？主要就是制礼、作乐、出兵（也就是“祀与戎”）。如果决定这些大事的权柄落到诸侯手里，诸侯国各自发号施令而不听周天子的统一指挥，周天子就必然渐渐失去号令权、诛伐权，乃至仲裁权，那么诸侯国之间争土夺地的战争就不可避免，天下自然也就不太平了。

这种各国之间的纷争还必然导致权柄继续下落，从天子到诸侯，从诸侯到大夫，从大夫到陪臣，权柄步步下落，争斗也就愈加纷繁，政权的寿命也越来越短。事实上，在孔子时代，情况已经是这样了。孔子这里说的“十世”“五世”“三世”其实是对历史和他亲眼目睹的现状的总结，历代注者迭有疏证，有兴趣者可参考黄怀信主撰《论语汇校集释》本条所录，我这里就不多说了。

这里想重点说说这段话的末句“天下有道，则庶人不议”。“议”在古代偏重批评和非议，与今天白话文中的“议论”泛指一切正反两面的讨论有区别。“天下有道，则庶人不议”这句话的意思不是认为普通老百姓无权议论朝政，恰恰相反，它肯定老百姓是有权批评政府的，特别是政治不清明即“天下无道”之时。除非“天下有道”，老百姓才不会非议朝政。而“天下有道”在历史上是极其少见的，在儒家的眼里，只有尧、舜、禹、周公的时代才庶几乎近之。大多数时候，例如孔子自己那个时代，政治是不清明的，所以老百姓非议政府、批评朝政就是正常现象，比孔子稍前、受到孔子称赞的著名郑国政治家子产制止“毁乡校”，就是肯定并且保护老百姓非议政府、批评朝政的权利。虽然“民主”作为一个政治术语是产生于近代的西方，但这不等于说中国的传统中就没有民主精神，孔子这话就是民主精神的清楚呈现。现在有些西方的政治思想家，例如美国的亨廷顿（Samuel P. Huntington），认为儒家传统与民主精神不能兼容[1]，是完全没有道理的。

孔子曰："禄之去公室五世矣，政逮于大夫四世矣，故夫三桓之子孙微矣。" 16 · 3

解释 "禄"，天禄，上天所给的禄命，即政权。"去"，离开。"公室"，这里指鲁国的朝廷。"逮"，及，到达。

"故夫"或作"故"，连接词，相当于白话文的"因此""所以"，但也常常没有意义，这里就是。"三桓"，指的是仲孙、叔孙和季孙，鲁国的权臣，他们都出于鲁桓公，故称"三桓"。"微"，衰微。

大意 孔子说："政权不在鲁君手里已经五世了，政权移到大夫手上已经四世了，三桓的子孙也逐渐衰微了。"

导读 鲁君大权旁落，到孔子说这段话时，中间经历了宣公、成公、襄公、昭公、定公五代，从季氏最初把持鲁国朝政到此时，中间经历了文子、武子、平子、桓子四代。三桓当初是鲁国的栋梁，逐渐掌握了鲁国的权柄，他们的后代轮流执政，到此时也渐渐衰微了，鲁国此时的国命已经要落到陪臣的手上了。孔子此语既感叹历史变迁无常，也印证前段所说的权柄逐次下落的状况。

1 参见 Samuel P. Huntington, *The Clash OF Civilizations And The Remaking OF World Order*。

孔子曰："益者三友，损者三友。友直、友谅、友多闻，益矣；友便辟、友善柔、友便佞，损矣。" 16·4

解释 "直"，正直、直率。"谅"，诚实、信实。"多闻"，见闻广博。

"便辟"，不正直，"便"，读 pián（骈），下面"友便佞"的"便"同此。朱熹解"便辟"："谓习于威仪而不直"，也就是在权势面前挺不起腰杆。

"善柔"，不诚实，朱熹解为："谓工于媚说（同"悦"）而不谅"，也就是善于讨好而不讲诚信。

"便佞"，圆滑，喜欢夸夸其谈。朱熹解为："谓习于口语而无闻见之实"，也就是嘴巴很会说，但往往是道听途说，没有真学问，也没有真见闻。[1]

大意 孔子说："有益的朋友有三种，有害的朋友也有三种。朋友正直，朋友诚实，朋友见闻广博，这就有益了。朋友不正直，朋友不讲诚信，朋友夸夸其谈而没有真实学识，这就有害了。"

导读 与什么样的人交往，有什么样的朋友，对一个人的一生的影响太大了。孔子告诉我们，判断朋友当交不当交，标准是人品和知识，不是地位和财富。现在许多人交友的标准刚好相反，专交有钱有势的人，古人以为耻者今人以为荣。世风如此，令人浩叹。

孔子曰："益者三乐，损者三乐。乐节礼乐，乐道人之善，乐多贤友，益矣。乐骄乐，乐佚游，乐宴乐，损矣。" 16·5

1 以上朱子之说俱见《论语集注》。

解释 “三乐”的“乐”读lè，名词，意为乐趣。“乐节礼乐”，前一个“乐”读lè，动词，意为喜欢、以……为乐，后一个“乐”读yuè（月）。其余的“乐”都读lè。

大意 孔子说：“有益的乐趣有三种，有害的乐趣也有三种。喜欢用礼乐来节制自己，喜欢说人家的好处，喜欢多交好的朋友，这就有益了。喜欢骄奢炫富，喜欢游荡无度，喜欢吃吃喝喝，这就有害了。”

导读 人都有爱好，爱好各有不同。不同的爱好决定一个人的生活方式，也决定一个人的生活品质，还决定你把时间和精力消耗在什么上面，因而决定你一生的成就，所以不可不慎。尤其是青少年，从小要培养有益的爱好，养成好习惯，则一生受益，反之则一生受害。

孔子曰：“侍于君子有三愆：言未及之而言谓之躁，言及之而不言谓之隐，未见颜色而言谓之瞽。” 16·6

解释 “侍于君子”，在君子旁边陪侍。“侍”，陪侍，在古文中一般用作不及物动词，后面通常不带直接宾语，例如“颜渊季路侍”，而不说“颜渊季路侍孔子”。所以这里要用介词“于”引进被服侍的对象“君子”。“愆”，读qiān（千），过失、过错。

“言未及之而言”句，“之”，这个，那个，指说话牵涉到的事情或主题。“躁”，急躁。“隐”，隐瞒。“瞽”，读gǔ（鼓），盲目。

大意 孔子说：“在君子旁边陪侍容易犯三种毛病：说话还没说到那个份上就说，叫作急躁；说话说到那个份上了还不说，叫作隐瞒；没看君子的脸色神态就说，叫作盲目。”

导读 孔子提倡中庸，认为是道德的最高境界。中庸并非折中，中庸就是适度，就是把握适当的分寸。这段讲的就是说话的分寸，尤其是在长者面前说话的分寸。看似普通，实则重要，很多话本来不错，但火候掌握得不对，分寸掌握得不对，好话就变成了坏话。

孔子曰："君子有三戒：少之时，血气未定，戒之在色；及其壮也，血气方刚，戒之在斗；及其老也，血气既衰，戒之在得。" 16·7

解释 "戒"，戒备，警惕。"得"，贪得。

大意 孔子说："一个君子有三件事需要警惕自己：年轻的时候，血气还没有稳定，要警惕性生活放纵；到了壮年，血气最旺盛，要警惕争强好斗；到了老年，血气已经衰退，要警惕贪婪不知收敛。"

导读 朱熹注解此段说："血气，形之所待以生者，血阴而气阳也。得，贪得也。随时知戒，以理胜之，则不为血气所使也。"[1]血气，包括我们平时讲的精、气、神，是一个人生命所赖以存在的基础，随着人生命的进程，它会由弱到强到衰，并且影响着人的生命形态，因而在不同的阶段要警惕当时容易犯的毛病。

孔子的话并没有什么高深的哲理，但却是千古不易的经验之谈。看看自己，想想别人，许多生命就败在犯了这三戒上。少年因为放纵性欲

1 见《论语集注》。

而败坏身体，甚至犯罪；青壮年因为好勇斗狠而害人害己，甚至送命；年老不知收敛，还贪名贪利贪位贪权，钻营不已，丑态百出，终至败亡。前车尚在，后车又覆，翻开报纸，每天都有数不清的例子，难道还不应当引起我们深深的警惧吗？

孔子曰："君子有三畏：畏天命，畏大人，畏圣人之言。小人不知天命而不畏也，狎大人，侮圣人之言。" 16·8

解释 这一段字面上几乎没有什么需要解释的地方，稍微要注意的是"畏"和"狎""侮"的准确含义。"畏"的意思是敬畏，而不只是害怕，畏当然有"怕"的意思，但它同时还有严肃、小心、不敢大意的一面，这是因"敬"而产生的。"狎"和"侮"在这里意思相近，就是轻慢、不严肃，正好是敬畏的反面。"狎"还有随随便便、过于亲近的意思。"大人"指王公贵族、当时社会的统治者。"圣人"指有道德、能够为人表率的人。

大意 孔子说："君子有三种敬畏：敬畏天命，敬畏王公贵人，敬畏圣人的话。而小人不知天命因而不敬畏天命，轻慢王公贵人，不尊重圣人的话。"

导读 这一段讲人应该有敬畏之心。

在浩渺无际的宇宙中，人不过是一粒微不足道的渺小的微尘。人应该认识自己的渺小。渺小生敬畏。这种敬畏是人这种有情感能思想的生物面对巨大、神秘、未知的不可把握之物的必然反应。

除了宇宙之外，一个人还会面对其他巨大、神秘、未知的不可把握之物，例如命运、生死、未来等等。还有其他的，例如真理，例如美。

在这些面前，我们只有敬畏。还有，一个公民之于法律，也只能敬畏。孔子说的“天命”就是命运、生死、未来等等不可把握之物的总称，孔子说的“大人”在那个时代就代表法律，孔子说的“圣人之言”在那个时代就代表真理。一个君子对这些都应当怀有敬畏之心。

敬畏表现在一个人的情感态度上，是肃穆小心而不敢狎侮亵渎，表现在言行举止上，是稳重谨慎而不敢轻佻放肆。在巨大、神秘、未知面前保持敬畏之心而不敢狎侮亵渎、轻佻放肆，是一个渺小的人应有的自知之明，是一个脆弱的人应持的自处之道，也是一个愿意改善自己的人向前走的起点。只有那些愚蠢狂妄而又不思进取的人才会不知敬畏。孔子说，与君子相反，“小人不知天命而不畏也，狎大人、侮圣人之言”，说的就是这种愚蠢狂妄而不思进取的人。

敬畏之心是道德的起点，至少是起点之一。人有敬畏才会对自己有所约束，才会遵守社会的公约而不致放肆胡来。很难想象，一个社会充满了不知敬畏而放肆胡来的人能是一个有道德的社会。我们刚刚经历过这样一个社会,那就是“文革”十年的中国。无知的青少年们高喊着“彻底的唯物主义者是无所畏惧的”的时髦口号，肆无忌惮地摧毁中国人向来视为神圣的一切，包括别人的生命。

于是我们看到，经历“文革”后的今日中国社会，正常的该有的敬畏心丧失殆尽，而肆无忌惮、“无所畏惧”的人却所在多有。不仅有“无畏”之民，而且有“无畏”之官。他们放肆贪腐，藐视正义，藐视国法，也藐视神明。上有“无畏”之官，下有“无畏”之民，这种情形如果不拨乱反正，国家还有希望吗？

孔子曰：“生而知之者上也，学而知之者次也；困而学之，又其次也；困而不学，民斯为下矣。” 16·9

解释 “困”的本义是四面围住走不出去，今天讲困难、困扰、贫困，都是从这个意思来的，在这里的意思是想不通。

“民斯为下矣”句，“斯”，就，副词。

大意 孔子说：“天生就懂得的人是上等，通过学习才懂得的人是次等，想不通才去学的人又低一等。想不通也不学，这样的人就是最下等了。”

导读 孔子在“学”与“知”的问题上把人分成四等，第一种人是根本不需要学习的人，这种人也许只是一种假设的存在，事实上可能根本就没有，因为孔子就说过，他自己不是“生而知之”的人，连孔子都不是，这世上恐怕就没有了。最后一种人是困也不学的人，这种人有，但也不多，很多不学的人不是主观不想学，而是客观上没有学习的机会。

这个世界上大部分就是中间的两种，一种是懂得学习的重要，努力去学的人，一种是精神上找不到出路了，因而去学的人。只要学而有成，这两种人其实没有多大差别，可说是殊途同归。曾国藩曾经说过，一个人事业的成功一半出于强勉，也就是这个意思。

从这段话我们也可以看出，孔子作为一个教育家，非常强调学习对人成长的极端重要性，从这个认识出发，我们才能够理解现代社会为什么把受教育权视为基本人权，提倡普及义务教育以及终身学习的观念。

孔子曰：“君子有九思：视思明，听思聪，色思温，貌思恭，言思忠，事思敬，疑思问，忿思难，见得思义。” 16·10

解释 “思”，想、考虑，这里有想要做到的意思。

大意 孔子说："君子有九处用心：看的时候想看明白，听的时候想听清楚，脸色想要做到温和，神态想要做到恭敬，讲话想要做到诚实，做事想要做到认真，有疑惑的时候想要问清楚，发脾气的时候考虑会不会带来后患，有利可得的时候考虑合不合乎道义。"

导读 儒学的核心是处理好人和人的关系，是关于社会人群的智慧，你看孔子的叮嘱何等周到。骤看有点啰唆，细想极有道理，人生的成功、社会的和谐本来就是建筑在这些实实在在的考虑之中。今天我们的教育——无论学校教育或者家庭教育，我们的自身修养，不就是缺乏这些东西吗？社会的文明、公民的修养不就是应该从这些方面着手吗？

孔子曰："见善如不及，见不善如探汤。吾见其人矣，吾闻其语矣。隐居以求其志，行义以达其道。吾闻其语矣，未见其人也。" 16·11

解释 "见善如不及，见不善如探汤"句，"不及"，赶不上；"探汤"，把手伸到沸水里，"汤"就是沸水。

"吾见其人"，我看到了这样的人，"其"，指示代词，这样的。

大意 孔子说："看到好的生怕赶不上，看到不好的就像手碰到沸水一样（立刻缩回来）。我看见过这样的人，也听见过这样的话。（没有机会的时候，就）避世隐居来追求自己的志向，（有机会的时候，就）实施道义来贯彻自己的主张。我听过这样的话，还没见过这样的人。"

导读 "见善如不及，见不善如探汤"，这是一个要好的普通人可以做得到的，但是“隐居以求其志，行义以达其道”，这就不是一般人能达到的。前者属于“修己”的范围，后者却志在“安人”。孔子的志向一直就是“修己以安人”，或者进一步达到“修己以安百姓”。但“安人”“安百姓”不一定有机会，又不愿意不择手段去争取这样的机会，那么就只有“用之则行，舍之则藏”“穷则独善其身，达则兼善天下”了。孔子这样的思想反复表达过很多次。说“未见其人”，也是在勉励自己。

齐景公有马千驷，死之日，民无德而称焉；伯夷、叔齐饿于首阳之下，民到于今称之。其斯之谓与？ 16·12

解释 “千驷”，古代马拉车，一辆车有四匹马，叫一驷，所以“千驷”就是四千匹马。“无德而称”，“德”同“得”，无得而称就是没有什么可称道的。

这段话最后一句显然前面应该有先行语，而且多半是前人的成言，这样才说得通。朱熹《论语集注》引程子之说，认为应当把“诚不以富，亦祇以异”（见 12·10）移至此段末句之前，而且认为这段开头还漏了“孔子曰”三个字。“诚不以富，亦祇以异”是《诗经·小雅·我行其野》的最后两句，“诚”《诗经》作“成”，诚、成古通。这两句诗的意思是：一个人的成功不是靠财富，而是靠才德过人。

大意 孔子说：“齐景公有马四千匹，死的时候，老百姓没有什么称赞他的；伯夷、叔齐饿死在首阳山下，老百姓到现在还称赞他们。‘成功不靠财富，而靠才德出众’，说的就是这种情况吧！”

导读 有钱无钱，钱多钱少，不是一个人成功的标志，只有志趣高洁，足以为人榜样，才会名垂青史。今天的中国人太崇拜权力和金钱，这话大概是没人听得进去的了。

陈亢问于伯鱼曰："子亦有异闻乎？"对曰："未也。尝独立，鲤趋而过庭，曰：'学《诗》乎？'对曰：'未也。''不学《诗》，无以言。'鲤退而学《诗》。他日，又独立，鲤趋而过庭。曰：'学礼乎？'对曰：'未也。''不学礼，无以立。'鲤退而学礼。闻斯二者。"陈亢退而喜曰："问一得三，闻《诗》，闻礼，又闻君子之远其子也。" 16·13

解释 陈亢，读gāng（刚），孔子弟子。伯鱼，名鲤，字伯鱼，孔子的儿子。

"陈亢问于伯鱼"，用白话文讲就是"陈亢问伯鱼"，"于"字好像是多余的，但在文言文中却不多余。在文言文中，动词"问"的后面如果直接接宾语，通常是表示问的内容，如"颜渊问仁""子张问政"之类，问的对象前面则要加一个"于"字，比方"颜渊问仁于孔子"，"于"在这里相当于白话文里的"向"，"问于谁"就是向谁发问。

"子亦有异闻乎"句，"子"，你的敬称，指孔鲤，"异闻"就是不同的听闻。"对曰"就是回答说，"对"通常都是下辈回答上辈，下级回答上级，含有尊敬的意思，平辈之间有时也用，那就是表示客气了。

"尝独立"句"尝"是曾经的意思，"独立"是一个人站着，这句话用白话文来讲，得说成"有一次我父亲一个人站在那里"，文言文中常常省略主语，用词也简洁，所以三个字就够了。

"鲤趋而过庭"句，"鲤"在这里是伯鱼自称，自称要称名以表示谦虚，所以这里一定不可以说成"伯鱼趋而过庭"。"趋"是小跑，孔子站在庭院里，伯鱼小跑经过。古代的礼节是如果有长辈在前，小辈经过时须用小跑以表示尊敬，不可以大摇大摆地慢慢走。

下面的“曰”是孔子问伯鱼，省掉了主语。“学《诗》乎”，《诗》就是《诗经》，“经”字是后人为了表示尊敬加的，在孔子那个时代只说“诗”。这里还要注意，现在通用的标点符号是近百年来从西方引进的，古人基本上不使用任何标点符号，所以原文这里的“诗”不会有书名号，你如果看的是未经现代人标点过的古本，就很容易把“诗”理解为诗歌，把“学诗”理解为“学习诗歌”或“学习写诗”，那就错了。

“鲤退而学《诗》”句，我（听到父亲的教诲以后）退下来就学《诗经》。

“无以立”句，“立”是立世，指在社会上立足，“无以”是“无所以”之略，“所以”，“以”是动词变来的介词，译成白话文有“用”“把”“拿”“因”等义，“所”则指代“以”的宾语，“所以”意为用的那个东西，“所以立”就是用来在社会上立足的那个东西，“无（所）以立”就是“没有用来在社会上立足的东西”。

“又闻君子之远其子也”句，“远”，读 yuàn（愿），形容词用作动词，疏远，“远其子”是疏远他的儿子。“之”字无义，“君子远其子”原本是一个完整的句子，现在在主语部分和谓语部分之间插入一个“之”字，就不再是一个句子而只是一个词组了，这个词组充当动词“闻”的宾语。

另外“闻《诗》，闻礼”是口语减省的说法，不能完全照字面理解，好像陈亢以前都没听说过《诗》和礼似的。

大意 陈亢问伯鱼说：“你在老师那里听到过什么特别的教诲吗？”

伯鱼回答说：“没有呀。有一次他独自站在堂上，我快步从庭里走过，他说：‘学《诗》了吗？’我回答说：‘没有。’他说：‘不学诗，就不懂得怎么说话。’我回去就学《诗》。又有一天，他又独自站在堂上，我快步从庭里走过，他说：‘学礼了吗？’我回答说：‘没有。’他说：‘不学礼就无法立身。’我回去就学礼。我就听到过这两件事。”

陈亢回去高兴地说：“我提一个问题，得到三方面的收获，知道了学《诗》的重要，知道了学礼的重要，又知道了君子疏远自己儿子。”

导读 其实陈亢在这里有点用词不当，至少是过甚其辞，孔子并非疏远自己的儿子，只是对儿子跟对学生一样，没有偏爱，也没有不同的要求，更没有私下教授什么特别的东西。圣人光明磊落，孔学并无秘传。

邦君之妻，君称之曰夫人，夫人自称曰小童；邦人称之曰君夫人，称诸异邦曰寡小君；异邦人称之亦曰君夫人。 16·14

解释 “称诸异邦”，即“称之于异邦”，就是向外邦称呼她。

大意 国君的妻子，国君称她为夫人，夫人自称叫小童；本国人称她叫君夫人，在别国面前提到她称为寡小君；别国人称呼她也叫君夫人。

导读 这一段的前面大概也掉了“孔子曰”三个字。《论语》当中引孔子的话，基本上都用“子曰”，只有本篇都用的“孔子曰”，所以很多学者都怀疑本章中孔子的话很可能是弟子的话而假托孔子之名。

阳货篇第十七

阳货欲见孔子，孔子不见，归孔子豚。孔子时其亡也而往拜之。遇诸涂。谓孔子曰："来！予与尔言。"曰："怀其宝而迷其邦，可谓仁乎？"曰："不可。——好从事而亟失时，可谓知乎？"曰："不可。——日月逝矣，岁不我与！"孔子曰："诺。吾将仕矣。" 17·1

解释 "阳货"，鲁国季氏的家臣，又名阳虎。"归"，音、义同"馈"，赠送。"豚"，猪，这里是做熟的。

"孔子时其亡也而往拜之"句，"时其亡也"，当他不在家的时候，"时"，当……时，很像英文中的 when。

"怀其宝而迷其邦"句，"怀"和"迷"都是动词，"怀"的意思是怀里揣着，"迷"的意思是"使……迷惑"，全句的意思是：怀里揣着他的（治国的）宝贝不用，却任他的国家迷迷糊糊。

"好从事而亟失时"句，"好"，读 hào（号），"好从事"在这里意为喜欢做官；"亟"，屡次、屡屡；"失时"，错过时机。

"日月逝矣，岁不我与"句，"日月逝矣"，是说太阳和月亮不停地运转，"逝"是去的意思；"岁不我与"，"岁"，岁时，指时间；"不我与"，即"不与我"，不给我机会。

大意　阳货想见孔子，孔子不见，阳货便送了一只熟猪给孔子。孔子等他不在家的时候去拜谢他。结果在路上碰到了，阳货对孔子说："来！我跟你说句话。"他说："一个人怀里揣着治国的本事却任由他的国家迷迷糊糊，这可以叫作仁吗？"接着说："不可以。——一个人喜欢做官却又屡屡错过时机，这能叫明智吗？"接着又说："不可以。——日月如梭，时间不等人哪！"孔子说："好吧。我打算做官了。"

导读　阳货作为季氏的陪臣，却把持鲁国的政权，这就是前一篇里孔子说过的"陪臣执国命"（16·2），这当然是孔子反对的，所以虽然阳货想要拉拢孔子，孔子却不愿意见他。阳货送了孔子一头熟猪，按当时的礼节，孔子不能不回拜，孔子便趁着阳货不在的时候去他家，没想到却在路上碰到了。于是阳货说了那么一大段话，想用仁、智的大道理来说服孔子，因为孔子自己就是提倡仁、智的，这叫"君子可欺以其方"，于是孔子也只好回答说："我打算去做官了。"但考诸历史的记载，孔子在阳货执政的时候，并没有做官，可见孔子只是敷衍阳货。一个连见都不想见的人，孔子怎么会同意在他的手下做官呢？

子曰："性相近也，习相远也。"　17·2

解释　"性"，人性，人的本性。"习"，习染，是后天由于周围环境熏陶或通过自身重复所习得的东西。

大意　孔子说："人的本性是相近的，后天的习染就差别大了。"

导读　孔子本人没有解释什么是"性"，后人对"性"的解说大约有这样几种：一是“天命之谓性”[1]，二是“生之谓性”[2]，三是“性者，生之质也”[3]，四是“生之所以然者谓之性”[4]，这几种解释或说定义其实在本质上没有很大的差异，都认为“性”是生下来就有的，是天所赋予的，它们的差异只是背后隐藏的对“天”的理解有些不同，或认为“天”有意志，或认为“天”无意志。

这两句话非常重要，虽然很简单，却是后世讨论人性、人情、教化种种理论的起点。值得注意的是，孔子只说性近习远，并没说人性好坏，所以后世性善论、性恶论、性善恶混论都不与之相悖。《三字经》开篇说：“人之初，性本善，性相近，习相远。”是把孔子的话和孟子的话综合在一起讲的，孟子是主张性善的。人既然性近习远，那么教化就是必要的，学习就是必要的，社会环境就是重要的，交什么朋友就是重要的，一系列理论都生根在这六个字里面。

子曰：“唯上知与下愚不移。” 17·3

解释 “知”，音、义同“智”，与下面的“愚”相对成文。“上知”就是最聪明的人，是“生而知之”的天才；“下愚”就是最愚笨的人，类似于今天所说的白痴。“不移”就是不动，不会改动、不会变化。

大意 孔子说：“只有天才和白痴是不会改变的。”

导读 “上知”在某些宗教理论中或许存在，实际上可说没有，连

1 见《中庸》，《中庸》传为孔子的孙子子思所作。
2 见《孟子》所引告子之语。
3 见《庄子·庚桑楚》。
4 见《荀子·正名》。

孔子都说自己不是天才:“我非生而知之者”(7·20)。“下愚”倒是存在,但也很少。这句话的重点是“唯”,除了“上知”和“下愚”以外,其他人都是可以改变的,也就是可以教育的。

孔子是一个伟大的教育家,他非常强调教育对人的重要,而且毕生“诲人不倦”。这里还可注意,孔子把人(至少是在智力上)分成了三等:上知、常人、下愚,后世评人的三品说(上、中、下),乃至九品说(上上、上中、上下;中上、中中、中下;下上、下中、下下)都发源于这里。

又,此条可与(6·21)(16·9)同读。

子之武城,闻弦歌之声。夫子莞尔而笑,曰:“割鸡焉用牛刀?”子游对曰:“昔者偃也闻诸夫子曰:‘君子学道则爱人,小人学道则易使也。’”子曰:“二三子,偃之言是也!前言戏之耳。” 17·4

解释 “子之武城”的“之”是动词,到……去。

“莞尔而笑”,微微地笑,“莞尔”,微笑的样子。

“昔者偃也闻诸夫子曰”句,“昔者”,从前、过去;“偃”,是子游的名,子游叫言偃,学生在老师面前自称要称名,表示谦虚;“诸”,之于的合音。

大意 孔子到武城去,听到读书唱歌的声音。孔子微笑着说:“杀鸡哪里用得上杀牛的刀?”子游回答说:“我从前听您跟我们讲过:‘君子学了道就会对人仁爱,小人学了道就容易使唤。’”孔子说:“孩子们,言偃讲的话是对的,我刚才的话是跟他开玩笑的。”

导读 言偃当时是武城的长官，在武城推行儒家的教化，把从老师那里学来的东西拿到武城来运用，孔子显然是很高兴的。

公山弗扰以费畔，召，子欲往。子路不说，曰："末之也已，何必公山氏之之也？"子曰："夫召我者而岂徒哉？如有用我者，吾其为东周乎！" 17·5

解释 "公山弗扰"也是季氏的家臣，他当时盘踞在费城，想要造反。

"末之也已"，"末"同"无"，"末之"，无地可去；"也已"，罢了。

"何必公山氏之之也"，何必去公山氏那里呢。两个"之"字，后一个"之"是动词，"公山氏"是后一个"之"的宾语，前一个"之"是宾语提前的标志。

"夫召我者而岂徒哉"，"夫"是发语词，读fú（扶）；"徒"，徒然，空空地，白白地。

"吾其为东周乎"，我大概会让周道在东边复兴吧。何晏《论语集解》："兴周道于东方，故曰'东周'。"

大意 公山弗扰盘踞费城造反，召孔子前去帮忙，孔子想要去。子路不高兴了，说："没地方可去就算了，干吗去公山氏那里呢？"孔子说："他召我去难道是白白地吗？如果他用我，我大概会把文武之道在东边复兴吧！"

导读 孔子的确想做官，不然也就不会周游列国，直到晚年他回到鲁国后，还是不死心，只要一有机会，就希望能够抓住，这又是一例。公山弗扰也是季氏的家臣，跟阳货一样，孔子拒绝阳货，却想应公山弗扰之召，这的确是有点自相矛盾，怪不得子路不高兴。我们只能推测，也许公山弗扰这个人比阳货好一些，孔子觉得有可能借公山弗扰实现自己复兴周道的政治抱负。结果是孔子又一次失望了。

子张问仁于孔子，孔子曰："能行五者于天下为仁矣。"请问之，曰："恭、宽、信、敏、惠。恭则不侮，宽则得众，信则人任焉，敏则有功，惠则足以使人。" 17·6

解释 "子张问仁于孔子"，"仁"是"问"的宾语，"孔子"不是，所以"于"字不能省，这跟现代汉语不同。

大意 子张向孔子请教什么是仁人，孔子说："能让五种德行在天下实行的就是仁人了。"子张又请问五种德行是什么，孔子说："就是恭敬、宽厚、诚信、勤勉、慈惠。态度恭敬，就不会招致侮辱；对人宽厚，就能得到众人的拥护；诚实守信，就会得到别人任用；做事勤勉，工作就会有成绩；对人慈爱，就能够让别人乐意替你办事。"

导读 "恭、宽、信、敏、惠"，这五个字可作我们一生言行的座右铭。循此做人，便是君子；循此做官，便是好官。

佛肸召，子欲往。子路曰："昔者由也闻诸夫子曰：'亲于其身为不善者，君子不入也。'佛肸以中牟畔，子之往也，如之何？"子曰："然。有是言也。不曰坚乎磨而不磷，不曰白乎涅而不缁。吾岂匏瓜也哉？焉能系而不食？" 17·7

解释　佛肸，“肸”，读 xī（西），佛肸是晋国中牟地区的长官，属大夫赵简子手下，晋定公十八年（前 494），赵简子进攻范氏和中行氏，佛肸据中牟叛乱，召请流亡在外的孔子前往。

“昔者由也闻诸夫子曰”句，“昔者”，从前、过去。“闻诸夫子”，即闻之于夫子，“之”指下面的话。“亲于其身为不善”，即亲为不善，“于其身”是强调。

“不曰坚乎磨而不磷，不曰白乎涅而不缁”句，“磨而不磷”，磨都磨不薄，“磷”是薄的意思。“涅而不缁”，染都染不黑，“涅”是染料，这里作动词用，“缁”是黑色。

“吾岂匏瓜也哉”句，“匏瓜”即瓠瓜，又称葫芦，“匏”，读 páo（袍）。

大意　佛肸召孔子，孔子想去。子路说：“从前我听老师讲过，‘一个亲自做坏事的人那里，君子是不去的’，现在佛肸据中牟地区叛乱，您却要去，怎么说得过去？”孔子说：“是的，我是说过这话。但是你没听说，真正坚硬的东西是磨也磨不薄的吗，真正白的东西是染也染不黑的吗？我难道是个葫芦瓜吗，怎么能只挂着好看而不吃呢？”

导读　孔子是入世的，儒家学说跟道家学说（特别是庄派道家）的不同，就在于一个要淑世，一个要避世。所以孔子早年周游列国，风尘仆仆，总想有君王采纳他的政治主张。到晚年不得已才在家乡聚徒讲学，即使这个时候仍然眼观四方，有机会就会心动。这里说的“佛肸召孔子，孔子欲往”是不是真有其事，学者还有争论（参看清代崔述《洙泗考信录》），但孔子说的“吾岂匏瓜也哉，焉能系而不食”这话，却很真实地吐露了孔子的心声。凡有政治抱负的人，哪一个不想用世？凡是关心民生苦难的人，又哪一个能够真正丢下同胞不管？所以中国传统知识分子正常的时候几乎都是儒家，到了实在不见容于统治者的时候，才不得已变为道家。

子曰:“由也!女闻六言六蔽矣乎?”对曰:“未也。”“居!吾语女。好仁不好学,其蔽也愚;好知不好学,其蔽也荡;好信不好学,其蔽也贼;好直不好学,其蔽也绞;好勇不好学,其蔽也乱;好刚不好学,其蔽也狂。” 17·8

解释 “居!吾语女”句,“居”,停下,坐下;“语”,读 yù(玉),告诉;“女”同“汝”,你。

“六言”即“仁”“知”“信”“直”“勇”“刚”,这六者都是美德,但是如果不加以学习,每一种都可能引出弊病来,这就叫“六蔽”。这“六蔽”分别是“愚”“荡”“贼”“绞”“乱”“狂”。

“愚”指愚昧、不聪明,懂得的事情少。

“荡”指四处游荡,无所归属,也就是知识杂乱,没有根本,不成体系。

“贼”即“戕贼”的“贼”,意为伤害,这里指伤害道义。一个人如果只知道信守诺言而没有经过学习,就不能分辨这个诺言是不是合乎道义。

“绞”本指绞绳,引申为偏激、急切,不懂得婉转、周全。

“乱”即作乱,古文中“乱”通常都指造反、叛变、以下犯上。

“狂”即狂妄,不懂得自制和收敛。

大意 孔子说:“子路啊,你听说过六种美德六种弊病吗?”子路回答说:“还没有。”孔子说:“坐下,我来告诉你。一个人喜欢仁爱但不喜欢学习,就可能产生愚昧无知的弊病;一个人喜欢智慧但不喜欢学习,就可能产生放荡散乱的弊病;一个人喜欢守信但不喜欢学习,就可能产生伤害道义的弊病;一个人喜欢耿直但不喜欢学习,就可能产生偏激急切的弊病;一个人喜欢勇敢但不喜欢学习,就可能产生犯上作乱的弊病;一个人喜欢刚强但不喜欢学习,就可能产生狂妄自大的弊病。”

导读 孔子对于学习的重要性的强调在这里看得更清楚，在孔子看来，所有的人无论性格如何，无论天赋如何，都要经过后天的教育和学习，都要经过切磋琢磨的过程，才能变成一个真正完美的人，否则即便有追求美德之心，但由于没有良好的学养，每一种美德都有可能用错方向或超过它应有的限度而引出不善不良的结果。

子曰："小子何莫学夫《诗》？《诗》可以兴，可以观，可以群，可以怨。迩之事父，远之事君，多识于鸟兽草木之名。" 17·9

解释 "小子何莫学夫《诗》"句，"何莫"，何不，"莫"，通"不"；"学夫"，"夫"是语气助词，无义。

"兴"，感兴、联想；"观"，观察、考察；"群"，合群、团结；"怨"，埋怨、讥刺。

"迩之事父，远之事君，多识于鸟兽草木之名"句，"迩"，近；"之"，助词，无义；"识"，读 zhì（志），通"志"，记的意思。

大意 孔子说："孩子们何不去读读《诗》呢？读《诗》，可以引发感想，可以观察风俗，可以团结大家，可以讥刺时政。近可以服侍父母，远可以服侍君王，还可以多记住一些鸟兽草木的名称。"

导读 这一条是孔子对《诗经》的重要评论，指出《诗经》具备"兴、观、群、怨"，的功能，对后世诗歌理论影响甚大，可以说是中国最早的文学批评理论。

子谓伯鱼曰："女为《周南》《召南》矣乎？人而不为《周南》《召南》，其犹正墙面而立也与！" 17·10

解释 "女为《周南》《召南》矣乎"句，"女"同"汝"，"为"，在这里是学、读的意思。"《周南》《召南》"，是《诗经》十五国风中的开头的两国。"召"，读 shào（邵）。

"其犹正墙面而立也与"句，"其"，语气词，表推测之意；"犹"，如；"正墙面而立"，面对着墙壁站着，意为什么也看不到，而且也不能往前走。朱熹《论语集注》云："言即其至近之地，而一物无所见，一步不可行。"

大意 孔子对伯鱼说："你读过《周南》《召南》了吗？作为一个人而不读《周南》《召南》，那大概就像面对着墙壁站着吧！"

导读 这是孔子再次谈到《诗经》的重要性。《周南》《召南》是十五国风开头的两国，十五国风又是《诗经》最重要的部分，所以孔子说《周南》《召南》，其实是举《周南》《召南》以概括《诗经》。

子曰："礼云礼云，玉帛云乎哉？乐云乐云，钟鼓云乎哉？" 17·11

解释 六个"云"字，都是"说"的意思。

"乎哉"两个语气词连用，表示疑问而兼反问。

"玉帛"就是玉器和丝绸，是用来行礼的物品，"钟鼓"是钟和鼓，用来奏乐的乐器。

大意 孔子说："说礼说礼，难道就是讲玉和帛吗？说乐说乐，难道就是讲钟和鼓吗？"

导读 孔子看重礼、乐，是看重礼、乐的内在本质，而不只是外在的形式，所以孔子说过："人而不仁，如礼何？人而不仁，如乐何？"（3·3）如果只记住了玉帛、钟鼓这些礼、乐的外在形式，而忘记了礼、乐的内在本质"仁"，那么外面做的再好看，又有什么意义呢？有些坏人甚至可以用礼、乐来包装不仁，那就完全是欺骗了。

子曰："色厉而内荏，譬诸小人，其犹穿窬之盗也与？" 17·12

解释 "色厉而内荏"，外表强悍而内心怯懦，"色"，脸色；"厉"，威严、强悍；"荏"，怯懦。"穿窬之盗"，打墙洞的小偷，"窬"，读 yú（于），洞。"也与"，语气词连用，"与"读 yú（于）。

大意 孔子说："外表强悍而内心怯懦，用小人来作比方，这样的人大概跟打墙洞的小偷差不多吧！"

导读 成语"色厉内荏"出于此。

子曰："乡愿，德之贼也。" 17·13

解释 "愿"在古文中跟"願"是两个字，现在简体合成一个了。"愿"在古文中本意是谨厚，也就是谦厚老实的意思，"乡愿"却另外有一种特别的含义，就是街坊邻里都认为他谦厚老实，什么人也不得罪，什么事也不批评，也就是白话所说的“老好人”。“德之贼”的“贼”不是小偷的意思，是伤害、败坏的意思，“德之贼”就是伤害道德，败坏道德的人。

大意 孔子说：“老好人是伤害道德的人。”

导读 孟子有一段话对“乡愿[1]”的描写可以跟这段对照着读：“非之无举也，刺之无刺也。同乎流俗，合乎污世。居之似忠信，行之似廉洁。众皆悦之，自以为是，而不可与入尧舜之道。故曰‘德之贼’也。”[2]同流合污，貌似良善，毫无原则，靠这样的人维护道德是不可能的，而普通人却会认为这种人是应该学习的榜样，所以孔子特别提出来叫大家警惕。

子曰：“道听而途说，德之弃也。” 17·14

解释 “道听而途说”，在路上听到的东西又在路上传播出去。“德之弃”意为“有德者之所弃”。

大意 孔子说：“道听途说是有德的人所不取的。”

导读 没有经过自己的思考跟反复检验，只是听别人说过就到处宣传，这样的东西自然经不起考验，且往往以讹传讹，带来不好的影响。

---

1 见《孟子》，“愿”作“原”。

2 见《孟子·尽心下》。

孔子的话值得每一个人深以为戒，尤其是在今天这个网络发达的世界，网上传来传去的东西真真假假，不可不慎思明辨。

子曰：“鄙夫可与事君也与哉？其未得之也，患不得之；既得之，患失之。苟患失之，无所不至矣。” 17·15

解释 “鄙夫可与事君也与哉”句，“鄙夫”，鄙陋的人；“可与事君”，介词“与”的后面省略了代词“之”，“之”指鄙夫；“也与哉”，三个都是语气词，“与”读yú（于），“哉”字本来可以不要，要了反问的语气更强。

“无所不至”，没有什么地方不可以去，也就是什么事都可以做。

大意 孔子说：“一个鄙夫你能跟他一起服侍君王吗？他没有得到的时候，就担忧得不到；已经得到了，又担忧会失掉。倘若担忧失掉，那就什么事情都可以干得出来了。”

导读 “患得患失”的成语出此。忽得忽失的只有个人的权位和利益，而道德、理想、原则不存在得失的问题。一个人成天只担心自己的权位和利益，那么他精通的就只是勾心斗角、争权夺利，这样的人是难以共事的。

子曰：“古者民有三疾，今也或是之亡也。古之狂也肆，今之狂也荡；古之矜也廉，今之矜也忿戾；古之愚也直，今之愚也诈而已矣。” 17·16

解释 “今也或是之亡也”，今天或许连这个也没有了。第一个“也”表句中停顿，无义。“或”，或许。“亡”同“无”，“是之无”，即无是；“是”，此，是“无”的宾语；“之”表示宾语提前，提前是为了强调。

大意 孔子说：“古时老百姓有三种毛病，今天或许连这个都没有了。古时的狂放是任性，今天的狂放是乱来；古时的矜持是有棱角，今天的矜持是满怀愤恨；古时的愚昧还坦直，今天的愚昧却会欺诈，如此而已。”

导读 世风还真是有点江河日下，今天这三种毛病表现的形态比孔子那个时代更加丑恶了。今天的“狂”是胡说八道，什么话都敢讲，不读书都敢批评圣贤；今天的“矜”是什么都看不惯，什么都乱骂一通，所谓愤青、愤老就是这样的；今天的“愚”是不懂装懂，到处骗人，还自以为聪明得计。呜呼，哀哉！

子曰：“巧言令色，鲜矣仁！” 17·17

解释　大意　导读 均见《学而篇》第三条（1·3）。

子曰：“恶紫之夺朱也，恶郑声之乱雅乐也，恶利口之覆邦家者。” 17·18

解释 三个“恶”都读 wù（务），讨厌、憎恨的意思。“雅乐”的“乐”读 yuè（月），“雅乐”指朝廷的正声。“利口”，字面上是说伶牙俐齿，但下接“覆邦家”，可见是指某种异端理论。最后一个“者”字同“也”。

大意 孔子说：“我憎恶紫色抢了红色的光彩，我憎恶郑声扰乱了雅乐，我憎恶异端邪说颠覆国家。”

导读 孔子这里的三个憎恶一言以蔽之，就是憎恶以邪乱正。紫色看起来比朱红色还艳，但它不是正色，朱红才是正色。郑声比雅乐还悦耳动听，但郑声不是正声，雅乐才是正声。异端邪说听起来雄辩滔滔，但它不是正论，奉行这种异端邪说最后会导致国家的颠覆。如果用今天大家都懂的话来形容，孔子厌恶的就是“极左”，“极左”看起来比“左”还要革命，立场似乎更坚定，态度似乎更坚决，行动似乎更彻底，但最终却会导致巨大灾难。“文革”的教训不远，我们不应当忘记。

子曰：“予欲无言。”子贡曰：“子如不言，则小子何述焉？”子曰：“天何言哉？四时行焉，百物生焉，天何言哉？” 17·19

解释 “予欲无言”，我想不讲话。“无”同“不”。

大意 孔子说：“我想不讲话。”子贡说：“您如果不讲话，那我们这些后生小辈传述些什么呢？”孔子说：“老天讲了什么吗？四时照样运行，万物照样生长，老天讲了什么呢？”

导读 这一段是孔子感叹言语力量的有限。

虽然我们不得不尝试用言语来述说“道”，但其实“道”是很难用言语说得清的。前面讲过“下学上达”，“下学”也许还可以借助语言，但“上达”是要靠领悟的，孔子之不言“性与天道”，大半原因在此。“道”贯穿万事万物，但又无形无象，非言语可以描述。只有通过“下学”万事万物，才能在其中逐渐领悟“道”。

在这里言语的力量确实是有限的，因为“下学”说不说差别不大，“上达”根本就无法说。一切想探求终极真理的理论体系都会遭遇到这样的困境，所以老子说“道可道，非常道”，佛曰“不可说，不可说”，孔子说“予无欲言”，都是描述同一困境。有些学者据此怀疑这段话不是孔子说的，而是道家之言，其实是没有道理的。儒家和佛、老的区别在于，佛、老明知不可说，却要大谈特谈，谈得“玄而又玄”，而置“下学”于不理不问；儒家则取现实态度，既不可道，那么就少论或不论，而把论说的重点放在“下学”，“下学”一一落实了，其中便有“道”，至于究竟能不能“上达”，那就靠各人自己的天分和修养了。

孺悲欲见孔子，孔子辞以疾。将命者出户，取瑟而歌，使之闻之。 17·20

解释 “孺悲”，人名，鲁国人。

“辞以疾”，以生病为借口而推辞。“将命者”，传达口信的人，“将”，带。

“使之闻之”，两个“之”都是代词，第一个“之”指代“将命者”，第二个“之”指代歌声。

大意 孺悲想见孔子，孔子借口生病加以推辞。带口信的人出了门，孔子把瑟取下来，边弹边唱，让带口信的人听到。

导读 孔子借口生病，推掉孺悲，却又故意弹琴唱歌，让带口信的人听到，回去告诉孺悲。这就是明确地告诉孺悲，我没有生病，我只是不想见你。孔子这样做不是玩诡计，不直接拒绝是给孺悲留点面子，但是要让孺悲知道自己不想见他，这是为了教育孺悲，让孺悲去反省。孟子曾经说过："教亦多术矣。予不屑之教诲也者，是亦教诲之而已矣。"[1]正好可以说明孔子为什么这样做。

宰我问："三年之丧，期已久矣。君子三年不为礼，礼必坏；三年不为乐，乐必崩。旧谷既没，新谷既升，钻燧改火，期可已矣。"子曰："食夫稻，衣夫锦，于女安乎？"曰："安。""女安，则为之！夫君子之居丧，食旨不甘，闻乐不乐，居处不安，故不为也。今女安，则为之！"宰我出，子曰："予之不仁也！子生三年，然后免于父母之怀。夫三年之丧，天下之通丧也，予也有三年之爱于其父母乎！" 17·21

解释 "宰我"，名予，字子我，下面几个"予"都是指他。

"三年之丧"，古代父母去世，儿女要守孝三年，这个规矩称为"三年之丧"。"期已久矣"，时间太久了，这个"期"读本音，是期限的期，下面"期可已矣"的"期"，读 jī（基），又作"朞"，是一年的意思。

"食旨不甘"，"旨"同"脂"，肥美的食物。

"闻乐不乐"，前一个"乐"是名词，音乐，读 yuè（月）；后一个"乐"是动词，快乐，读 lè（勒）。

"钻燧改火"，"钻燧"，钻木取火，古代钻木取火，四季取木不同，一年轮回一次。

---

1 见《孟子·告子下》。

“稻”，古代中原地区主食为小米，稻（大米）为珍品，下面说的“锦”则是衣料里的珍品。

“免于父母之怀”，指可以自己行走，不用父母抱了。

大意 宰我问道:“为父母守丧三年,时间太长了。君子三年不行礼,礼就会荒废;三年不习乐,乐就会毁坏。旧的谷子吃完了,新的谷子登场了,取火的木头都轮了一圈,守丧一年也就可以了。”孔子说:“(三年未满就)吃好粮食，穿好衣服，你安心吗？”宰我说:“安心。”孔子说:“你安心就做吧！君子守孝的时候，吃好的东西不香，听音乐不快乐，睡在家里不安心，所以不这么做。现在你既然安心，那就做吧！”

宰我出去以后，孔子说:“宰我真是不仁啊！儿女生下以后三年才能离开父母的怀抱，这个守孝三年的制度，是普天下都通行的。宰我对他的父母有三年的爱吗？”

导读 为父母守孝三年的制度是从远古传下来的，最先应该是基于祖先崇拜，带有从外部加以强制的规范作用。孔子在这里把它解释为人自身的一种情感需求，不是因为崇拜祖先、畏惧鬼神，而是因为怀念父母之爱、报答父母之恩，不如此心中不安。所以李泽厚在《中国古代思想史论》和《论语今读》中反复举此段为例，说明孔子如何改革夏商文化，把“礼”的规范建立在“仁”的基础上，即所谓“归礼于仁”。夏商文化转变为周文化是中国古代文明史上一大关键，从以神为本转到以人为本,从以“礼”为本（带有外在强制性)转到“仁”“礼”并重,以“仁”为本（发自内心情感需要),中国文明从此开始迈向理性、人文的方向。

其实如果只从社会发展的现实需求看，宰我的话并不错。孔子那个时代社会事务已远比殷商时代繁复,“三年之丧”确实已经有点勉为其难，因为时间不够用了。到了现代，不要说三年[1]，连三个月，甚至三个星期都做不到了。但孔子的话自有其道德价值和心理价值，因现实的限制而办不到的事情不等于在心理上也可以干脆抹杀掉，制度因时而变，人性、道德、心理却有一些价值是恒久不变的。

子曰：“饱食终日，无所用心，难矣哉！不有博弈者乎？为之犹贤乎已。” 17·22

解释 “无所用心”，没有用心的地方。“博弈”，下围棋，“弈”是围棋，“博”是先掷骰子后下棋。

“为之犹贤乎已”句，“之”指代前面的“博弈”；“贤”，好；“乎”，同“于”；“已”，本意为停止，在这里是什么都不做的意思。

大意 孔子说：“整天吃得饱饱的，完全不动脑筋，这种人实在难办啊！不是有下围棋的吗？下下棋也比什么都不做好。”

导读 《卫灵公》篇第十七条还有一段孔子的话：“群居终日，言不及义，好行小慧，难矣哉！”可与此段同读。一天到晚言不及义，是不可取的，一天到晚无所用心，那就更糟糕。一个人只要活着，总要做点事，哪怕退休了，也要找点自己能够做又喜欢做并且还有点意思的事情做做，不然就要得老年痴呆症了。

1 三年之丧究竟起于何时？三年是实数还是虚数？虚数是25个月还是27个月？是不是普遍适用，包括天子和平民？守丧到底有哪些规定？这些问题近代学术界一直有争议，迄无定论。

子路曰："君子尚勇乎？"子曰："君子义以为上。君子有勇而无义为乱，小人有勇而无义为盗。" 17·23

解释 "尚勇"，崇尚勇敢。"义以为上"，即"以义为上"，以道义为最高准则。

"君子有勇而无义为乱，小人有勇而无义为盗"句，这里的"君子"指贵族、有社会地位的人，这里的"小人"指平民、没有社会地位的人；"乱"和"盗"两个字古今含义不同，"乱"在古文中通常都指叛乱、政变这种与政权有关的大事，比今天"乱"字的含义严重得多；"盗"在古文中一般指小偷，有时也指起义的老百姓，但总之是发生在下层的事情。

大意 子路问孔子："君子是崇尚勇敢的吗？"孔子说："君子把道义看得最高。一个君子如果只讲勇敢而不讲道义就会犯上作乱，一个小人如果只讲勇敢而不讲道义就会打家劫舍。"

导读 子路是一个好勇的人，他觉得君子应该尚勇。而孔子却回答说君子应当尚义而不是尚勇。对君子来讲，道义比勇敢更重要，道义是指导一个君子言行的标准，而勇敢不是。

子贡曰："君子亦有恶乎？"子曰："有恶。恶称人之恶者，恶居下而讪上者，恶勇而无礼者，恶果敢而窒者。"曰："赐也亦有恶乎？""恶徼以为知者，恶不孙以为勇者，恶讦以为直者。" 17·24

解释 “君子亦有恶乎”，“恶”，读 wù（务），憎恶，厌恶，不喜欢。下面“恶称人之恶者”，第一个“恶”读 wù（务），第二个“恶”读 è（饿），丑恶的恶，这里指缺点、坏处、不好的地方。下面几个“恶”都读 wù（务），都是厌恶的意思。

“居下而讪上”，在下位而诽谤上级。“讪”，读 shàn（善），诽谤。“居下”，有的本子作“居下流”，“流”其实是衍字。“果敢而窒”，“窒”的本意是塞得满满（因而没有空间转圜），在这里是固执的意思。

“徼以为知”，“徼”，读 jiāo（交），意为抄，也就是剽窃，“徼以为知”就是“以徼为知”，把剽窃当作智慧。“不孙以为勇”“讦以为直”都是同样的结构，即“以不孙为勇”“以讦为直”。“孙”，音、义同“逊”，谦逊的意思。“讦”，读 jié（节），攻讦，即揭露、攻击别人的短处。

大意 子贡问孔子说：“君子也有厌恶吗？”孔子说：“有厌恶。厌恶那些宣扬别人短处的人，厌恶那些居于下位而诽谤在上者的人，厌恶那些好勇而不遵守礼制的人，厌恶那些莽撞而固执的人。”孔子又说：“赐，你也有厌恶吗？”子贡说：“我厌恶那些以剽窃冒充聪明的人，厌恶那些把不谦逊当作勇敢的人，厌恶那些揭人阴私以冒充直爽的人。”

导读 仁者爱人，但不是什么都爱、连缺点都爱。仁者爱人是有原则的，即爱人以德、成人之美，对于不仁之人和违反仁的行为自然不爱。孔子和子贡讲的那些人，都是违反“仁”的原则的不道德的人。这样的人我们周围都有，孔子和子贡的话也为我们观察人、判断人提供了一个很好的角度。同时，孔子和子贡的话也应当引起我们每一个不想令人厌恶的人的自警：我曾经有过这种为君子所不齿的言行吗？

子曰："唯女子与小人为难养也，近之则不孙，远之则怨。" 17·25

解释 "唯女子与小人为难养也"句，"唯"，只有，跟后面的"为"和"也"相呼应，相当于白话文中的"只有……是……的"；"女子与小人"，指家中的婢妾、仆人；"难养"，难以对付，"养"，对待，刘宝楠《论语正义》云："养，犹待也。"

"近之则不孙，远之则怨"句，两个"之"，都指"女子与小人"；"近"和"远"都是形容词作动词用，使动用法，"近"即亲近，"远"即疏远，读 yuàn（愿）；"孙"，音、义同"逊"，"不孙"就是不谦逊、不礼貌；"怨"，怨恨、埋怨。

大意 孔子说："只有女子和小人是难以对付的，你亲近他们嘛，他们就没礼貌了；你疏远他们嘛，他们又怨恨你。"

导读 孔子这段话引起了现代人很多批评，尤其是女权主义者。李泽厚《论语今读》中关于这段话，有很通达的解说，我直接抄在下面，供大家参考：

这条最为现代妇女所诟病。好些人写文章来批评，好些人写文章来辩说，其实都不必要。相反，我以为这句话相当准确地描写了妇女性格的某些特征。对她们亲密，她们有时就过分随便，任意笑骂打闹。而稍一疏远，便埋怨不已。这种心理性格特征本身并无所谓好坏，只是由性别差异产生的不同而已；应说它是心理学的某种事实，并不必含褒贬含义。

我还想补充一点，孔子这里讲的“女子”和“小人”指的是身边服侍的人，“女子”就是婢妾之类，“小人”就是仆役之类，这个“小人”并不一定含道德上的贬义。这些人因为和君子（主人）朝夕相处，看到的是君子也吃喝拉撒，君子的道德文章他们既不懂也不注意，所以也就看不出君子有什么了不起，有时就免不了出现轻佻而不礼貌的态度。西方不是也有“仆人眼里无伟人”这样的谚语吗？

子曰：“年四十而见恶焉，其终也已。” 17·26

解释 “见恶”，被讨厌，“见”等于白话文的“被”，“恶”，读 wù（务）。“其”，大概、恐怕，语气词。“终”，完、结束。“也已”，语气词连用，“已”通“矣”。

大意 孔子说：“一个人到了四十岁还被人厌恶，恐怕这一辈子也就完了。”

导读 这句话可以与“四十、五十而无闻焉，斯亦不足畏也已”（9·23）同读。四十而无闻，这一辈子要想取得大成就恐怕就不容易了；四十而见恶，这一辈子恐怕就要被人讨厌到底了。能不恐惧吗？能不警惕吗？能不发愤改过吗？

微子篇第十八

微子去之，箕子为之奴，比干谏而死。孔子曰：“殷有三仁焉。” 18·1

解释 “微子”“箕子”“比干”，三个人都是商纣王的大臣。“微子”是商纣王的同母兄，屡谏纣王不听，便离开殷都，去了远方；“箕子”是商纣王的叔父，屡谏纣王不听，便披发佯狂，自降为奴；“比干”也是纣的叔父，屡次犯颜直谏，纣王说：“听说圣人心有七孔，我倒要看看。”剖其心而死。

大意 商纣王无道，微子离开了他，箕子自降为奴，比干因屡谏被杀。孔子说：“殷有三个仁人。”

导读 纣王无道，拒谏饰非到了这种程度，不亡何待？孔子说过：“无求生以害仁，有杀身以成仁。”这三个人就是杀身成仁的好例子，微子、箕子虽然没有死，一个自我流放，一个降身为奴，也就跟死差不多了。

柳下惠为士师，三黜。人曰：“子未可以去乎？”曰：“直道而事人，焉往而不三黜？枉道而事人，何必去父母之邦？” 18·2

解释 “柳下惠”，即展禽，前面已经见过。“士师”，狱官，主管诉讼之事，相当于现在的法官。“黜”，读 chù（触），罢免。下面两个“去”，都是离开的意思，古文中的“去”跟今天的“去”含义与用法都不同，要注意。

大意 柳下惠做法官，多次被罢免。有人对他说：“你难道不可以离开鲁国吗？”柳下惠说：“正直地做事，到哪里去不会被多次罢免？如果不坚持正直地做事，（那么哪里都吃得开）又何必离开自己的祖国？”

导读 在官场要坚持直道而行，就要随时准备丢官，如果把乌纱帽看得很重，那就只有抛弃正直，学会逢迎作伪，古已如此，于今为烈。

此段与孔子及其弟子无关，可能有脱漏。

齐景公待孔子曰：“若季氏，则吾不能，以季、孟之间待之。”曰：“吾老矣，不能用也。”孔子行。 18 · 3

解释 “齐景公”，名杵臼，已见。

“不能用”，意为不能采用你的主张办一番大事业，也就是不能大有作为。

大意 齐景公谈到怎么对待孔子时说：“要我以鲁君对待季氏那样的规格对待他，我办不到，我以低于季氏高于孟氏的规格对待他好了。”又说：“我老了，不能有大作为了。”孔子于是离开了齐国。

导读 孔子见齐景公是为了实现自己的政治主张，并不只是要当官。齐景公的话实质上就是不让孔子来主持齐国的国政，只想把孔子当个装饰品，那么孔子当然就只好走了。由此我们可以推知，孔子周游七十余国，大概遭遇都跟这差不多。

齐人归女乐，季桓子受之，三日不朝。孔子行。 18·4

解释 “季桓子”，季孙斯，鲁国定公至哀公初年时的实际执政者，死于哀公三年。

“归”，同“馈”，前面见过（17·1）。“不朝”，就是不上朝，不理国政。

大意 齐国送了一批歌舞美女给鲁国，季桓子接受了，三天不理政事。孔子于是离开了鲁国。

导读 孔子曾说：“吾未见好德如好色者也。”一个国家的最高执政者贪恋女色，可以三天不理政事，那这个国家还怎么搞得好呢？孔子当然只好失望地走了。

楚狂接舆歌而过孔子曰：“凤兮凤兮，何德之衰？往者不可谏，来者犹可追。已而已而，今之从政者殆而！”孔子下，欲与之言，趋而辟之，不得与之言。 18·5

解释 “楚狂接舆”，楚国的狂人，名为接舆。“过孔子”，走过孔子的身边。

“何德之衰”，应读成“何 / 德之衰”，“德之衰”就是“德衰”，“之”

字无义。“衰”，读 chuī（吹），与后面的“追”“而”押韵。

“往者不可谏”，过去的不可挽回，“谏”，矫正。“来者犹可追”，未来的还可以补救，“追”，追补，补救。“已而”“殆而”中的“而”都是语尾助词，“殆”，危殆。

“不得与之言”，没得到机会跟他讲话。

大意 楚国的狂人接舆经过孔子的身边，唱着歌道：“凤凰啊凤凰啊，你的德行怎么如此衰微？过去的没法挽回，未来的还可以补救。算了吧算了吧，现在这些当官的自己都保不住啊！”孔子下车，想跟他讲话，他却快步走开了，孔子没能跟他讲上话。

导读 接舆跟晨门一样，是位隐士。他显然不赞成孔子周游列国，跑来跑去，他认为现在的政治已经不可为，现在这些当官的都是些无德之人，自己都保不住，跟他们在一起有什么意思？还不如像自己这样隐居。晨门、接舆跟后面两段中的长沮、桀溺、荷蓧丈人，有学者认为是殷之遗民，他们对周政一直抱有抵触情绪，道家的思想应该就是从这批人中产生的。

长沮、桀溺耦而耕。孔子过之，使子路问津焉。长沮曰：“夫执舆者为谁？”子路曰：“为孔丘。”曰：“是鲁孔丘与？”曰：“是也。”曰：“是知津矣。”问于桀溺。桀溺曰：“子为谁？”曰：“为仲由。”曰：“是孔丘之徒与？”对曰：“然。”曰：“滔滔者天下皆是也，而谁以易之？且而与其从辟人之士也，岂若从辟世之士哉？”耰而不辍。

子路行以告。夫子怃然曰：“鸟兽不可与同群，吾非斯人

之徒与而谁与？天下有道，丘不与易也。” 18·6

解释 长沮、桀溺显然也是隐士。“耦而耕”是古代的一种耕作方法，“耦”是一种双人操作的农具，也通“偶”。“问津”，问渡口在哪里，“津”，渡口。“执舆”，驾车。“执舆者”指孔子，本来是子路驾车的，现在子路下车了，孔子便代为驾车。

“滔滔者天下皆是也”句，“滔滔”本指洪水，这里借喻浊世、坏人坏事。“皆是”，都这样，“是”仍是代词而非系词。

“而谁以易之”，“而”同“尔”，是人称代词，下句的“而”也是一样；“以”同“与”，“谁”是介词“以”的宾语，疑问代词作前置宾语；“易”，变易、改变，“之”，指前面的“滔滔者”；“而谁以易之”就是“尔与谁易之”，你与谁一起去改变这个污浊的世界。

“辟人之士”“辟世之士”，“辟”同“避”，辟人，就是躲开人群，“辟世”，就是躲开人世、躲开社会。“岂若”，难道比得上，那里比得上，还不如。

“耰而不辍”，继续耕作不停止，“耰”读 yōu（优），耕作，“辍”读 chuò（绰），中辍、停止。

“夫子怃然曰”句，“怃然”，惆怅感慨的样子。

“鸟兽不可与同群”句，“与”字后面省去了代词“之”，“之”指鸟兽。

“吾非斯人之徒与而谁与”句，这句话顺说应该是“吾非与斯人之徒而与谁”，“斯人之徒”是第一个“与”的宾语，因前面有否定词“非”而提前，“谁”是第二个“与”的宾语，因为是疑问代词而提前。“斯人之徒”就是“这样的人群”“这群人”，“徒”是徒众的意思。

“丘不与易也”句，“丘”是孔子自称，“与”的后面省略了宾语代词“之”，“之”在这里指子路这群学生。

末尾孔子感叹中四个“与”都读本音。

大意 长沮、桀溺一起耕作，孔子经过，叫子路去问过河的渡口。长沮说："那驾车的是谁？"子路说："是孔丘。"长沮说："是鲁国的孔丘吗？"子路说："是的。"长沮说："他应该知道渡口嘛。"子路又去问桀溺，桀溺说："你是谁？"子路说："我是仲由。"桀溺说："你是鲁国孔丘的学生吗？"子路说："是的。"桀溺说："天下污浊，像滔滔洪水到处都一样，你跟谁去改变它？而且你与其跟随避开坏人的人，何如跟随避开浊世的人啊？"他继续耕作，停都不停。

子路跑去转告孔子，孔子惆怅地感叹道："鸟兽是不能与之一起生活的，我不跟人群在一起，我能跟谁在一起呢？天下如果清明，我也就不会同你们一道追求变革了啊。"

导读 孔子这话今天读起来还让人感动不已：生我育我的这一片土地，跟我一起生活的这些人群，不论它们有着怎样的令人不满意的地方，我如何丢得下它们？难道我可以跟鸟兽生活在一起吗？这种不忍斯土斯民的救世热肠，正是儒家区别于道家尤其是庄周派道家的地方。

孔子一生栖栖遑遑，周游列国，虽然到处碰壁，还是不改初衷。孔子何尝不知道自己的理想是难以实现的呢？但是他偏偏执着地"知其不可而为之"。直到晚年还孜孜不倦地教育三千弟子，要把自己的理想传承下去。正是这一股"吾非斯人之徒与而谁与"的仁心和"知其不可而为之"的傻劲儿，成就了孔子震古烁今的伟大人格和中华民族至圣先师的崇高地位。

子路从而后，遇丈人，以杖荷蓧。子路问曰："子见夫子乎？"丈人曰："四体不勤，五谷不分，孰为夫子？"植其杖而芸，子路拱而立。止子路宿，杀鸡为黍而食之，见其二子焉。

明日，子路行以告，子曰："隐者也。"使子路反见之，至则行矣。子路曰："不仕无义。长幼之节不可废也，君臣之义如之何其废之？欲洁其身而乱大伦。君子之仕也，行其义也，道之不行，已知之矣。" 18·7

解释 "子路从而后"句，"从"，跟从、随从；"后"，在这里用如动词，意为落在后面。"丈人"，老人，后世也用来作尊称。"以杖荷蓧"句，"杖"，木棍；"荷"，动词，挑着、担着；"蓧"，读 diào（掉），一种除草的农具。

"植其杖而芸"句，"植"，这里是动词，插在地上竖起来的意思；"芸"也是动词，除草。

"杀鸡为黍而食之"句，"为黍"就是做饭，"黍"是小米；"食之"，给他吃，"食"，读 sì（伺），义同"饲"。

"见其二子焉"句，"见"，读 xiàn（现），使动用法，使……来见。"杀鸡为黍，见其二子"是当时待贵客之道，可见丈人是有文化的人士，所以孔子说他是位隐士。"明日"，第二天。"反见之"的"反"同"返"。

"君臣之义如之何其废之"句，"如之何"即如何；"其"是语气词，有加强语气的作用。

大意 子路跟随孔子而落在后面，碰到一位老人用木棍挑着除草工具。子路问老人："你看见了夫子吗？"老人说："四肢不勤劳，五谷都分不清。谁是夫子啊？"把木棍插在地上就除草去了。子路恭恭敬敬地拱手站在旁边。老人（见子路有礼貌）留子路过夜，并且杀鸡做饭款待他，还把两个孩子引来见他。

第二天，子路离开老人的家回到孔子身边，把这事告诉孔子。孔子说："这是个隐士。"让子路再回去见他。子路到时老人已经出去了。子路（就向两个孩子转述孔子的意思）说：“隐居不仕是没有道理的。长幼之间的礼节都不可废弃，君臣之间的大义如何可以废去呢？为了让自己一身干净，结果却破坏了重要的社会关系。一个君子出任官职是为了履行自己的社会义务。至于理想实现不了，已经早就知道了。”

导读 真是所谓道不同不相为谋，这里的“丈人”显然跟上几段中的晨门、接舆、长沮、桀溺一样，都是因为不满周朝的政治而避世隐居的人。孔子很尊重这些人，因为他自己也不满意当时的政治。但是孔子不同意他们的做法，认为隐居避世太消极，从正常的社会关系（包括政治关系）中抽离出来，这样解决不了问题。孔子的态度是积极入世，努力救世，即使理想实现不了也不能丢开自己应尽的社会义务。所以他周游列国，这国的君王不采用他的主张，他就去另外一国，总希望能有一个实现理想的机会。原因无他，就是一个仁人的不忍之心，所以永不放弃。中华五千年的文明之所以能够绵延不绝，正是因为有孔子及其信徒们这一班热肠而坚毅的人。

逸民：伯夷、叔齐、虞仲、夷逸、朱张、柳下惠、少连。子曰：“不降其志，不辱其身，伯夷、叔齐与！”谓柳下惠、少连：“降志辱身矣，言中伦，行中虑，其斯而已矣。”谓虞仲、夷逸：“隐居放言，身中清，废中权。我则异于是，无可无不可。 18·8

解释 “逸民”，隐逸之士，隐士。下面七个人中，虞仲、夷逸、朱张、少连四个人的事迹已不可考。“降志辱身”，降低志向，辱没身份。“放言”，没有拘束地讲话，放肆直言。四个“中”字，都读 zhòng（仲），符合的意思。

大意 古代隐逸之士著名的有：伯夷、叔齐、虞仲、夷逸、朱张、柳下惠、少连。孔子说："不降低志向，不辱没身份，伯夷、叔齐做到了！"说到柳下惠和少连，孔子说："他们就降低志向，辱没身份了，他们言论合乎道理，行为经过考虑，也就这样罢了。"又谈到虞仲、夷逸，说："他们是隐居而放肆直言的人，不过他们持身清廉，不做官合乎权变。我跟他们都不一样，我是没有什么可以，也没有什么不可以。"

导读 孔子跟隐士的根本区别在于，他们要避世，孔子要救世，他们是消极的，孔子是积极的。就"舍之则藏"这一面来看，孔子跟隐士是有相通的一面的。隐士缺的是"用之则行"，他们认为这个世界没有希望，社会的改造根本不可能，他们要的是洁身自好，固守自己的原则，不同流合污。孔子对这个社会的改变其实也不抱很大希望，但孔子的态度是不管社会怎么糟糕，还是要努力去改变，因为我们毕竟生活在这个社会中，我们不能跟鸟兽同群。这是一种精卫填海的精神，一种愚公移山的精神。

孔子在这里说的"无可无不可"，并不是没有原则，怎么做都可以，而是说不一定要隐居，也不一定要做官，既可以隐居，也可以做官，只取决于能不能实现自己的政治理想，所以"无可无不可"其实是隐含了"义之与比"四个字的。

大师挚适齐，亚饭干适楚，三饭缭适蔡，四饭缺适秦，鼓方叔入于河，播鼗武入于汉，少师阳、击磬襄入于海。 18·9

解释 这里讲的几个人都是乐官。“大师”，即“太师”，是首席乐官，名挚，他通常是开始奏乐的人；“亚饭”是第二次上饭菜时奏乐的人，名干；“三饭”是第三次上饭菜时奏乐的人，名缭；“四饭”是第四次上饭菜时奏乐的人，名缺。“鼓”是打鼓的人，名方叔；“播鼗”是摇小鼓的人，名武，“鼗”，读 táo（桃）；“少师”，是辅佐太师的乐官，名阳；“击磬”，敲磬的人，名襄。

大意 太师挚去了齐国，亚饭干去了楚国，三饭缭去了蔡国，四饭缺去了秦国，打鼓的方叔到了黄河边上，摇小鼓的武到了汉水边上，少师阳和敲磬的襄到了海边。

导读 这一段跟孔子及其弟子无关，恐有误植或错漏。

周公谓鲁公曰：“君子不施其亲，不使大臣怨乎不以，故旧无大故则不弃也。无求备于一人！” 18·10

解释 “周公”，姓姬名旦，亦称周公旦，是周武王姬发的母弟。“鲁公”，名伯禽，是周公旦的儿子。

“施”，音、义同“弛”，松弛、疏远。“怨乎不以”句，“怨”，埋怨，抱怨。“乎”，同“于”。“以”，在这里是动词，不是介词，用的意思。“怨乎不以”就是埋怨不被任用。

“故旧无大故则不弃”句，“故旧”，故人旧友；“大故”，大的过错，这个“故”是事故的“故”。

“无求备于一人”的“无”通“勿”，不要。

大意 周公旦对儿子伯禽说：“一个君子不疏远自己的亲属，不让大臣抱怨没有受到任用，故人旧友如果没有犯大过错就不抛弃他们。不要对人求全责备！”

导读 这是周公对他儿子的教导。周朝是世袭制，周公是鲁国的开国君，儿子将来也要继承国君的地位，所以周公的话偏重在用人的方面。从周公的话看来他很重视亲属、老朋友、老关系，这是当时的氏族体制使然，用到现代社会当然就不大恰当了。但中国现代的体制是从传统体制逐渐演变过来的，虽然经过多次的变革，也不可能完全切断同传统体制的联系，所以重视家族、血缘、关系的观念，在今天的社会仍然有很大的影响。而且这种影响常常表现在负面，例如裙带提拔、家族腐败、集团谋私，在今天仍然屡见不鲜，成为整个国家迈向现代化途程中的大障碍，值得我们深深警惕。

周有八士：伯达、伯适、仲突、仲忽、叔夜、叔夏、季随、季騧。 18·11

解释 何晏《论语集解》引包咸说：“周时四乳生八子，皆为显士，故记之耳。”朱熹《论语集注》云：“或曰成王时人，或曰宣王时人，盖一母四乳而生八子也，然不可考矣。”“适”，读 kuò（括），“騧”读 guā（瓜）。

大意 周朝有八个贤士：伯达、伯适、仲突、仲忽、叔夜、叔夏、季随、季騧。

导读 从八个人的名字看来，伯、仲、叔、季各两个，说不定是四对双胞胎。一个女人有四个乳房，并非杜撰，古今都偶有所闻。

此事也跟孔子及其弟子无关，不知为何出现在这里。

子张篇第十九

子张曰："士见危致命，见得思义，祭思敬，丧思哀，其可已矣。" 19·1

解释 "致命"，献上生命，"致"，送上、献上。

"其可已矣"句，"其"，代词，这样；"已矣"，两个语气词连用，也可单用"已"或"矣"。

大意 子张说："一个读书人在遇到危难的时候能献出生命，看见可以得到利益的时候能想到道义，祭祀的时候想到要恭敬，居丧的时候想到要哀痛，这样就可以了。"

导读 朱熹说："四者立身之大节，一有不至，则余无足观。"[1]在今天，可能第二点最值得注意，每一个有社会使命感的知识分子在面临能有所"得"（得利、得名、得位等等）的时候，都要想想，我得到这些是应该的吗，是合理的吗，是正当的吗？如果不是，就要立刻缩手。

1 见《论语集注》。

子张曰："执德不弘，信道不笃，焉能为有？焉能为亡？" 19·2

解释 "执德不弘"，"弘"作"强"解[1]，"执德"，犹言"守德"。"信道不笃"，"笃"，忠实，坚定。

"焉能为有？焉能为亡"，"亡"同"无"，何晏《论语集解》引孔安国云："言无所轻重。"

大意 子张说："操守不坚强，信仰不坚定，这样的人有他不多，没他不少。"

导读 这句话在团体中特别适用，"执德不弘，信道不笃"的人不可能成为中坚分子。

子夏之门人问交于子张，子张曰："子夏云何？"对曰："子夏曰：'可者与之，其不可者拒之。'"子张曰："异乎吾所闻。君子尊贤而容众，嘉善而矜不能。我之大贤与，于人何所不容？我之不贤与，人将拒我，如之何其拒人也？" 19·3

解释 "门人"，这里指弟子，后世"门人"含义较宽。"问交"，即问交友，问有关交友的问题。"云何"，怎么说。

"异乎吾所闻"句，"乎"，同"于"；"吾所闻"，我所听说的。

"尊贤而容众"句，"而"是连词，略含转折之意，下句"嘉善而矜不能"的"而"字也一样。

1 说见章炳麟《广论语骈枝》。

“我之大贤与”，“之”字无义，作用是取消原句的独立性，使它变成一个条件分句；“与”，读 yú（于），同“欤”，表示假设语气，“我之大贤与”，意为如果我是个大贤的话。后文“我之不贤与”结构同。

“如之何其拒人也”句，“如之何”即如何，“之”字配合后面的“其”字，有加强语气的作用。

大意 子夏的学生向子张询问有关交友的问题，子张说：“子夏怎么说的？”子夏的学生回答说：“子夏说，能交往的就交往，不能交往的就拒绝他。”子张说：“跟我听到的不一样。一个君子尊敬贤人，也能容纳普通人；嘉许善行，但也能怜悯没有能力的人。如果我是很好的人，那么对别人有什么不能包容的呢？如果我是不好的人，别人将要拒绝我，我还怎么能拒绝别人呢？”

导读 子夏和子张两个人说的都有道理，也应该都是从孔夫子那里听到的教导。之所以不同，其实是孔子因材施教的结果。子夏个性宽容，孔子教导他交友要有所选择，不当交的就要拒绝。子张个性比较偏激，孔子便教导他交朋友要宽容，不要计较别人是不是比自己好。如果把孔子的这种因材施教抽离了具体的对象，又加以不适当的引申，弄得不好就会成为两种对立的学说，后世一个大家门下生出各种不同的学派，如“儒分为八”“墨离为三”之类，可能有不少就是这样造成的。

子夏曰：“虽小道，必有可观者焉；致远恐泥，是以君子不为也。” 19·4

解释 “致远恐泥”句，“致”，达致，“致远”即达到远方，这里指要致力于远大事业；“泥”，名词作动词用，意为陷在其中。

“是以君子不为也”句，“是以”即“以是”，因此。

大意 子夏说：“即便是小的技艺，也一定有它的可取之处，但是怕陷在其中而妨碍致力于远大的事业，因此君子不去做。”

导读 “道”是一个很广泛的概念，可大可小，可高可低，这里讲的“小道”，朱熹在《论语集注》中说是“农、圃、医、卜之属”，其实还可以涵盖得更广。在孔门看来，一个士要承担的是弘道淑世的大事，所以就没有余力去研究某种具体的小技艺了，孔子说“君子不器”（2·12），其实也就有这个意思在里面。这种看法在分工日趋精细的现代可能会受到质疑，但做事要目光远大，不要随便分散自己的精力，尤其不要玩物丧志，陷溺在一些耗费时间又没有什么意义的小事中，仍然是每一个有理想有抱负、不想浪费生命的人应当谨记的。

子夏曰：“日知其所亡，月无忘其所能，可谓好学也已矣。” 19·5

解释 “亡”，同“无”，前已讲过。“所亡”就是不知道的东西，所字结构相当于一个名词，所以前面可以加物主代词“其”，“其”是“他的”“他之”，不是“他”。“所能”就是已经会的东西。“也已矣”，三个句尾语气词连用，是表示一种婉转的肯定，在白话文中很难找到对应的译法。

大意 子夏说：“如果能够每天都学到自己原来不懂的东西，每月不忘记已经学会的东西，这样也就可以叫作好学了吧。”

导读 这是子夏的话，跟孔子说的“温故而知新”是一个意思。孔子也讲到过“好学”，说是“不迁怒，不贰过”（见6·3）。两相比较，就知道孔子讲的“好学”是学做人，而子夏说的“好学”只是学知识。

子夏曰：“博学而笃志，切问而近思，仁在其中矣。” 19·6

解释 “博学”，广泛地学习。“笃志”就是坚定志向、持之以恒，“笃”，坚定。“切问”，“切”是切身的切，不是急切的切，“切问”就是从自己、从身边的问题问起。“近思”也是从自己、从身边的事情来思考。切问、近思的反面是泛问、远思，问一些不着边际的问题，想一些不相干的事情。

大意 子夏说：“广泛地学习，持之以恒，从自己身边的问题来发问、来思考，仁也就在这当中了。”

导读 一个有志于学的人，不仅要广博地学习，而且要坚定志向、持之以恒，即“笃志”。“笃志”还含有选定方向、有所归属之意。学不博则容易偏守一隅而遗漏重要的东西，因此也就不能选定正确的方向；志不笃则不能持之以恒，更不能付诸实践。思考问题要从自己切身相关的事情开始，再逐渐推向远处，不要好高骛远。学问要切近人生，这是儒家的一贯主张，也是儒家的优长所在，孔子“不语怪力乱神”“六合之外存而不论”都是此意。

但这样做了，是不是就“仁在其中矣”？孔子恐怕不会这样说，这只能说是子夏的意思。

子夏曰："百工居肆以成其事，君子学以致其道。" 19·7

解释 这段话中两个"以"字，都是连词，相当于白话文中的"来"，"以"后面的行为是"以"前面行为的目的。"百工"，各种工匠。"居肆"，在作坊里，"肆"是作坊。"成其事"，完成他们的工作。"学以致其道"，通过学习来达到大道，"致"，达、达到。

大意 子夏说："各种工匠要在作坊里完成他们的工作，君子则要通过学习来达到道的高度。"

导读 子夏这段话说明学习对于一个君子的重要性。百工不干事是懒惰，君子不学习就是自暴自弃。君子只有通过不断的学习——包括读书，但不仅仅是读书——才能成德，孔子说自己"吾十有五而志于学"，一生都在努力学习，最后才达到"从心所欲不逾矩"的境界。现在很多人号称知识分子，但出了学校门，就不再读书，不再思考，不与时俱进，结果到了五六十岁，知识水平和思想境界都基本停留在二三十岁时的高度，这不是自暴自弃是什么呢？

子夏曰："小人之过也必文。" 19·8

解释 这个句子的主语部分是"小人之过也"，谓语部分是"必文"。"过"在这里是名词作动词用，意为犯过错。"文"在这里也是名词作动词用，旧读 wèn（问），意为文饰、掩饰。"小人过"本来是一个句子，中间加个"之"字就变成了主谓词组，在大句子中作主语，后面加个"也"字，表示语气上要略微停顿一下。

大意　子夏说："小人犯了过错，一定要加以掩饰。"

导读　有了过错就要改正，"过，则勿惮改"（1·8）是孔子的一贯教导，《左传》也说："人孰无过，过而能改，善莫大焉。"可惜大多数人都是犯了错误而不愿承认，总要找各种理由加以掩饰，或者把错误推给别人，自己永远正确，甚至把错误说成成绩。所以"文过饰非"在中国不仅成了成语，而且不幸成了经常上演的戏码。

子夏曰："君子有三变，望之俨然，即之也温，听其言也厉。"　19·9

解释　"三变"，多次变化。"望"，远远地看。"即"，接近。"俨然"，严肃庄重的样子。"温"，温和。"厉"，严正。

大意　子夏说："君子有种种变化，远远看去神态庄重，接近他温和可亲，听他的话很严正。"

导读　这里说的君子的三变是一种自然的呈现，并不是刻意做出来种种样子。庄重是君子的本色，心中没有邪念，举止自然不会轻佻。仁者爱人，所以当你接近他的时候会觉得温和可亲。他有德有识，事情看得清楚，道理懂得明白，说话自然严正，不会模棱两可，也不会曲意迎合别人。

子夏曰："君子信而后劳其民，未信则以为厉己也；信而

后谏，未信则以为谤己也。” 19·10

解释 “信”，在这里是被相信、被信任。古文中动词和它的被动形式常常没有区别，读时要留心。“未信则以为厉己”一句承前而言，“以为”前省略了“民”字。“厉”，在这里是伤害、虐待之意。

“信而后谏”，“信”的主语是君子，承前省；“谏”的宾语和“以为谤己”的主语都是君，在古代是无须说就明白的。

大意 子夏说：“一个君子，要取得老百姓的信任以后才去役使他们，如果还没有取得老百姓的信任就去役使他们，老百姓就会认为你是虐待他们；要取得君主的信任之后才能谏诤，如果没有取得君王的信任就去谏诤，君王就会认为你是在诽谤他。”

导读 这段话里的君子指在位者，对下可以使民，对上可以谏君，无论对上对下，都要先取得对方的信任，才会有好的结果，否则可能适得其反。

政府尤其需要取信于民，孔子说“自古皆有死，民无信不立”，一个政府一旦失去人民的信任，就无法立住脚跟。古罗马历史学家塔西佗曾经提出一个理论，说当公权力失去公信力时，无论发表什么言论，无论做什么事，社会都会给以负面评价，这就是所谓的“塔西佗陷阱”。当一个社会陷入塔西佗陷阱的时候，什么都难以推动，一切都运转不灵，那就离垮台就不远了。

子夏曰：“大德不逾闲，小德出入可也。” 19·11

解释 “大德”“小德”就是今天讲的“大节”“小节”。“闲”本意是门栏，《说文解字》说：“闲，阑也。从门，中有木。”“不逾闲”就是不超过界限的意思。“出入”是接着“不逾闲”讲的，意思是说跨过门栏一点又再回来，也就是尺度宽松一点，没有“不逾闲”那么严格。

大意 子夏说：“一个人大节不可逾越界限，小节方面稍微放松一点是可以的。”

导读 大节小节的问题历来讨论很多，严格的人，比如宋明理学家，一般是不大认同子夏这句话的，他们认为小节不注意，终于会连累大节。通达的人则认为子夏这话合情合理，一个人做不到也没必要做到做任何小事都循规蹈矩。其实，这里真正需要讨论的是：到底什么是大节，什么是小节？大节和小节怎么区别，大节和小节的关系又是什么？这些问题恐怕一本书也写不完，这里只好不展开讨论。我只想指出，这些问题很难有一个肯定的答案，而且因时而异，因地而异，因情景而异，有时候还因人而异，这要靠我们在自己的人生历程中去认定去体悟。

现代社会中大家更熟悉的是公德和私德的问题，但如果我们把子夏的话换成“公德不逾闲，私德出入可也”，也许还是有的人同意，有的人不同意。而且也照样存在如何区分公德与私德的问题，公德私德是不是可以打成两截的问题。

公德私德的区分其实是近代从西方传过来的，中国以儒家学说为中心的传统文化，是不区分公德与私德的，所以子夏只说大德小德。《大学》首章讲一个人的修养进程有八个阶段，亦即“八目”：格物、致知、诚意、正心、修身、齐家、治国、平天下，节末说，“自天子以至于庶人，壹是皆以修身为本”。这里没有什么私德公德之分，人的修养进程是一以贯之的，而且大家——上至天子，下至平民——都一样。

八目之说产生于以血缘关系为纽带的氏族社会，自然不能完全适用于今天。至少今天的老百姓不必考虑什么“治国、平天下”的问题。但是强调人人以修身为本，今天也没有过时。很难想象一个私德不好的人会具备良好的公德，所以西方把公德私德打成两截的观念并不见得比我们的祖先不区分公德私德更高明。我们几十年前曾经有过一段只强调政治立场（亦即当时的公德）而不讲个人道德（例如鼓励告密、揭发、批斗老师甚至父母等等）的时期，结果如何呢？培养了一批什么样的人呢，造成了一种什么样的社会风气呢？凡经历过的人都清楚，就无须多说了。

子游曰："子夏之门人小子，当洒扫应对进退则可矣。抑末也，本之则无。如之何？"子夏闻之，曰："噫，言游过矣！君子之道，孰先传焉，孰后倦焉，譬诸草木，区以别矣。君子之道，焉可诬也？有始有卒者，其惟圣人乎！" 19·12

解释 “子游”即言偃。“子夏”即卜商，都是孔子弟子。

“洒扫应对进退”，指做卫生、接待宾客、送往迎来等小事。“本之则无”，“之”无义，补足语气而已。

“孰先传焉？孰后倦焉”句，“传”，传授，即“传不习乎”的传；“倦”，厌倦，即“诲人不倦”的倦，在这里指倦于学习。

“譬诸草木”，即“譬之于草木”，用草木来打比方。

“君子之道，焉可诬也”句，“诬”，枉，歪曲。

大意 子游说："子夏的学生们，做打扫卫生、接待宾客、送往迎来这些事是可以的。但这些都是小事，大道的根本却没有抓住。这怎么行？"子夏听了这话，说："哎，子游说得不对！君子之道，什么要先教以入门，什么要后教才不至于厌倦？拿草木来打比方，要分门别类由浅入深。君子之道怎么可以歪曲（说先教的就不是君子之道，后教的才是君子之道）呢？能做到首尾贯穿的，大概只有圣人吧！”

导读 传君子之道，学君子之道，到底从小到大，由浅入深，还是应当先抓住大的原则，“先立乎其大者”？子夏和子游在这个问题上显然有不同的看法。孔子死后，孔门后学就在这个问题上争论不休，一直吵到宋明还在吵，二程、朱熹一派的主张承接子夏，陆九渊、王阳明一派的主张则承接子游，前者偏重“道问学”，后者偏重“尊德性”。

子夏曰：“仕而优则学，学而优则仕。” 19·13

解释 “优”是优裕的优，不是优秀的优，《说文解字》：“优，饶也。”“仕”是做官，“仕而优”就是当官还有优裕的时间和精力，也就是还有余力。同样，“学而优”就是学习或说做学问还有余力。

大意 子夏说：“如果当官有余力的话，就应该再学习；如果做学问有余力的话，就可以去做官。”

导读 这句话流传极广，但大家只记住了后半句，而且把“优”误解成为优秀的优，结果就变成“学习成绩好就当官”。“文化大革命”中还以此大做文章，猛批所谓“读书做官论”，真令人啼笑皆非。

子游曰：“丧致乎哀而止。” 19·14

解释　“丧”，在这里作动词，就是服丧的意思。“致乎”即“至于”，达到。

大意　子游说：“服丧达到悲哀的程度就可以了。”

导读　子游这话有两层意思。一层是心理层面，服丧是寄托哀思，这一点达到就好了，儒家并不提倡过分悲哀，所谓“过犹不及”，如果过分悲哀损伤身体，影响正事，这样反而扭曲了服丧的意义。所以儒家在服丧的问题上有一条重要原则，叫“毁不灭性”，就是说无论怎样哀伤，不能因哀伤而丧生，如果因哀伤而丧生，就视同不孝。孔子提倡“礼”，“礼”的一个重要作用就是一方面表达感情，一方面也节制感情，不使它泛滥。

这话的第二层意思是形式层面，就是说服丧在寄托哀思，不在表面形式。墨家反对厚葬，儒家也不赞同厚葬，提倡办丧事要根据自己的财力和死者的身份做合乎“礼”的安排，所以颜渊去世时，无钱置办棺材的外椁，颜渊的父亲颜路请求孔子卖车来为颜渊办外椁，孔子就不同意。儒家反对办丧事浮华铺张，尤其是那种内心并不真正悲哀，却在表面上搞得风光无限的虚假做派。这种做派跟悲哀没有关系，只是做给别人看的，借此炫耀自己的财富和能力而已。

子游曰：“吾友张也为难能也，然而未仁。”　19·15

解释　“吾友张”，指的是子张，即颛孙师。“难能”，不容易达到，难以做到，今天还在用的成语“难能可贵”就出于此。

大意 子游说:“我的朋友子张难能可贵，但是没有到达仁的境界。”

导读 从本篇第十二条子游批评子夏的教育方法来看，子游跟子张的学风其实是比较接近的，所以他赞扬子张，尽管有所保留。

曾子曰:“堂堂乎张也，难与并为仁矣。” 19 · 16

解释 “堂堂乎张”,这个“张”还是子张。“难与并为仁矣”句,“与”字后面省略了“之”字;“并”，一起;“为仁”，行仁。

大意 曾子说:“子张堂堂正正，很有气魄，但很难跟他一起行仁啊。”

导读 从《论语》的描写看来，子张这个人是颇骄傲的，有点好高骛远，曾子则是一个很认真踏实的人，人并不聪明但很努力，孔子曾经谈到他们两个的性格，说:“参也鲁，师也辟。”（11 · 18）这两个人的作风和学风显然差别很大，他们的学生自然也就成了两派。后来曾参对于儒家学说的贡献大过子张，他把学问传给了孔子的孙子子思（即孔伋),子思的弟子又传给孟子,近人称这一派为“思孟学派”,是孔门嫡系。

曾子曰:“吾闻诸夫子，人未有自致者也，必也亲丧乎！” 19·17

解释 “自致”，达到自己的本性，让自己的本性不加掩饰地流露出来。“亲丧”，父母亲去世。

大意　曾子说："我在老师那里听说过，人没有把自己的本性不加掩饰地流露出来的时刻，要说有的话，那大概只有在父母亲去世的时候吧！"

导读　按照瑞士心理学家荣格的说法，人是戴着种种面具活在这个世界上的，不同的时刻戴不同的面具，以适应社会生活的需要。人有完全不戴面具的时候吗？如果有的话，大概就是父母亲去世的时候吧。如果一个人，这个时候还戴着面具，那就是一个彻头彻尾的假人了。

曾子曰："吾闻诸夫子：孟庄子之孝也，其他可能也；其不改父之臣与父之政，是难能也。" 19·18

解释　"孟庄子"，鲁大夫孟献子仲孙蔑之子，名速。其父死于鲁襄公十九年，本人死于鲁襄公二十三年。

"可能"，可以达到，可以做到。"难能"，难以达到，已见（19·15）。

"其不改父之臣与父之政，是难能也"句，"其"，仍然是"他之"，不是"他"，这里的"之"，把独立句变成词组，作整个句子的主语部分，谓语部分"是难能也"的"是"已经很接近今天白话文的系词，但这里仍应该视为代词，复指前面的主语部分。

大意　曾子说："我听老师讲过：孟庄子的孝，其他可以做到；他不改变父亲的臣子和父亲的政策，这是难以做到的。"

导读　这一段可以同（1·11）同读。

孟氏使阳肤为士师，问于曾子。曾子曰："上失其道，民散久矣。如得其情，则哀矜而勿喜！" 19·19

解释 "孟氏"，鲁国世族。"阳肤"，曾子弟子。

"上失其道"，"上"，在上位的人，指统治阶级；"失其道"，丢掉了他们应有的道，也就是无道。

"民散"，老百姓流离失所。老百姓流离失所，自然就有一些犯罪行为，如盗窃之类。

大意 孟氏让阳肤做狱官，阳肤向曾子请教。曾子说："在上位的人胡作非为，老百姓流离失所很久了，（免不了有一些犯罪行为）你如果审问到这些情况，你要抱着哀怜同情的态度，而不要为此得意。"

导读 "如得其情，则哀矜而勿喜！"做法律工作的朋友，请仔细想想这句话。

子贡曰："纣之不善，不如是之甚也。是以君子恶居下流，天下之恶皆归焉。" 19·20

解释 "纣"即商纣王，殷商最后一位君主。"如是之甚"句，"是"，代词，此；"甚"，厉害、程度高。

"是以"，即"以是"，白话文说"因此"。"恶居下流"句，"恶"，音 wù（务），厌恶；"下流"，地势低下而众流所归的地方。

"天下之恶"的"恶"读本音，即罪恶、恶事。"归焉"的"焉"是语尾助词而兼代词，相当于"于之"或"之"，指代"下流"，"归焉"

就是去到下流那里。

大意 子贡说："商纣王的坏不像现在说得那么厉害。因此君子讨厌处于下流，（一旦处于下流，）所有的坏事都会被推到身上来。"

导读 商纣王当然恶劣，但并非一无是处，《史记·商本纪》说他"资辨捷疾，闻见甚敏，材力过人"，然而因为恶行昭著，加之身死国灭，所有的罪过便集于一身，历来被当成反面教员。子贡此语不是替商纣王辩护，而是由此引出教训，就是一个人不要犯颠覆性错误，让自己处于"下流"的地位，否则就免不了成为历史的替罪羊。

子贡曰："君子之过也，如日月之食焉；过也，人皆见之；更也，人皆仰之。" 19·21

解释 这段话里的几个"也"字，都是表示句中停顿的语气词，"焉"是语尾助词，四个"之"字，前两个是连词，后两个是代词。"过也""更也"的"过"与"更"都是动词，"更"音 gēng（耕），更改。"仰"，仰望。

大意 子贡说："君子的过失就像日食和月食，犯错的时候，人都看到；改过的时候，人都仰望。"

导读 这一段也是千古名言，值得我们，特别是居于领导地位、手中握有权力的人，默念三思。君子光明磊落，没有见不得人的东西，虽然也会犯错，但是错而能改。错，错得有谱，不是阴谋诡计，改，改得干脆，不遮遮掩掩。这样的人自然会受到人们的敬重。

卫公孙朝问于子贡曰："仲尼焉学？"子贡曰："文武之道，未坠于地，在人。贤者识其大者，不贤者识其小者，莫不有文武之道焉。夫子焉不学？而亦何常师之有？" 19 · 22

解释 公孙朝，卫国的大夫。"焉学"，"焉"在这里是疑问代词，意为在哪里。"仲尼焉学"就是"仲尼是在哪里学的"。古人学习都要拜师，追随老师学习，以继承老师的学问为目的，所以"仲尼焉学"这句话实质上的含义是问孔子是向谁学的，是继承了哪一家的学问，所以才引起子贡下面的那些回答。

"文武之道"就是周文王、周武王的道，在这里指的就是周朝的礼制、周朝的文化，孔子是周朝礼制和文化的继承发扬者，他曾经说过："周鉴于二代，郁郁乎文哉！吾从周。"（3 · 14）孔子是春秋战国之际的人，那时候周朝的礼制文化已经开始衰落，甚至出现了礼崩乐坏的情形，但还不至于完全消失，所以子贡说"未坠于地，在人"，也就是说，还存留在人世间。

"贤者识其大者，不贤者识其小者"，不同的人记住了不同的部分，"识"，音、义都同"志"或"誌"，是记住的意思。

"何常师之有"就是"有何常师"，宾语"何常师"因疑问与强调而前置，"之"字只有语法作用，即标志宾语提前。

大意 卫国的大夫公孙朝问子贡说："仲尼先生是向谁学的？"子贡回答说："周文王、武王的礼制、文化并没有完全消失，还留在人世间。聪明的人、优秀的人记住了大的方面，普通的人、一般的人记住了小的方面，但都有文武之道在里面。我老师何处不学呢？又何必有什么一定的老师呢？”

导读 谈学问一般都会谈到师承，因为学问是从老师那里学来的。但是有两种人除外，一种是天才，一种是大师——伟大的大师，不是一般的大师。这两种人的学问是自己做的，或者说是向天下人学的，不是向一个两个固定的老师学的，孔子就是这样的人。子贡的回答是对老师最大的推崇，但也是实事求是的，并不夸大。

叔孙武叔语大夫于朝曰："子贡贤于仲尼。”子服景伯以告子贡，子贡曰："譬之宫墙，赐之墙也及肩，窥见室家之好；夫子之墙数仞，不得其门而入，不见宗庙之美、百官之富。得其门者或寡矣，夫子之云不亦宜乎！” 19·23

解释 叔孙武叔、子服景伯都是鲁国的大夫。

“叔孙武叔语大夫于朝曰”句，“语”，读 yù（玉），告诉，对……说。

“以告子贡”句，“以”的后面省略了宾语“之”。

“譬之宫墙”，拿这件事来跟宫墙相比，“之”字后面省掉了介词“于”。

“夫子之墙数仞”句，这个“夫子”指孔子，“数仞”的“仞”是长度单位，一仞等于七尺。“百官”，即各种各样的房舍，“官”的本义是房屋[1]。

“夫子之云，不亦宜乎”句，这里“夫子”指叔孙武叔；“云”，说；“宜”，合宜、自然。

1 参看杨伯峻《论语译注》本条注释。

大意　叔孙武叔在朝廷上对大夫们说："子贡比仲尼还强。"子服景伯把这话告诉子贡，子贡说："拿宫墙来打比方，我的墙只到肩膀高，很容易看见里面房屋的美好；可是我老师的墙有几丈高，如果找不到它的门进去，就看不见里面宗庙的雄伟，屋舍的豪华。能找到它的门的人恐怕很少，叔孙先生这样说不也很自然吗？"

导读　以子贡的聪明智慧，如此毫无保留地推崇自己的老师，一方面可见子贡的谦虚，一方面更见孔子的伟大。古往今来，像叔孙武叔这样站在宫墙之外不得其门而入的人，何止千千万万！

叔孙武叔毁仲尼，子贡曰："无以为也，仲尼不可毁也。他人之贤者，丘陵也，犹可逾也；仲尼，日月也，无得而逾焉。人虽欲自绝，其何伤于日月乎？多见其不知量也。" 19·24

解释　"毁"，毁谤，说坏话。"无以为也"，"以"通"此"，作"为"的宾语，否定句宾语前置，"无以为"就是"无为此"。

"无得而逾"，不可能超越。"无得"，没有机会，没有可能。

"其何伤于日月乎"句，"其"，加强语气词。

"多见其不知量也"句，"多"，在这里是副词，意为只是、正好。"不知量"，不自知其分量[1]。

大意　叔孙武叔说仲尼的坏话，子贡说："不要干这种事，孔子是不可毁谤的。其他人的贤德，好比是丘陵，还是可以超越的；孔子却像是日月，是不可能超越的。一个人即使要自绝于日月，对日月有什么伤

1　参看朱熹《论语集注》。

害呢？只是表现出这个人太不自量罢了。”

导读　可惜的是，古往今来总有一些这样不自量的人，“文革”中甚至有人率领几百个所谓“革命小将”浩浩荡荡冲到曲阜，把孔庙、孔林的碑碣摧残一空，连孔子的墓都未能幸免。结果呢？他们把孔子打倒了吗？今天孔子仍然像日月一样地高悬在中华民族和中华文化的天空。

陈子禽谓子贡曰：“子为恭也，仲尼岂贤于子乎？”子贡曰：“君子一言以为知，一言以为不知，言不可不慎也。夫子之不可及也，犹天之不可阶而升也。夫子之得邦家者，所谓立之斯立，道之斯行，绥之斯来，动之斯和。其生也荣，其死也哀，如之何其可及也？” 19·25

解释　“一言以为知，一言以为不知”句，两个“知”都读 zhì，同“智”;“一言以为知”，即以一言为知，用一句话就表现出他的智慧。“一言以为不知”，结构一样，用一句话就表现出他的没有智慧。

“夫子之不可及也，犹天之不可阶而升也”句，两个“之”字都没有意义，只有语法作用，就是把句子变为词组。“阶而升”，沿着阶梯爬上去，“阶而”修饰“升”，表示升的方式，“阶”名词作动词用。

“夫子之得邦家者”句，“得邦家”，得到治理一邦（诸侯）或一家（大夫）的机会。“之”，无义，把独立句变为分句。“者”，语气词，表句中停顿，同时表假设语气，有“如果……”之意。

“立之斯立，道之斯行，绥之斯来，动之斯和”，四句结构相同，“之”都是代词，在这里指“邦家”里的人民。“立之斯立”，“立”是立足（于社会），让老百姓能立足于社会，老百姓果然就能立足于社会了；前一个“立”是使动用法，后一个“立”是一般用法。“斯”，就，副词。后面“道”是引导，“绥”是安抚，“动”是动员，“和”是齐心协力。

大意　陈亢对子贡说：“你对老师是客气谦让吧，老师难道比你强吗？”子贡说：“君子说一句话就表现出他有智慧，说一句话也可以表现出他没有智慧，所以说话不可以不小心哪！老师不可企及，就好像天不能沿着阶梯爬上去一样。老师如果有机会治理一个国家，那就会像人们所说的那样，让老百姓能立足于社会，老百姓就能立足于社会；引导老百姓，老百姓就会向前走；安抚老百姓，老百姓就会投靠过来；动员老百姓，老百姓就会齐心协力。他老人家活着时万民崇敬，去世时四海同悲，怎么能赶得上呢？”

导读　以上三段都是子贡称颂老师的话，《论语》中子贡的形象最为生动可爱。子贡是一个非常聪明的人，又很有口才，于是有些人就以为子贡比老师还强。子贡却深知老师是多么伟大，子贡对老师的称颂发自内心，比喻又生动，措辞又漂亮，给人深刻的印象。传说孔子死后，亲近的弟子们在孔子的墓边搭草棚守墓（古人称为“庐墓”），一般都守三年，而子贡守了六年。孟子说，得天下英才而教育之是人生一乐，孔子真是幸运，不仅有颜回这样的好学生，还有子贡、子路这样忠诚而可爱的学生。

尧曰篇第二十

尧曰:"咨！尔舜，天之历数在尔躬，允执其中。四海困穷，天禄永终。"

舜亦以命禹。 20·1

翼明按:这一段（20·1）断断续续，不相连贯，历来学者都怀疑有所脱漏。我现在把它分成四小节，逐节加以解释。

解释 "咨"，打招呼的语气词。"历数"，在这里指天命。"尔躬"，你身。

"允执其中"，实实在在地把握中庸之道。"允"，信，诚。"中"，中间、不偏不倚的正路，也就是"中庸之道"。《尚书·大禹谟》亦有此句，作"允执厥中"，"厥"，义同"其"。"天禄"，天赐的禄位，也就是天命。

大意 尧说:"听着，你呀舜，现在天把大命降在你的身上了，你一定要实实在在地把握中庸之道（把天下治理好）。（如果你没做好）使得天下困苦不堪，那你的天命也就终结了。"舜（在把大位禅让给禹的时候）也把这话给禹讲了一遍。

导读 本小节的大意基本上都包含在《尚书·大禹谟》中。

曰："予小子履，敢用玄牡，敢昭告于皇皇后帝：有罪不敢赦，帝臣不蔽，简在帝心。朕躬有罪，无以万方；万方有罪，罪在朕躬。"

解释　"予小子履"，"予"，我；"小子"，自称，表示谦卑；"履"，商汤的名字叫履，因此有的学者认为这一节"曰"字前面掉了"汤"字。

"玄牡"，黑色的公牛。

"皇皇后帝"，这里用来尊称上帝，像后世说的玉皇大帝，"后"也是帝的意思。

"帝臣不蔽"，"帝臣"，您上帝的臣仆；"不蔽"，不遮盖（他们的好处）。

"简在帝心"，"简"在这里是清清楚楚、好坏分明的意思。

"无以万方"，不要怪罪万方。"以"，用，"无以"的意思是不要涉及到。"万方"即"万邦"。

大意　商汤（即位的时候，向上帝祷告）说："我小子履，斗胆用黑色公牛呈献给您，斗胆明明白白地禀告您：有罪的人我不敢擅自赦免，有功的臣仆我也不掩盖，这些您心里都很明白。如果我自己有罪，请不要责怪万邦；万邦有罪，罪都由我一个人承担。"

导读　这一小节的意思大致都在《尚书·汤诰》中。

周有大赉，善人是富。"虽有周亲，不如仁人。百姓有过，在予一人。"

解释 “周有大赉”，“赉”，读 lài（赖），赐予的意思。“善人是富”，让善人富起来。句型同“唯你是问”，“善人”是“富”的宾语，“富”是形容词用如动词，使动用法。

“周亲”，至亲，孔安国曰：“周，至也。”

“百姓”，这里指贵族、诸侯，就是前句的“仁人”，也就是首句所说的受周“大赉”的“善人”。所以“百姓有过，在予一人”跟“万方有罪，罪在朕躬”是一个意思。

大意 周朝（建立的时候）大封天下，让善人都富起来。（周武王向上帝祷告说：）“我虽然有至亲，也比不上有仁人。（所以要封赏这些人）如果他们有过错，责任都在我一个人身上。”

导读 这一小节的大意则在《尚书·泰誓》中。

谨权量，审法度，修废官，四方之政行焉。兴灭国，继绝世，举逸民，天下之民归心焉。所重：民、食、丧、祭。宽则得众，信则民任焉，敏则有功，公则说。

解释 “谨权量”，“谨”在这里作动词用，“权量”是“谨”的宾语。下面“审法度”“修废官”“兴灭国”“继绝世”“举逸民”都是这样的结构。“归心”，心悦诚服。

“信则民任焉”，此句杨伯峻《论语译注》认为不是原文，而是《阳货篇》“信则人任焉”一语误植于此。因为汉石经、定州汉墓竹简本都没有这一句，《天文本校勘记》也说：“皇本、唐本、津藩本、正平本均无此句。”

大意 谨慎地对待度量衡，仔细地审定法令制度，修复废置了的职官，那么四面八方的政令就畅通了。复兴灭亡的邦国，继续中断的氏族，举拔隐逸的人才，那么天下的老百姓就会心悦诚服了。政府施政的重点要放在人民、食物、丧葬、祭祀四个方面。宽厚就会得到大众的拥护，勤勉就有成效，公平就人人高兴。

导读 这一小节讲的似乎是周初的政治及其兴旺景象。

子张问于孔子曰："何如斯可以从政矣？"子曰："尊五美，屏四恶，斯可以从政矣。"

子张曰："何谓五美？"子曰："君子惠而不费，劳而不怨，欲而不贪，泰而不骄，威而不猛。"

子张曰："何谓惠而不费？"子曰："因民之所利而利之，斯不亦惠而不费乎？择可劳而劳之，又谁怨？欲仁而得仁，又焉贪？君子无众寡，无小大，无敢慢，斯不亦泰而不骄乎？君子正其衣冠，尊其瞻视，俨然人望而畏之，斯不亦威而不猛乎？"

子张曰："何谓四恶？"子曰："不教而杀谓之虐，不戒视成谓之暴，慢令致期谓之贼；犹之与人也，出纳之吝谓之有司。" 20·2

解释 "屏四恶"句，"屏"，同"摒"，读 bìng（并）。

"惠而不费，劳而不怨，欲而不贪，泰而不骄，威而不猛"句，"惠"，动词，意为施与恩惠（今天讲"惠民"就是这个惠）；"费"，浪费；"劳"，使动用法，意为让老百姓出力；"泰"是安详、庄重；"骄"是骄傲、骄慢；

“威”是威严；“猛”是凶猛。

“慢令致期”句，“慢令”的“慢”是怠慢、散漫之意，“令”是命令，“慢令”就是命令不严，要求不严；“致期”就是“刻期”，刻期完成。

“犹之与人也”句，“犹之”，一样、同样；“与人”，给予别人。

“出纳之吝谓之有司”句，“出”是支出，“纳”是收入，“出纳”在这里是偏义复词，只有出的意思；“吝”，小气。“有司”的“有”是词头，无实义，“司”就是办，“有司”这里指办事的人，一般是小吏。

大意 子张问孔子说：“怎么才能治理国政呢？”孔子说：“尊重五种美德，摒弃四种恶习，就能治理国政了。”

子张说：“什么叫五种美德呢？”孔子说：“君子施恩于民但不浪费，使百姓出力而不怨恨，有欲望但不贪婪，神态庄重但不骄傲，威严但不凶猛。”

子张说：“什么叫作施恩于民而不浪费呢？”孔子说：“就是于百姓有利的地方才去给他们利益，这不就施恩于民而不浪费了吗？选择可以使百姓出力的时候去役使他们，又有谁怨恨呢？希求仁而得到了仁，还贪婪什么呢？一个君子，无论人多人少，无论事小事大，从不敢怠慢，不就庄重而不骄傲了吗？一个君子，衣冠端正，神态严肃，使人一望就产生敬畏之感，不就威严而不凶猛了吗？”

子张说：“什么叫四种恶习呢？”孔子说：“不先加教育就杀叫作残酷；不先申饬就要看成果叫作粗暴；政令松松垮垮却让老百姓限期完成叫作害人；同样是给人，（到该给的时候）出手吝啬叫作小家子气。”

导读 虽然是二千五百年前说的话，还是值得今天的执政诸公参考啊！

孔子曰："不知命无以为君子也，不知礼无以立也，不知言无以知人也。" 20·3

解释 "君子"，这里指有道德修养的人。"礼"指以周礼为代表的一整套制度与文化，不可以狭隘地理解为礼节、礼貌。

大意 孔子说："不懂得天命就不可能成为君子，不懂得礼制就无法在社会立足，不懂得分辨言语就无从认识人性。"

导读 这是《论语》最后一篇的最后一条，是不是有某种总结性的意味，或许见仁见智，但其重要性却是显而易见的。

从某种意义上来说，做君子不做小人是《论语》自始至终的主题和灵魂。这里提出了"三知"：知命、知礼、知言，这是做一个君子所必须具备的要素。

"知命"就是敬畏天命，知道自己的使命、可能性和局限，敬畏并理解天命是一切道德的起点，不懂得敬畏并理解天命，做一个君子是没有希望的。

"知礼"就是敬畏文化，学习并熟悉制度文明。只有敬畏文化，熟悉人类积累的制度文明，一个人才可能有所成就。

"知言"就是敬畏并理解语言文字，通过语言文字去理解人性、把握人性。语言文字是人类创造的最根本的、最广大的符号系统，有了这个符号系统，人类才能够克服空间与时间的障碍，交流情感与经验，从而创造文化，积累文明，人类于是得以区别于其他动物。从某种意义上来说，没有语言文字就没有人，不仅文化在语言文字中产生，而且人性也是在语言文字中向前发展的。

「若水古社」高高国际国学品牌

高高国际

论语

出品人 | 高 欣
出版统筹 | 孙广宇
执行编辑 | 万雄飞 陈 静
装帧设计 | 龙 柒
制作编辑 | 李 雁
品牌运营 | 孙 莉
销售总监 | 彭美娜
营销编辑 | 王晓琦
版式编辑 | 周 芳

微信公号 | 高高国际
天猫旗舰 | 高高图书专营店
读者服务 | gaogaosky@163.com
直销服务 | 010-65709800

法律顾问 | 北京东合律师事务所 郝云峰 律师